HET GEHEUGENPALEIS

JOSHUA FOER

HET GEHEUGENPALEIS

De vergeten kunst van het onthouden

Vertaald door Janneke Zwart

2011
DE BEZIGE BIJ
AMSTERDAM

Oorspronkelijke titel *Moonwalking with Einstein: The Art and Science of Remembering Everything*
Eerste druk augustus 2011
Tweede druk september 2011
Derde druk september 2011
Vierde druk oktober 2011
Vijfde druk november 2011
Zesde druk november 2011
Zevende druk december 2011
Oorspronkelijke uitgever The Penguin Press, New York
Omslagontwerp Studio Jan de Boer/Tal Goretsky
Omslagillustraties (dame in outfit Amerikaanse vlag) Herman Agopian/Riser/Getty Images; (worstelaar) Patrik Giardino/Corbis; (aapje) Gravity Giant Productions/Stone/Getty Images; (verpleegster) Vedros & Associates/The Image Bank/Getty Images; (dinosaurus) Dave King/Dorling Kindersley/Getty Images; (astronaut, achterzijde) Caspar Benson/Getty Images
Foto auteur Emil Salman Haaretz
Vormgeving binnenwerk Aard Bakker, Amsterdam
Druk Koninklijke Wöhrmann, Zutphen
ISBN 978 90 234 4209 7
NUR 770

www.debezigebij.nl

VOOR DINAH: ALLES

Inhoud

Andere overlevenden waren er niet.

Het was in de vijfde eeuw voor Christus, en de familieleden die aankwamen op de plaats waar zich de ramp had afgespeeld begonnen tussen het puin van de eetzaal te graaien, zoekend naar bezittingen van hun dierbaren – ringen, sandalen, alles wat het maar mogelijk maakte hun naasten te identificeren, opdat die een waardige begrafenis zouden krijgen.

Enige minuten eerder was de Griekse dichter Simonides van Keos opgestaan om een ode te brengen aan Scopas, een edelman uit Thessalië. Toen Simonides ging zitten tikte een boodschapper hem op de schouder. Buiten wachtten twee jongemannen te paard, verlangend Simonides iets mee te delen. Hij verhief zich weer en liep naar de deur. Maar zodra hij over de drempel stapte, kwam het dak van de eetzaal omlaag in een donderende wolk van gebroken marmer en stof.

En nu stond hij voor een tafereel van puin en bedolven lichamen. De lucht, die kort daarvoor nog gevuld was geweest met uitbundig gelach, was nevelig en stil. Reddingsploegen begonnen naarstig door het ingestorte gebouw te graven. De lijken die ze onder de steenhopen vandaan trokken waren onherkenbaar verminkt. Niemand wist ook precies wie er allemaal binnen waren geweest. De ene tragedie stapelde zich op de andere.

Op dat ogenblik gebeurde er iets wat de visie van de mens op zijn herinneringen voorgoed zou veranderen. Simonides concentreerde zich met al zijn zintuigen op de chaos om hem heen en keerde de tijd om in zijn hoofd. De marmerbrokken verrezen wederom tot zuilen en de verspreid liggende stukken van friezen voegden zich boven in de lucht opnieuw samen tot één geheel. Het gebroken aardewerk vormde zich weer tot schalen. De houtsplinters die uit het puin staken werden andermaal een tafel. Simonides ging met zijn blik langs zijn disgenoten, die zich geen van allen bewust waren van het naderende onheil. Hij zag Scopas lachen aan het hoofd van de tafel, een collega-dichter tegenover hem de restjes van zijn eten opsoppen met een stuk brood, een edelman grijnzen. Simonides keerde zich naar het raam en zag de boodschappers gehaast naderen alsof ze belangrijk nieuws hadden.

Simonides opende zijn ogen. Hij nam ieder van de hysterische familieleden bij de hand, en behoedzaam over het puin stappend leidde hij hen één voor één naar de plaats waar hun dierbare aan de tafel had gezeten.

Volgens de overlevering werd op dat moment de geheugenkunst geboren.

EEN

De slimste mens is niet zomaar te vinden

Dom DeLuise, beroemde dikzak (en klavervijf), heeft zich voor mijn geestesoog schuldig gemaakt aan de volgende onwelvoeglijke handelingen: hij heeft een grote fluim (klaverne-gen) gespuugd op Albert Einsteins witte manen (ruitendrie) en een vernietigende karatetrap (schoppenvijf) gegeven in het kruis van paus Benedictus XVI (ruitenzes). Michael Jackson (hartenheer) vertoont gedrag dat zelfs voor zijn doen bizar is. Hij heeft zich ontlast (klavertwee) op een zalmburger (klaverheer) en zijn darmgassen (klavervrouw) gevangen in een ballon (schoppenzes). Rhea Perlman, petieterige barkeepster uit *Cheers* (en schoppenvrouw), is met de twee meter eenendertig lange Soedanese basketballer Manute Bol (klaverzeven) betrapt op een zeer expliciete (en in dit geval anatomisch welhaast onmogelijke) tweecijferige vorm van vleselijke gemeenschap (klaverdrie).

Dit smakeloze tableau, dat ik niet bepaald met trots aan het papier toevertrouw, verklaart ten dele de onwaarschijnlijke positie waarin ik me op dit moment bevind. Links van me zit Ram Kolli, een vijfentwintigjarige ongeschoren businessconsultant uit Richmond in Virginia en tevens de huidige geheugenkampioen van de Verenigde Staten. Rechts van me is de snuit van een televisiecamera van een landelijke kabelzender op me gericht. In de zaal achter me, waar ik hen niet kan zien en zij me niet kunnen afleiden, zitten zo'n honderd toeschouwers en twee televisiecommentatoren die verslag doen van de wedstrijd. De een is Kenny Rice, een geroutineerde boksreporter met een geföhnd kapsel, wiens hese, omfloerste stem niet kan verhullen hoe verbijsterd hij is over deze samenscholing van nerds. De ander is de Pele van de Amerikaanse geheugensport, viervoudig nationaal kampioen Scott Hagwood, een drieënveertigjarige, bebaarde chemisch ingenieur uit Fayetteville in North Carolina. In de hoek van de zaal staat het door mij begeerde object: een kitscherige dubbeldekstrofee, met op het bovenste plateau een zilveren hand die een royal flush vasthoudt tussen goudgelakte vingernagels, omgeven door drie Amerikaanse zeearenden voor een patriottisch accent. De trofee is bijna even groot als mijn nichtje van twee (en lichter dan de meeste van haar knuffels).

Men heeft het publiek verzocht geen flitslicht te gebruiken bij het maken van foto's en complete stilte in acht te nemen. Niet dat er voor Ram of mij ook maar de kleinste mogelijkheid is om iemand te kunnen horen. We hebben allebei oordoppen in. Ik heb ook een professionele gehoorbeschermer op die een bemanningslid van een vliegkampschip niet zou misstaan (want in het heetst van een geheugenstrijd kun je niet doof genoeg zijn). Mijn ogen zijn gesloten. Voor me op tafel liggen, omgekeerd tussen mijn handen, twee geschudde spellen kaarten. Nog enkele ogenblikken en dan zal het hoofdjurylid een stopwatch indrukken, waarna ik vijf minuten heb om van beide spellen de volgorde te memoriseren.

Het ongelooflijke verhaal hoe ik in de finale van de Amerikaanse geheugenkampioenschappen belandde, stokstijf en hevig zwetend, begon een jaar daarvoor terwijl ik door het besneeuwde Pennsylvania reed. Ik was met de auto op weg van mijn huis in Washington DC naar Lehigh Valley om voor het tijdschrift *Discover* een theoretisch fysicus van Kutztown University te interviewen, die beweerde een vacuümapparaat te hebben ontworpen waarmee je 's werelds grootste popcorn kon poffen. Zo kwam ik door het stadje York, dat de Weightlifting Hall of Fame and Museum huisvestte. Dat klonk als iets wat ik voor mijn dood gezien moest hebben. En ik had een uur speling.

De Hall of Fame bleek gevestigd op de begane grond van het hoofdkantoor van 's lands grootste langehalterfabriek en bevatte niet veel meer dan een collectie steriele oude foto's en memorabilia. Als museum sloeg het eigenlijk nergens op. Maar het was wel de plek waar ik voor het eerst een zwartwitfoto zag van sterke man Joe 'The Mighty Atom' Greenstein, een potige Joodse Amerikaan van één meter zestig die in de jaren twintig zijn bijnaam had verworven met inspirerende kunststukjes als het doormidden bijten van een kwartje en op een spijkerbed liggen terwijl een veertienkoppige dixielandband muziek maakte op zijn borst. Ook verwisselde hij eens zonder gereedschap alle vier banden van zijn auto. Op een bijschrift naast de foto stond dat Greenstein 'de sterkste man van de wereld' was.

Starend naar die foto bedacht ik dat het best interessant zou zijn als de sterkste mens van de wereld en de slimste mens van de wereld elkaar zouden ontmoeten. The Mighty Atom en Einstein, arm in arm: een epische juxtapositie van spierbundels en hersenen. In ieder geval een mooie foto om boven mijn bureau te hangen. Ik vroeg me af of er ooit zo'n foto genomen was. Toen ik weer thuis was ben ik wat gaan googelen. De sterkste mens van de wereld was niet zo moeilijk te vinden: zijn naam was Mariusz Pudzianowski. Hij woonde in Biala Rawska in Polen en kon 420 kilo boven zijn hoofd tillen (ongeveer dertig van mijn nichtjes).

De slimste mens van de wereld was echter minder makkelijk te identificeren. Ik typte “hoogste IQ”, “intelligentiekampioen” en “slimste van de wereld” in. Ik kwam erachter dat in de stad New York iemand een IQ van 228 had en dat een schaker in Hongarije geblinddoekt tweeënvijftig simultaanpartijen had gespeeld. Er was een Indiase vrouw die in vijftig seconden de drieëntwintigstemachtswortel van een getal met tweehonderd cijfers uit het hoofd kon berekenen en weer iemand anders was in staat een vierdimensionale Rubik’s cube, wat dat ook moge zijn, op te lossen. En dan was er natuurlijk nog een hele rits Stephen Hawking-achtige types. Hersenen zijn duidelijk lastiger te kwantificeren dan spieren.

Tijdens mijn speurtocht op internet stuitte ik op een intrigerende kandidaat die, zo niet de slimste mens van de wereld, dan toch wel een abnormaal genie was. Hij heette Ben Pridmore en hij kon in een uur de exacte volgorde van 1528 willekeurige cijfers memoriseren, en – om ook de lezers met een meer humanistische inslag te imponeren – ieder gedicht dat aan hem werd overhandigd. Hij was de regerend wereldkampioen geheugen.

In de loop van de volgende dagen bleven mijn hersenen terugkeren naar die van Ben Pridmore. Ikzelf had op z’n best een doorsnee geheugen. Zomaar wat dingen die ik regelmatig vergat: waar ik mijn autosleutels had gelaten (of anders wel waar ik mijn auto had gelaten), het eten in de oven, dat het ‘*its*’ is en niet ‘*it’s*’, de verjaardag van mijn vriendin, het jubileum van onze relatie, Valentijnsdag, de hoogte van de kelderdeur bij mijn ouders thuis (au), de telefoonnummers van mijn vrienden, waarom ik eigenlijk de deur van de ijskast geopend heb, om mijn mobiel op te laden, de naam van de chef-staf van president Bush, de volgorde van de parkeerplaatsen langs de New Jersey Turnpike, in welk jaar de Redskins voor het laatst de Super Bowl hebben gewonnen, om de wc-bril weer omlaag te doen.

Ben Pridmore daarentegen kon in tweeëndertig seconden de volgorde van een geschud spel kaarten memoriseren. In vijf minuten tijd kon hij de gebeurtenissen die zich op zesennegentig historische data afspeelden permanent in zijn geheugen opslaan. De man kende de eerste vijftigduizend cijfers achter de komma van pi. Wie zou hem níet benijden? Ik had een keer gelezen dat de gemiddelde mens zo'n veertig dagen per jaar kwijt is met het compenseren van wat hij of zij vergeten is. Het feit dat hij tijdelijk geen baan had even daargelaten, hoe productief moest Ben Pridmore wel niet zijn?

Elke dag lijkt er weer meer te zijn om te onthouden: meer namen, meer wachtwoorden, meer afspraken. Met een geheugen als dat van Ben Pridmore, zo stelde ik me voor, zou mijn leven kwalitatief anders zijn – en beter. We worden in onze cultuur voortdurend overspoeld met nieuwe informatie en onze hersenen houden er maar zo weinig van vast. Het meeste gaat het ene oor in en het andere uit. Als de zin van lezen slechts het opnemen van kennis was, zou het waarschijnlijk mijn minst efficiënte activiteit zijn. Ik kan vijf uur achtereen een boek lezen en daarna niet meer dan een schimmig idee hebben waar het over ging. Al die feiten en anekdotes, zelfs de dingen die interessant genoeg zijn om te onderstrepen, maken meestal maar heel kort indruk op me, om vervolgens god mag weten waarheen te verdwijnen. Er staan boeken op mijn plank waarvan ik me niet eens kan herinneren of ik ze gelezen heb of niet.

Wat zou het betekenen als je in staat was al die kennis die anders verloren gaat zo uit je geheugen op te roepen? Ik kon het niet laten te denken dat het me geloofwaardiger, zelfverzekerder en wezenlijk slimmer zou maken. Ik zou beslist een betere journalist en vriend, ook van mijn vriendin, zijn. Maar meer nog dan dat, zo stelde ik me voor, zou ik met een geheugen als dat van Ben Pridmore in mijn totaliteit een oplettender, en misschien zelfs wijzer mens worden. Als het waar is dat ervaring de som van je herinneringen is en wijsheid de som van je ervaring, zou het hebben van een beter geheugen inhouden dat ik niet alleen meer over de wereld wist, maar ook meer over mezelf. Uiteraard is een deel van het vergeten dat ons zo lijkt te hinderen gezond en noodzakelijk. Als ik niet zo veel van mijn stupiditeiten vergat, zou ik vast onverdraaglijk neurotisch zijn. Maar je kunt je afvragen hoeveel waardevolle ideeën níet gevormd zijn, en hoeveel verbanden níet gelegd, vanwege de tekortkomingen van mijn geheugen.

Mijn gedachten bleven terugkeren naar iets wat Ben Pridmore in een kranteninterview had gezegd. 'Het draait allemaal om techniek en inzicht in de werking van het geheugen. In principe kan iedereen het,' vertelde hij de verslaggever. Het zette me aan het mijmeren over de vraag in hoeverre zijn geheugen nu eigenlijk verschilde van het mijne.

Een paar weken na mijn bezoek aan de Weightlifting Hall of Fame stond ik achter in een auditorium op de achttiende verdieping van het Con Edison-gebouw vlak bij Union Square in Manhattan, waar de Amerikaanse geheugenkampioenschappen van 2005 werden gehouden. Ik was daar, aangespoord door mijn fascinatie voor Ben Pridmore, om voor het internetmagazine *Slate* een kort artikel te schrijven over wat volgens mij de Super Bowl voor *savants* moest zijn.

Het tafereel dat ik aantrof had weinig weg van een botsing der titanen: een stel mannen (en een paar vrouwen), nogal uiteenlopend in leeftijd en mate van persoonlijke verzorging, die over pagina's met getallen en lange woordenlijsten gebogen zaten. Ze noemden zichzelf 'geheugenatleten'.

Het toernooi bestond uit vijf onderdelen. Allereerst kregen de deelnemers een kwartier om een ongepubliceerd gedicht van vijftig regels, 'The Tapestry of Me', uit hun hoofd te leren. Daarna volgde het onderdeel 'namen en gezichten', waarbij ze in een kwartier zo veel mogelijk voor- en achternamen moesten proberen te memoriseren die hoorden bij negenennegentig portretfoto's. Daarna hadden ze een kwartier om een lijst met driehonderd willekeurige woorden te leren. Bij de laatste twee onderdelen, de 'getallensprint' en de 'kaartensprint', kregen ze vijf minuten om een pagina met duizend willekeurige cijfers (vijfentwintig regels met cijfers, veertig cijfers per regel) en vijf minuten om de volgorde van een geschud spel kaarten te memoriseren. Tot de deelnemers behoorden twee van de zesendertig 'geheugengrootmeesters' in de wereld. Om die titel te verwerven moet je drie prestaties leveren: binnen een uur een reeks van duizend willekeurige cijfers memoriseren, eveneens binnen een uur de volgorde van tien geschudde spellen kaarten en binnen twee minuten de volgorde van één geschud spel.

Hoewel deze hoogstandjes oppervlakkig gezien weinig meer lijken dan nerderige feesttrucs – op zich nutteloos en misschien zelfs wel een beetje triest – ontdekte ik tijdens mijn gesprekken met een aantal van de deelnemers dat de achterliggende gedachte uiterst serieus was, een verhaal waardoor ik ging nadenken over de grenzen van mijn eigen geest en over de essentie van het onderwijs dat ik had gevolgd.

Ik vroeg Ed Cooke, een jonge grootmeester uit Engeland die (als niet-Amerikaan buiten mededinging) aan het evenement deelnam in het kader van zijn training voor het wereldkampioenschap in de zomer, wanneer hij voor het eerst besefte dat hij een savant was.

'O, maar dat ben ik helemaal niet,' antwoordde hij grinnikend.

'Heb je een fotografisch geheugen dan?' vroeg ik.

Hij grinnikte opnieuw. 'Een fotografisch geheugen is een abject verzinsel,' zei hij. 'Een fotografisch geheugen bestaat helemaal niet. Sterker nog, ik heb maar een heel gewoon geheugen. Alle deelnemers hier hebben een gewoon geheugen.'

Dat leek me amper te verenigen met het feit dat ik hem zojuist moeiteloos 252 cijfers had horen opnoemen als was het zijn eigen telefoonnummer.

'Je moet weten dat zelfs een gewoon geheugen tot heel veel in staat is als je er maar op de juiste manier gebruik van maakt,' zei hij. Ed had een vierkant gezicht en een bruine krullenbos tot op zijn schouders, en mocht gerekend worden tot de deelnemers die zich het minst bekommerden om hun uiterlijk. Hij droeg een pak met een loszittende stropdas en, enigszins detonerend, slippers met de Britse vlag erop. Hij was vierentwintig, maar had de lichaamshouding van een bejaarde. Hij hobbelde rond met een wandelstok – volgens hem 'een gelukbrengend rekwisiet' –, die hij nodig had na een hernieuwde en pijnlijke aanval van chronische jeugdartritis. Hij en alle andere geheugenatleten die ik ontmoette bleven beweren, net als Ben Pridmore in het interview, dat iedereen kon wat zij konden. Het was niet meer dan een kwestie van 'te leren denken op makkelijker te onthouden manieren' met de 'uitermate simpele' mnemonische techniek van het 'geheugenpaleis', die vijfentwintighonderd jaar geleden door Simonides van Keos zou zijn uitgevonden naast het puin van een ingestorte eetzaal.

De technieken van het geheugenpaleis – ook wel bekend als de reismethode of de methode van *loci*, en in ruimere zin als de *ars memorativa* of 'geheugenkunst' – werden door Romeinen als Cicero en Quintilianus verfijnd en geordend in een uitgebreide serie regels en handleidingen. Ze bloeiden in de middeleeuwen als een systeem waarmee vrome christenen alles uit het hoofd konden leren van preken en gebeden tot de straffen die zondaars wachtten in de hel. Het waren dezelfde trucs die Romeinse senatoren gebruikten om hun redevoeringen te memoriseren, die de Atheense staatsman Themistocles zou hebben toegepast om de namen van twintigduizend Atheners te onthouden en waarvan middeleeuwse geleerden zich bedienden om hele boeken uit het hoofd te leren.

Ed legde me uit dat de deelnemers zichzelf zagen als 'proefpersonen in een amateurproject' dat als doel had een traditie van geheugentraining te redden die eeuwen geleden in onbruik was geraakt. Er was een tijd, vervolgde Ed, waarin alles draaide om het geheugen. Een geoefend geheugen was niet alleen een handig hulpmiddel, maar ook een fundamenteel aspect van iedere wereldse geest. Bovendien werd geheugentraining beschouwd als karaktervormend, een manier om de kardinale deugd van prudentie te ontwikkelen en, in het verlengde daarvan, ethisch gedrag. Slechts door memorisatie, zo dacht men, konden denkbeelden echt in de psyche worden geïncorporeerd en konden hun waarden worden geabsorbeerd. De technieken bestonden niet alleen om nutteloze informatie te kunnen onthouden zoals de volgorde van een spel kaarten, maar ook om er elementaire teksten en denkbeelden mee in de hersenen te etsen.

Maar toen was daar in de vijftiende eeuw Gutenberg, die van boeken een massaproduct maakte, en uiteindelijk was het niet meer zo heel erg belangrijk om zelf iets te onthouden als de gedrukte bladzijde dat ook voor je kon doen. Geheugentechnieken die ooit een belangrijk onderdeel van de klassieke en middeleeuwse cultuur hadden gevormd, raakten verweven met de occulte en esoterische hermetische tradities van de renaissance, en tegen de negentiende eeuw waren ze teruggedrongen in de hoek van kermisattracties en goedkope zelfhulpboeken, om pas in de laatste decennia van de twintigste eeuw nieuw leven ingeblazen te worden voor dit bizarre en unieke toernooi.

De man achter de wedergeboorte van de geheugentraining is de gewiekste, zevenenzestigjarige Britse pedagoog en zelfbenoemde goeroe Tony Buzan, die zegt dat hij bedeeld is met het hoogste creativiteitsquotiënt ter wereld. Toen ik hem in de cafetaria van het Con Edison-gebouw ontmoette, droeg hij een donkerblauw pak met vijf enorme goudomrande knopen en een kraagloos overhemd met bij zijn keel ook nog een grote knoop die hem de uitstraling van een oosterse priester gaf. Op zijn revers prijkte een speld in de vorm van een zenuwcel. De wijzerplaat van zijn horloge bestond uit een reproductie van Dali's *De volharding der herinnering* (dat schilderij met het druipende horlogegezicht). Hij noemde de deelnemers 'strijders van de geest'.

Buzans grauwe gezicht zag er tien jaar ouder uit dan zijn zevenenzestig jaren, maar zijn lichaam was even strak als dat van een dertiger. Hij roeit elke ochtend zes à tien kilometer op de Theems, vertelde hij me, en hij eet bewust veel 'hersenstimulerende' groenten en vis. 'Junkfood betekent junkhersenen. Gezond voedsel betekent gezonde hersenen,' zei hij.

Als hij zich voortbewoog, leek hij over de vloer te glijden als een ijshockeypuck (het resultaat, zo vertelde hij me later, van veertig jaar training in de Alexandertechniek). Als hij praatte, gebaarde hij met een verfijnde, staccato precisie die hij alleen maar geperfectioneerd kon hebben voor de spiegel. Belangrijke punten zette hij vaak kracht bij door plotseling zijn vingers te spreiden vanuit een gesloten vuist.

Buzan richtte in 1991 de wereldkampioenschappen geheugen op en sindsdien was hij de motor achter nationale kampioenschappen in een tiental landen, van China tot Zuid-Afrika tot Mexico. Hij zegt dat hij zich vanaf de jaren zeventig met het fanatisme van een missionaris heeft ingezet om de geheugentechnieken ingevoerd te krijgen op scholen over de hele wereld. Hij noemt het een 'wereldwijde onderwijsrevolutie gericht op het leren leren'. Het heeft hem geen windeieren gelegd (volgens persberichten had Michael Jackson kort voor zijn dood een rekening voor Buzans geheugenbevorderende diensten uitstaan die tot 343.000 dollar was opgelopen).

Buzan vindt dat scholen op de verkeerde manier onderwijs geven. Ze stoppen grote hoeveelheden informatie in het hoofd van scholieren, maar leren hun niet hoe ze die kunnen vasthouden. Memoriseren heeft de slechte reputatie gekregen een gedachteloos middel te zijn waarmee je feiten net lang genoeg kunt reproduceren om een voldoende te halen voor het volgende proefwerk. Het is echter niet het memoriseren op zich dat slecht is, zegt hij, maar de traditie van het geestdodende mechanisch leren dat in zijn ogen het westerse onderwijs heeft gecorrumpeerd. 'In de afgelopen eeuw hebben we het geheugen onjuist gedefinieerd, onvolledig begrepen, foutief toegepast en verguisd omdat het allemaal niet werkt en niet leuk is,' stelt Buzan. Als mechanisch leren een manier is om indrukken in de hersenen te graveren door de brute kracht van herhaling – de oude '*drill and kill*'-methode –, dan is de geheugenkunst een elegantere manier om dingen te onthouden door middel van technieken. Het is sneller, minder pijnlijk en leidt tot herinneringen die langer blijven hangen, vertelde Buzan me.

'Je kunt de hersenen vergelijken met een spier,' zei hij, en geheugentraining is dan een vorm van een mentale work-out. Na verloop van tijd maakt het, net zoals je je spieren kunt versterken, de hersenen fitter, sneller en alerter. Het is een idee dat teruggaat tot de oorsprong van de geheugentraining. Romeinse redenaars betoogden dat de geheugenkunst – het op de juiste manier vasthouden en ordenen van kennis – een onmisbaar instrument was voor het bedenken van nieuwe ideeën. Tegenwoordig spreekt de 'mentale work-out' zeer tot de volksverbeelding. Hersenfitness en geheugencursussen zijn een groeiende rage. Alleen al in 2008 werd er voor 265 miljoen dollar omgezet aan hersentrainingsoftware, ongetwijfeld mede vanwege onderzoek waaruit blijkt dat oudere mensen die hun hersenen actief houden met kruiswoordpuzzels en schaken de ziekte van Alzheimer en progressieve dementie langer kunnen bezweren, maar vooral ten gevolge van de diepgewortelde angst van de babyboomgeneratie haar zinnen te verliezen. Hoewel veel degelijke wetenschappelijke studies de dementievertragende voordelen van een actief brein onderschrijven, zouden Buzans meest krasse beweringen over de neveneffecten van 'hersentraining' echter (op z'n minst) met enige scepsis ontvangen moeten worden. Desondanks zijn de resultaten niet zomaar tegen te spreken. Ik had net een zevenenveertigjarige deelnemer honderd woorden die hij een paar minuten daarvoor had gememoriseerd in de goede volgorde horen opsommen.

Buzan wilde me er wat graag van overtuigen dat zijn eigen geheugen jaar in jaar uit alleen maar beter wordt, ook met het vorderen van zijn leeftijd. 'Iedereen denkt dat het inherent is aan het mens-zijn dat je geheugen aftakelt, en dat die aftakeling dus natuurlijk is,' zei hij. 'Maar dat is een redenatiefout, want wat als normaal beschouwd wordt hoeft niet per se natuurlijk te zijn. De oorzaak van de waargenomen prestatieafname van het menselijk geheugen is dat we ons eigenlijk bezighouden met anti-olympische training. Wat we de hersenen aandoen, kun je vergelijken met iemand voor de Olympische Spelen te laten trainen door ervoor te zorgen dat hij dagelijks tien blikjes bier drinkt, vijftig sigaretten rookt, met de auto naar zijn werk gaat, misschien één keer per maand zware en schadelijke sportoefeningen doet en de rest van de tijd thuis voor de buis doorbrengt. En dan vragen we ons af waarom die persoon er zo weinig van bakt op de Olympische Spelen. Dat is de manier waarop we met het geheugen zijn omgegaan.'

Ik zaagde Buzan door over hoe ingewikkeld het zou zijn om die technieken te leren. Hoe oefenden de deelnemers? Hoe snel trad er verbetering op in hun geheugen? Gebruikten ze die technieken ook in het dagelijks leven? Als de technieken echt zo simpel en effectief waren als Buzan beweerde, waarom had ik er dan nooit eerder van gehoord? Waarom paste niet iedereen ze toe?

'Weet je wat,' antwoordde hij, 'in plaats van me al die vragen te stellen, zou je het ook gewoon zelf kunnen uitproberen.'

'Stel dat iemand als ik zou willen trainen voor de Amerikaanse geheugenkampioenschappen, wat zou ik dan moeten doen?' vroeg ik hem.

'Als je in de top drie van de Amerikaanse kampioenschappen wilt eindigen, kan ik je aanraden er zes dagen in de week een uur per dag aan te besteden. Als je er zo veel tijd in zou steken, kom je heel ver. Als je deel wilt nemen aan het wereldkampioenschap, moet je in het laatste halfjaar voor het toernooi drie of vier uur per dag oefenen. Dat wordt heel zwaar.'

Later die ochtend, terwijl de deelnemers 'The Tapestry of Me' probeerden te memoriseren, nam Buzan me apart en legde zijn hand op mijn schouder.

'Herinner je je ons gesprekje nog? Denk er maar eens over na. Dat zou jij kunnen zijn daar op het podium, de volgende Amerikaanse geheugenkampioen.'

Tijdens een pauze tussen het memoriseren van woorden en cijfers verliet ik het Con Ed-gebouw om even te ontsnappen aan de klamme atmosfeer. Buiten op de stoep stonden Ed Cooke, de Engelse geheugenkunstenaar met zijn wilde krullenbos en wandelstok, en zijn slungelige sidekick, de Oostenrijkse grootmeester Lukas Amsüss, een sigaret te rollen.

Ed was in de lente van het voorgaande jaar cum laude afgestudeerd aan Oxford in psychologie en filosofie en vertelde me dat hij eraan zat te denken een boek te schrijven, *De kunst van introspectie*, naast zijn masterstudie in de cognitiewetenschap aan de Sorbonne, waar hij een excentriek onderzoek verrichtte dat beoogde 'mensen het gevoel te geven dat hun lichaam tien keer zo klein is geworden'. Hij werkte ook aan de uitvinding van een nieuwe kleur – 'niet slechts een nieuwe kleur, maar een compleet nieuwe manier van kleur waarnemen'.

Lukas, een rechtenstudent aan de Universiteit van Wenen die zichzelf aanprees als de auteur van een pamflet getiteld *Drie keer slimmer worden dan je IQ*, stond tegen het gebouw geleund en probeerde tegenover Ed zijn armzalige prestatie op het woordenonderdeel te rechtvaardigen. 'Ik heb nog nooit van de Engelse woorden "*yawn*", "*ulcer*" en "*aisle*" gehoord,' verklaarde hij met een sterk Oostenrijks accent. 'Hoe kun je dan van me verwachten dat ik ze onthoud?'

Op dat moment waren Ed en Lukas respectievelijk de op tien en de op acht na beste geheugenatleet van de wereld, de enige grootmeesters op de Amerikaanse kampioenschappen en de enige deelnemers in een pak met das. Ze waren maar al te bereid mij (of wie dan ook) deelgenoot te maken van hun plannen om hun mnemonische faam te verzilveren door een 'geheugensportschool' op te richten, dat de naam Oxford Mind Academy zou dragen. Hun gedachte was dat subscribenten – voornamelijk bedrijfsdirecteuren, hoopten ze – zouden betalen voor een mentale work-out met een personal trainer. Als de wereld eenmaal het nut van geheugentraining ontdekte zou het geld met bakken binnenkomen, zo stelden ze zich voor. 'Uiteindelijk is het ons erom te doen,' zei Ed tegen me, 'het westerse onderwijs in ere te herstellen.'

'Dat we als gedegenereerd beschouwen,' voegde Lukas eraan toe.

Ed legde me uit dat hij zijn deelname aan geheugentoernooien als een aspect zag van zijn pogingen de geheimen van het menselijk geheugen te ontrafelen. 'Volgens mij zijn er twee methoden om uit te vinden hoe het brein werkt,' zei hij. 'De ene is die van de empirische psychologie, namelijk door er van de buitenkant naar te kijken en veel metingen te verrichten bij veel verschillende mensen. De andere methode vloeit voort uit de logica dat de optimale prestatie van een systeem je iets kan vertellen over het ontwerp ervan. Misschien krijg je het beste inzicht in het menselijk geheugen als je heel intensief probeert het te optimaliseren, bij voorkeur met een zootje slimme mensen in omstandigheden waarin ze onverbiddelijke en objectieve feedback krijgen. En dat is het geheugencircuit.'

Het toernooi zelf verliep met alle spanning van, zeg, een toelatingstest voor de universiteit. De deelnemers zaten zwijgend aan een tafel naar vellen papier te kijken en schreven vervolgens antwoorden op die ze aan de jury overhandigden. Na elk onderdeel werden in rap tempo de scores berekend en geprojecteerd op een scherm voor in de zaal. Zeer tot ongenoegen van een journalist die over de landelijke geheugenkampioenschappen probeerde te schrijven, viel er bij deze 'sport' niets te bespeuren van het zichtbare gevecht dat een basketbalwedstrijd, of zelfs een spellingswedstrijd, kenmerkt. Soms was het moeilijk te beoordelen of deelnemers diep in gedachten verzonken waren of zaten te slapen. Ik mocht dan wel getuige zijn van heel wat dramatisch gewrijf over slapen en nerveus getik met voeten, en zo nu en dan de lege blik van een verliezer vangen, maar het drama zelf speelde zich vooral af in de hoofden van de deelnemers, onzichtbaar voor de toeschouwers.

Er borrelde een verontrustende gedachte in me op toen ik daar achter in het Con Edison-auditorium die schijnbaar normale mensen hun bijna onbevattelijke geheugenacrobatiek zag uitvoeren, namelijk dat ik geen idee had hoe mijn eigen geheugen werkte. Hóe borrelen gedachten eigenlijk in je op? Ik werd overspoeld door een trage golf van vragen – vragen waarover ik me nooit druk had gemaakt, maar die nu opeens heel dringend leken. Wat ís een herinnering precies? Hoe worden herinneringen gecreëerd? En hoe worden ze opgeslagen? Ik had de eerste vijfentwintig jaar van mijn leven doorgebracht met een zo soepel werkend geheugen dat ik nooit reden had gevoeld een onderzoek in te stellen naar het mechanisme ervan. En toch, nu ik erbij stilstond, besefte ik dat het eigenlijk helemaal niet zo soepel werkte. Mijn geheugen liet het op bepaalde gebieden volkomen afweten en werkte veel te goed op andere. En het had nogal wat onverklaarbare rare kronkels. Diezelfde ochtend nog waren mijn hersenen in gijzeling gehouden door een afgrijselijk nummer van Britney Spears, dat me dwong het grootste deel van de metrorit chanoekawijsjes te neuriën in een poging het uit mijn hoofd te verdrijven. Hoe zat dat? Een paar dagen daarvoor had ik een vriend willen vertellen over een schrijver die ik bewonderde, maar ik kon me alleen maar de eerste letter van diens achternaam herinneren en verder niets. Hoe was dat te verklaren? En waarom had ik geen enkele herinnering aan de tijd voor mijn derde levensjaar? Wat dat aanging, waarom kon ik me niet herinneren wat ik de vorige dag bij het ontbijt had gegeten, maar wist ik nog precies waarmee ik vier jaar eerder had ontbeten – Corn Pops, koffie en een banaan – toen ik vernam dat er een vliegtuig in een van de Twin Towers was gevlogen? En hoe komt het dat ik steeds vergeet waarom ik de deur van de koelkast heb geopend?

Ik vertrok van de Amerikaanse geheugenkampioenschappen met de wens erachter te komen hoe het Ed en Lukas lukte te doen wat ze deden. Waren zij uitzonderlijke individuen, wondermensen ergens boven in het intelligentiespectrum, of was er iets wat iedereen kon leren van hun talenten? Ik was om dezelfde reden sceptisch over hen als ik sceptisch was over Tony Buzan. Iedere zelfbenoemde goeroe die een fortuin heeft verdiend in de moderne zelfhulpbranche zet onvermijdelijk de bullshitdetector van een journalist in werking, en bij Buzan waren al mijn alarmbellen afgegaan. Ik wist er nog niet genoeg van om te kunnen zeggen of hij een hype of wetenschap aan de man bracht, maar de schreeuwerige verpakking – 'een wereldwijde onderwijsrevolutie!' – riekte overduidelijk naar het eerste.

Was het echt waar dat iedereen kon leren snel reusachtige hoeveelheden informatie te memoriseren? Iedereéén? Ik wilde er best in meegaan als Buzan zei dat er technieken waren om je geheugen een stukje te verbeteren, maar ik geloofde hem (of Ed) toch niet helemaal als hij beweerde dat iedere idioot die je van de straat plukt hele spellen kaarten of duizenden binaire getallen kon leren onthouden. De alternatieve verklaring leek een stuk plausibeler: dat Ed en zijn collega's een bizarre aangeboren gave hadden die het mentale equivalent was van de lengte van André the Giant of de benen van Usain Bolt.

Het is niet te ontkennen dat veel van wat zelfhulpgoeroes over geheugenverbetering schrijven gekleurd is door opdringerige of misleidende marketing. Op de zelfhulpafdeling van de Barnes & Noble bij mij in de buurt zijn rijen boeken te vinden met op de omslag verhitte claims dat ze me kunnen leren 'nooit meer een telefoonnummer of datum te vergeten' of 'informatie onmiddellijk uit het geheugen op te roepen'. Op een van de boeken stond zelfs dat het me zou tonen hoe 'de overige negentig procent' van mijn hersenen te gebruiken, een pseudowetenschappelijk cliché dat evenveel hout snijdt als de bewering dat ik de overige negentig procent van mijn hand zou kunnen leren gebruiken.

Maar ook wordt sedert lang onderzoek naar geheugenverbetering gedaan door mensen wier relatie met het onderwerp minder duidelijk in het teken van financiële winst staat, en wier claims door vakgenoten worden getoetst. Theoretisch psychologen zijn al geïnteresseerd in het vergroten van onze aangeboren geheugencapaciteit sinds Hermann Ebbinghaus in de jaren tachtig van de negentiende eeuw geheugenexperimenten begon te doen.

Dit boek handelt over het jaar waarin ik mijn geheugen probeerde te trainen en het probeerde te doorgronden – zijn werking, zijn natuurlijke tekortkomingen, zijn verborgen potentieel. Het gaat over hoe ik uit eigen ervaring leerde dat ons geheugen, tot op zekere hoogte, werkelijk te verbeteren is, en dat ieder mens inderdaad dezelfde vaardigheden kan aanboren als Ed en Lukas. Het gaat ook over de wetenschappelijke studie van expertise en hoe onderzoekers algemene principes van vaardigheidsverwerving bij geheugenkampioenen hebben ontdekt – geheime recepten voor de verbetering van nagenoeg alles – aan de hand van de wijze waarop zij hun hersenen trainen. Hoewel ik dit boek niet geschreven heb als zelfhulphandleiding, hoop ik dat het je een idee geeft hoe je je geheugen kunt oefenen en hoe je geheugentechnieken in het dagelijks leven kunt toepassen.

Deze technieken hebben een verrassend rijk en fundamenteel spoor getrokken in de geschiedenis. Hun rol in de ontwikkeling van de westerse cultuur is een van de grote thema's in de menselijke intellectuele geschiedenis waarvan het verhaal maar weinig bekend is buiten de exclusieve academische kringen die het bestuderen. Mnemonische systemen zoals het geheugenpaleis van Simonides hebben vergaande invloed gehad op de manier waarop de mensen sinds de klassieke oudheid door de middeleeuwen en de renaissance heen de wereld benaderden, en toen verdwenen ze bijna uit beeld.

Fysiologisch gezien verschillen we vrijwel niet van onze voorouders die bizons tekenden op de wanden van de grotten van Lascaux, een van de oudste overgebleven cultuuruitingen. Onze hersenen zijn niet groter of complexer dan die van hen. Als je een van hun pasgeboren kinderen in de armen van een adoptieouder in het New York van de eenentwintigste eeuw legde, zou het zich waarschijnlijk ontwikkelen als ieder ander van zijn of haar leeftijdgenoten.

Het enige wat ons van hen onderscheidt, zijn onze herinneringen. Niet de herinneringen in onze eigen hersenen, want het kind dat vandaag geboren wordt komt ter wereld met een even onbeschreven blad als het kind dertigduizend jaar geleden, maar de herinneringen die buiten onszelf zijn opgeslagen – op foto's, in boeken, in musea en tegenwoordig ook in digitale media. Ooit stond het geheugen aan de basis van alle cultuur, maar we hebben in de afgelopen dertigduizend jaar, sinds we onze herinneringen op grotwanden begonnen te schilderen, gaandeweg ons eigen natuurlijke geheugen vervangen door een reusachtige superstructuur van externe hulpmiddelen voor het geheugen, een proces dat in recente jaren exponentieel is versneld. Stel je voor dat je morgen wakker werd en zou ontdekken dat alle inkt van de wereld onzichtbaar was geworden en al onze bytes waren verdwenen. Onze wereld zou onmiddellijk ineenstorten. Literatuur, muziek, wetgeving, politiek, wetenschap, wiskunde: onze cultuur is een bouwwerk dat opgetrokken is uit extern bewaarde herinneringen.

Als het geheugen ons instrument is om datgene te behouden wat we als het meest waardevol beschouwen, is het ook op pijnlijke wijze verbonden met onze eigen vergankelijkheid. Als we sterven, sterven onze herinneringen met ons. In zekere zin is het uitgebreide systeem van externe herinneringen dat we hebben gecreëerd een manier om onze sterfelijkheid af te wenden. Het stelt ons in staat denkbeelden efficiënt over te dragen door ruimte en tijd en erop voort te bouwen in een mate die onmogelijk zou zijn als een gedachte van brein tot brein moet worden doorgegeven om niet verloren te gaan.

Het buiten de hersenen vastleggen van herinneringen heeft niet alleen de manier veranderd waarop de mensen denken, maar heeft ook tot een ingrijpende verschuiving in de betekenis van het begrip 'intelligentie' zelf geleid. Het interne geheugen daalde in waarde. Eruditie ontwikkelde zich van het bezitten van kennis tot weten hoe en waar je in de labyrintische wereld van het externe geheugen informatie op kunt zoeken. Het is een veelzeggende constatering dat zo'n beetje de enige context waarin mensen nog hun geheugen trainen, die van de wereldkampioenschappen geheugen en de nationale geheugentoernooien in een tiental landen is. Wat eens een hoeksteen van de westerse cultuur was, kun je tegenwoordig hooguit een curiosum noemen. Maar als we een omslag hebben gemaakt van een cultuur die fundamenteel gebaseerd was op interne herinneringen naar een cultuur die fundamenteel gebaseerd is op extern opgeslagen herinneringen, wat zijn dan de implicaties daarvan voor onszelf en voor de maatschappij? Wat we erbij gewonnen hebben, is evident. Maar wat hebben we ingeleverd? Wat betekent het dat we ons geheugen kwijt zijn?

TWEE

De man die zich te veel herinnerde

In mei 1928 wandelde de jonge verslaggever S de spreekkamer binnen van de Russische neuropsycholoog A.R. Luria en vroeg hem beleefd of die zijn geheugen wilde testen. Hij was naar Luria gestuurd door zijn chef, de hoofdredacteur van de krant waarvoor hij werkte. Elke ochtend tijdens de redactiebijeenkomst verdeelde zijn chef in het vertrek vol journalisten de opdrachten van die dag, waarbij hij in hoog tempo de feiten, contactpersonen en adressen opsomde die ieder nodig had voor zijn reportage. Alle verslaggevers maakten uitgebreid aantekeningen, op één na. S keek en luisterde alleen maar.

Op een ochtend nam de hoofdredacteur, die genoeg had van de schijnbare onachtzaamheid van S, zijn verslaggever terzijde om hem in te peperen dat hij zijn baan serieus moest nemen. Dacht S soms dat hij, de hoofdredacteur, iedere ochtend al die informatie voorlas omdat hij zo dol was op het geluid van zijn eigen stem? Dacht S dat hij zijn verhalen kon schrijven zonder contactpersonen? Dat hij telepathisch kon communiceren met mensen, zonder hun adres te kennen? De hoofdredacteur gaf hem te verstaan dat als S een toekomst in de krantenjournalistiek ambieerde het tijd werd om op te gaan letten en aantekeningen te maken.

S staarde de hoofdredacteur tijdens diens preek uitdrukkingsloos aan en wachtte tot hij klaar was met zijn verhaal. Toen herhaalde hij kalmpjes woord voor woord alle informatie die zijn chef die ochtend op de bijeenkomst had gegeven. De hoofdredacteur stond perplex. Hij wist niet wat hij zeggen moest. Maar S zou later beweren dat hijzelf het meest geschokt was van de twee. Tot op dat moment, zei hij, had hij altijd aangenomen dat het volkomen normaal was voor een mens om zich alles te herinneren.

Toen hij bij Luria aankwam was S nog steeds sceptisch over zijn eigen uniciteit. 'Hij was zich niet bewust van bijzondere eigenschappen bij zichzelf en kon zich niet voorstellen dat zijn geheugen zich onderscheidde van dat van anderen,' herinnerde de psycholoog zich. Luria legde S een serie tests voor om diens geheugenkracht te beoordelen. Allereerst vroeg hij hem een aantal cijfers te memoriseren, en luisterde verbaasd toe terwijl zijn verlegen bezoeker zeventig cijfers opnoemde, eerst van voren naar achteren en daarna van achteren naar voren. 'Het maakte voor hem niet uit of de reeks die ik opgaf bestond uit woorden met een betekenis of nonsenslettergrepen, getallen of klanken, en of hij ze mondeling of schriftelijk aangeboden kreeg,' zei Luria. 'Het enige wat hij verlangde was een pauze van drie tot vier seconden tussen elk element van de reeks en dan kon hij die reeks moeiteloos herhalen.' Luria onderwierp S aan de ene na de andere test en bleef hetzelfde resultaat oogsten: de man faalde nooit. 'Als experimentator verkeerde ik al snel in een staat van opperste verwarring,' vertelde Luria. 'Ik moest domweg toegeven dat [...] ik niet in staat was gebleken een taak te volbrengen die voor een psycholoog toch heel eenvoudig zou moeten zijn: de omvang van iemands geheugen meten.'

Luria zou S de volgende dertig jaar bestuderen en uiteindelijk een boek over hem schrijven, *Een teveel aan geheugen, een neurologisch geval*, dat klassiek is geworden in de literatuur van de abnormale psychologie. S kon complexe wiskundige formules memoriseren zonder iets van wiskunde te weten, Italiaanse poëzie zonder Italiaans te spreken, en hij onthield zelfs brabbelzinnen. Maar nog opmerkelijker dan de reikwijdte van de materie die hij in zijn geheugen op kon slaan was het feit dat zijn herinneringen nooit leken te vervagen.

Bij normale mensen verdwijnen herinneringen gaandeweg volgens de zogenoemde 'vergeetcurve'. Vanaf het moment dat je nieuwe informatie in je hebt opgenomen begint de greep van je geheugen erop langzaam te verslappen, tot het die uiteindelijk helemaal loslaat. In de laatste decennia van de negentiende eeuw probeerde de Duitse psycholoog Hermann Ebbinghaus dat genadeloze proces van vergeten te kwantificeren. Om te doorgronden hoe onze herinneringen mettertijd verslechteren, hield hij zich jaren onledig met het memoriseren van drieëntwintighonderd drieletterige nonsenssyllaben zoals 'guf', 'ler' en 'nak'. Op gezette tijden testte hij zichzelf om te kijken hoeveel lettergrepen hij was vergeten en hoeveel hij er had onthouden. Toen hij de resultaten in een grafiek uitzette, leverde dat de volgende curve op:

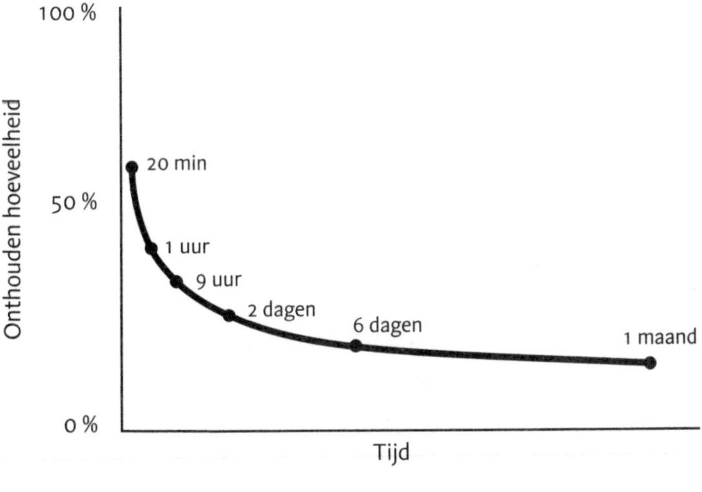

Hoe vaak hij het experiment ook uitvoerde, de resultaten kwamen altijd ruwweg op hetzelfde neer: in het eerste uur nadat hij een reeks nonsenslettergrepen had geleerd, was hij meer dan de helft ervan alweer vergeten. Na de eerste dag verdween nog eens tien procent uit zijn geheugen. Na een maand een volgende veertien procent. Daarna hadden de herinneringen die overbleven zich min of meer gestabiliseerd – ze waren geconsolideerd in het langetermijngeheugen – en nam het tempo van vergeten af tot een slakkengangetje.

De herinneringen van S leken die vergeetcurve niet te volgen. Hoeveel hem ook werd gevraagd te onthouden, of hoe lang geleden dat ook was geweest – in sommige gevallen wel zestien jaar –, hij was altijd in staat de materie even accuraat te reproduceren als toen hij die net had geleerd. 'Hij ging zitten, deed zijn ogen dicht, bleef even zwijgen en zei vervolgens: "Ja, ja... dat was de reeks die u me een keer opgaf toen we bij u thuis waren. U zat aan tafel... U droeg een grijs pak." En daarna dreunde hij de reeks precies op zoals ik hem die bij de eerdere sessie had gepresenteerd,' schreef Luria.

In Luria's enthousiaste verslag komt S soms over als een bezoeker van een andere planeet, en in de annalen van de abnormale psychologie is zijn geval vaak beschreven als *sui generis*. Maar ik zou weldra ontdekken dat er een nog veel boeiender interpretatie van het verhaal van S bestaat, namelijk dat, hoe uniek hij ook geweest mag zijn, er veel was dat wij normale mensen met ons zwakke, vergeetachtige brein van het zijne kunnen leren. Het is zelfs mogelijk dat zijn bijzondere vaardigheden in ons allen verborgen liggen.

Nadat ik mijn veldwerk op het toernooi in New York had afgerond, zou het normale protocol zijn geweest huiswaarts te keren, een kort artikel te schrijven en me vervolgens te wijden aan iets nieuws. Maar dat is niet wat er gebeurde. Ik stapte niet op een trein naar Washington, maar belandde in een andere zaal, dit keer de aula van een middelbare school aan de Upper East Side van Manhattan, waar Ed Cooke verondersteld werd een groep zestienjarigen te leren hoe ze met geheugentechnieken tienen konden halen voor hun proefwerken. Ik had mijn plannen voor die dag afgelast en was meegegaan omdat Ed had beloofd dat hij me als ik lang genoeg bij hem in de buurt bleef, tot in detail zou vertellen hoe Lukas en hij zichzelf hadden bijgebracht dingen te onthouden zoals S. Maar alvorens hij zulke esoterische geheimen zou onthullen moest het terrein worden geprepareerd. Ed wilde de scholieren en mij laten zien dat ons geheugen nu al buitengewoon was, tenminste als het om het leren van bepaalde soorten informatie gaat. Hij had daartoe een test meegenomen die gebaseerd was op het herkennen van foto's, bekend als het *two-alternative picture recognition exam*.

Na zich met een fraai staaltje zelfspot aan de scholieren te hebben voorgesteld – 'Ik kom uit Engeland, waar we onze tijd het liefst doorbrengen met memoriseren in plaats van met het opbouwen van een sociaal leven' – demonstreerde hij zijn mnemonische kunsten door in ruim een minuut een getal van zeventig cijfers te leren (drie keer zo snel als S), en hij vervolgde meteen met een test om het geheugen van de leerlingen, en het mijne, te beproeven.

'Jongens en meisjes, ik ga jullie een hele zwik foto's laten zien, en dat ga ik heel erg snel doen,' kondigde hij aan, op luide toon, in een poging de lawaaierige tieners te overstemmen. 'Ik wil dat jullie proberen er zo veel mogelijk van te onthouden.' Met een afstandsbediening dimde hij de plafondlichten. Op een scherm voor in de aula projecteerde hij vervolgens een serie dia's, die ieder nog geen halve seconde in beeld bleven. Er was een dia van Muhammad Ali die triomfantelijk op Sonny Liston neerkeek. En een dia van lange halters. En van

Neil Armstrongs voetafdruk op de maan. En van de omslag van Friedrich Nietzsches *Over de genealogie van de moraal*. En van een rode roos.

Er waren in totaal dertig foto's, die elk maar zo kort werden vertoond dat ik me nauwelijks kon voorstellen dat we er ooit een van zouden kunnen onthouden, laat staan allemaal. Maar ik deed mijn uiterste best om een detail van elke foto in me op te nemen en een snelle mentale aantekening te maken van datgene waar ik naar keek. Na de laatste dia, een afbeelding van een geit, gingen de lichten in de aula weer aan.

'Oké, denken jullie dat jullie al die foto's hebben onthouden?' vroeg Ed ons.

Een meisje vlak voor me riep sarcastisch: 'Van mijn lang zal ze leven niet!', wat enig gegiechel uitlokte onder haar leeftijdgenoten.

'Zo mag ik het horen!' loeide Ed terug, en vervolgens keek hij op zijn horloge. Natuurlijk was de hele bedoeling van de opdracht – waarom zou hij die anders hebben gegeven? – dat zou blijken dat we ons inderdáád al die foto's herinnerden. Net als het meisje aan de tafel voor me kostte het me moeite dat te geloven.

Nadat hij ons een halfuur had gegeven om de vergeetcurve zijn onvermijdelijke invloed te laten uitoefenen op de beelden waarnaar we zo kort hadden gekeken, schoof Ed een nieuwe diaserie in de projector. Dit keer werden er twee foto's op het scherm geprojecteerd. Een ervan hadden we al gezien en een ervan niet: Muhammad Ali links en een bruisend Alka-Seltzer-tablet rechts.

Ed vroeg ons te wijzen naar de foto die we herkenden. Eitje. We wisten allemaal dat we Muhammad Ali hadden gezien, en niet het Alka-Seltzer-tablet. 'Is het niet frappant hoe makkelijk je je dat herinnert?' vroeg Ed voor hij naar de volgende dia klikte: een hert links en het boek van Nietzsche rechts.

Die wisten we ook allemaal. Het was zelfs zo dat van alle dertig dubbele dia's iedereen in de aula die helft herkende die we eerder hadden gezien. 'En nu ga ik jullie iets fascinerends vertellen,' zei Ed, die als een echte docent voor in de aula over het linoleum ijsbeerde. 'We hadden dit met tienduizend dia's kunnen doen en dan hadden jullie bijna even goed gepresteerd. Zó superieur is jullie geheugen voor beelden nou.' Zijn opmerking sloeg terug op een befaamde reeks experimenten uit de jaren zeventig waarin de fotoherkenningstest was gebruikt die wij net hadden uitgevoerd, met dat verschil dat de onderzoekers hun proefpersonen niet vroegen dertig afbeeldingen te onthouden, maar tienduizend (het afnemen van de test nam een volle week in beslag). Dat zijn veel foto's om in je geheugen op te slaan, ook al omdat de proefpersonen het beeld maar één keer te zien kregen. Toch bleken ze zich meer dan tachtig procent van wat ze gezien hadden te kunnen herinneren. In een recenter onderzoek werd dezelfde test gedaan met vijfentwintighonderd afbeeldingen, maar in plaats van de proefpersonen een keuze te laten maken tussen een afbeelding van Muhammad Ali en een Alka-Seltzer-tablet (een makkelijke keuze, hoe bruisend Cassius Clay ook mag zijn geweest), moesten ze kiezen tussen twee afbeeldingen die bijna identiek waren: een stapeltje biljetten van vijf dollar tegenover een stapeltje dollarbiljetten, een groene treinwagon tegenover een rode, een bel met een smalle handgreep tegenover een bel met een brede handgreep. Ook als de afbeeldingen maar op een klein detail verschilden, herinnerden de proefpersonen zich altijd nog negentig procent ervan correct.

Ik vond dat verbazingwekkende percentages, maar ik besefte dat ze niet meer deden dan iets kwantificeren wat ik instinctief al wist, namelijk dat ons geheugen vrij goed werkt. Ondanks ons gemopper over de dagelijkse tekortkomingen van ons geheugen – de sleutels waarvan we niet meer weten waar we ze hebben gelaten, de naam die ons ontschoten is, het antwoord dat op het puntje van onze tong ligt – is zijn grootste tekortkoming misschien wel dat we vergeten hoe zelden we iets vergeten.

'Het meest bijzondere aan de test van daarnet,' verklaarde Ed, 'is dat ik dit spelletje over tig jaar weer met jullie zou kunnen doen en jullie vragen welke foto's je eerder hebt gezien, en ook dan nog zouden jullie meestal de juiste aanwijzen. Ergens in je hoofd blijft een spoor achter van alles wat je ooit hebt gezien.'

Dat leek me een sterke bewering, en een die ik graag nader wilde onderzoeken. Ik vroeg me af hoe goed ons geheugen nu eigenlijk precies is. Is het mogelijk dat we het in ons hebben ons álles te herinneren?

Het idee dat onze hersenen nooit echt iets vergeten, ligt onmiskenbaar besloten in de manier waarop we het over onze herinneringen hebben. De metaforen die we het vaakst gebruiken voor het geheugen – foto, taperecorder, spiegel, computer – wijzen stuk voor stuk op mechanische accuratesse, alsof de geest onze ervaringen nauwgezet vastlegt. Ik kwam erachter dat de meeste psychologen tot vrij recent aannamen dat ons brein ook werkelijk als een volmaakte recorder functioneert – dat ergens op de cerebrale zolder een mensenleven aan herinneringen ligt, en als we die niet kunnen vinden is dat niet omdat ze verdwenen zijn, maar omdat we niet meer weten waar we ze precies hebben gelegd. In een veelvuldig aangehaald artikel uit 1980 deed de psychologe Elizabeth Loftus verslag van een kort onderzoek dat ze onder haar collega's had gehouden. Daaruit bleek dat minstens vierentachtig procent van hen zich kon vinden in de volgende stelling: 'Alles wat we leren wordt permanent in het hoofd opgeslagen, hoewel bepaalde details soms niet toegankelijk zijn. Met hypnose, of andere speciale methoden, kunnen die details uiteindelijk naar boven worden gebracht.'

Loftus schrijft dat deze gedachte haar moderne oorsprong vindt in een reeks experimenten die van 1934 tot 1954 werden uitgevoerd door de Canadese neurochirurg Wilder Penfield. Penfield gebruikte elektrische sondes om de hersenen van epileptici te stimuleren, die volledig bij bewustzijn met een geopende schedel op de operatietafel lagen. Zijn doel was de bron van de epilepsie te lokaliseren in de hoop zijn patiënten van hun ziekte af te kunnen helpen, maar toen hij met zijn sonde bepaalde delen van hun temporaalkwabben aanraakte gebeurde er iets onverwachts. De patiënten begonnen heldere, lang vergeten herinneringen te beschrijven. Als hij dezelfde plek opnieuw aanraakte, wekte hij vaak dezelfde herinnering op. Op grond van deze experimenten dacht Penfield dat het brein alles registreert waaraan het een zekere mate van bewuste aandacht besteedt, en dat die registratie blijvend is.

De Nederlandse psycholoog Willem Wagenaar raakte van hetzelfde overtuigd. Zes jaar lang, tussen 1978 en 1984, noteerde hij dagelijks een of twee van de meest memorabele gebeurtenissen van die dag. Iedere gebeurtenis kreeg een apart kaartje met het wat, waar en wanneer, en wie erbij betrokken was geweest. In 1984 begon hij te onderzoeken hoeveel gebeurtenissen van de afgelopen zes jaar hij nog in zijn geheugen had zitten. Hij pakte daartoe steeds een willekeurig kaartje en keek of hij herinneringen had aan de beschreven gebeurtenis. Zo ontdekte hij dat hij zich met maar een paar aanwijzingen bijna alles herinnerde wat er was gebeurd, met name de recentere voorvallen. Maar bijna twintig procent van de oudste herinneringen leek geheel te zijn verdwenen. Die gebeurtenissen, die hij ooit zelf op papier had gezet, kwamen hem volkomen onbekend voor, alsof iemand anders ze had meegemaakt.

Maar waren die herinneringen wel echt weg? Wagenaar was

daar niet van overtuigd. Hij koos tien gebeurtenissen uit waarvan hij dacht dat hij ze volledig vergeten was en waar volgens de informatie op het kaartje een andere persoon bij betrokken was geweest. Hij ging naar die mensen toe en vroeg hun om details die hem konden helpen zijn verloren herinneringen te hervinden. Soms kostte het enige aansporing, maar in alle gevallen waren ze in staat Wagenaar iets te vertellen waardoor hij andere delen van de herinnering kon terughalen. Niet één van zijn herinneringen was echt verdwenen. 'In dat licht,' zo concludeerde hij, 'kun je van geen enkele gebeurtenis zeggen dat ze volledig vergeten is.'

Toch zijn de meeste psychologen er in de afgelopen drie decennia steeds sceptischer over geworden dat we daadwerkelijk perfecte herinneringen aan het verleden bezitten, die er slechts op wachten om opgegraven te worden. Toen neurowetenschappers de eerste mysteriën rond het wezen van de herinnering begonnen te ontrafelen werd duidelijk dat het langzaam vervagen, muteren en uiteindelijk verdwijnen van herinneringen een reëel fysiek fenomeen is, dat zich op celniveau in de hersenen afspeelt. En bijna iedereen is het er tegenwoordig over eens dat Penfields experimenten hallucinaties opwekten – meer een déjà vu of een droom dan echte herinneringen.

Niettemin kennen we allemaal de ervaring dat ons opeens een lang vergeten voorval uit ons verleden te binnen schiet, en zo blijft het idee voortleven dat we met net de juiste hint in staat zouden zijn elk stukje informatie naar boven te halen dat ooit ons brein in is gegaan. Sterker nog, het waarschijnlijk meest wijdverbreide misverstand over het menselijk geheugen – dat door Ed zo honend was afgedaan – is dat er mensen bestaan met een fotografisch geheugen. Toen ik hem daar later nog eens over aansprak, vertrouwde hij me toe dat hij vroeger zwetend wakker werd van de angst dat iemand met een fotografisch geheugen op een dag in de krant zou lezen over de wereldkampioenschappen geheugen, mee zou doen en hem en de andere deelnemers verpletterend zou verslaan. Het was een pak van zijn hart toen hij erachter kwam dat tegenwoordig de meeste wetenschappers de kans niet groot achten dat dit zal gebeuren. Hoeveel mensen er ook zijn die beweren een fotografisch geheugen te hebben, er is geen bewijs dat iemand echt mentale kiekjes kan opslaan en die met honderd procent precisie onthouden. In de wetenschappelijke literatuur is niet meer dan één geval van een fotografisch geheugen beschreven.

Charles Stromeyer III, een in het menselijk zicht gespecialiseerde wetenschapper aan Harvard, publiceerde in 1970 een artikel in het gerenommeerde wetenschappelijke tijdschrift *Nature* over Elizabeth, een jonge Harvard-studente met een wonderbaarlijk talent. Stromeyer liet Elizabeths rechteroog een patroon van tienduizend stippen zien en een dag later liet hij haar linkeroog een ander stippenpatroon zien. Verbazend genoeg was Elizabeth in staat de twee afbeeldingen in haar hoofd samen te voegen, alsof ze een van die stereogrammen met een willekeurig stippenpatroon vormden die in de jaren negentig zo'n rage waren. Elizabeth beweerde dat ze één enkel, nieuw beeld zag waar de twee stippenpatronen elkaar overlapten. Hiermee leek het eerste overtuigende bewijs geleverd dat er echt zoiets als een fotografisch geheugen bestaat. Het verhaal neemt een soapachtige wending als Stromeyer met Elizabeth trouwt. Ze is daarna nooit meer aan een test onderworpen.

In 1979 besloot de onderzoeker John Merritt onderzoek te doen naar het waarheidsgehalte van Stromeyers beweringen. Om mensen met een fotografisch geheugen op te sporen plaatste hij een test in kranten en tijdschriften door het hele land. De test bestond uit twee tekeningen met een willekeurig stippenpatroon. Merritt hoopte dat iemand zich zou melden met soortgelijke gaven als die van Elizabeth en daarmee zou bewijzen dat haar geval niet uniek was. Hij schat dat ruwweg een miljoen mensen een poging hebben gewaagd de test uit te voeren. Dertig mensen stuurden het juiste antwoord op, van wie vijftien erin toestemden zich door Merritt te laten bestuderen. Maar toen er wetenschappers over hun schouders meekeken, slaagden ze er geen van allen in Elizabeths vernuftige truc te herhalen.

Het geval van Elizabeth is met zo veel onwaarschijnlijkheden omgeven – het huwelijk tussen proefpersoon en wetenschapper, het gebrek aan vervolgtests, het niet kunnen vinden van andere mensen met haar talent – dat er volgens sommige psychologen een luchtje zit aan Stromeyers bevindingen. Hij ontkent dit. 'We twijfelen niet aan onze gegevens,' vertelde hij me over de telefoon. Toch is zijn studie van maar één enkel geval, zo geeft hij toe, 'geen sterk bewijs dat er nog meer mensen zouden bestaan met een fotografisch geheugen'.

Als kind was ik gefascineerd door verhalen over ultraorthodoxe joden die alle 5422 pagina's van de Babylonische Talmoed zo grondig hadden gememoriseerd dat ze als je een speld door een van de drieënzestig traktaten, of boeken, van de Talmoed stak, precies wisten door welke woorden op elke pagina die ging. Ik had altijd aangenomen dat die verhalen apocrief waren, een stukje Hebreeuwse-schoolfolklore zoals de leviterende rabbijn of de van voorhuiden gemaakte portemonnee die een koffer kon worden. De speldenprik-Talmoedisten blijken echter even legitieme leden van het joodse pantheon te zijn als de Mighty Atom. In 1917 beschreef de psycholoog George Stratton in het tijdschrift *Psychological Review* een onderzoek bij een groep Poolse Talmoedgeleerden, de Shass Pollak (letterlijk de 'Talmoed-Pool'), die hun reputatie van uiterste precisie waarmaakten. Maar, zoals hij in zijn artikel opmerkte, ondanks het indrukwekkende geheugen van de Shass Pollak 'heeft geen van hen ooit naam gemaakt in de wereld van geleerden'. De Shass Pollak waren niet zozeer begiftigd met een fotografisch geheugen als wel met een enorme vasthoudendheid in hun bestudering van de Talmoed. Als een doorsnee mens besloot zijn leven te wijden aan het memoriseren van 5422 pagina's tekst, zou ook hij daar op den duur behoorlijk goed in worden.

Als het fotografisch geheugen dus niet meer dan een mythe is, hoe zit het dan met de Russische journalist S? Als hij geen kiekjes nam in zijn hoofd, wat deed hij dan?

Het uitzonderlijke geheugen van S was niet het enige vreemde kenmerk van zijn hersenen. Hij leed ook aan synesthesie, een zeldzame perceptiestoornis die maakte dat zijn zintuigen op bizarre wijze met elkaar verweven waren. Elke klank die S hoorde had zijn eigen kleur, textuur en soms zelfs smaak, en riep een 'heel scala aan gevoelens' op. Sommige woorden waren 'glad en wit', andere 'even oranje en scherp als pijlen'. De stem van Luria's collega, de beroemde psycholoog Lev Vigotski, was 'kruimelig en geel'. De stem van filmregisseur Sergei Eisenstein leek op een 'vlam met allemaal uitlopers'.

Woorden zetten de geest van S in lichterlaaie met mentale beelden. Als jij en ik iemand het woord 'olifant' horen noemen, of dat op deze bladzijde lezen, weten we onmiddellijk dat het om een groot, grijs, dikhuidig zoogdier met brede poten en een lange slurf gaat. Maar doorgaans halen we ons niet echt een beeld van een olifant voor de geest. Dat zouden we kunnen doen als we wilden, maar het kost iets meer inspanning en heeft in negen van de tien gevallen geen zin. Maar S deed dat wel, automatisch en onmiddellijk, met ieder woord dat hij hoorde. Hij kon er niets aan doen. 'Als ik het woord "groen" hoor verschijnt er een groene bloempot; bij het woord "rood" zie ik een man in een rood hemd op me afkomen; "blauw" wekt een beeld op van iemand die met een blauw vlaggetje uit een raam zwaait,' vertelde hij Luria. Omdat ieder woord aanleiding gaf tot een bijbehorend synesthetisch beeld – en soms ook een smaak of geur – leefde S in een soort droom, en niet helemaal in de werkelijkheid. Terwijl het echte universum zich om hem heen ontvouwde, bloeide er voor zijn geestesoog een parallel universum van beelden op.

De beelden in het hoofd van S waren zo sterk dat hij ze soms bijna niet van de werkelijkheid kon onderscheiden. 'Het zou zelfs lastig zijn om te zeggen wat echter voor hem was: de wereld van de verbeelding waarin hij leefde of de wereld van de werkelijkheid waarin hij slechts tijdelijk te gast was,' schreef Luria. S hoefde zich alleen maar voor te stellen dat hij achter een trein aan rende om zijn hart sneller te laten kloppen, of voor zich te zien hoe hij zijn hand in een hete oven stak om zijn lichaamstemperatuur te doen stijgen. Hij beweerde zelfs dat hij in staat was pijn te overwinnen met zijn beelden. 'Stel dat ik naar de tandarts moet... Ik zit in de stoel en dan begint de pijn... Het is een ragfijne oranjerode draad. Ik maak me zorgen omdat ik weet dat als dit zo doorgaat, de draad zich verbreedt tot hij in een dichte massa verandert... Dus snij ik de draad door, maak hem korter en korter tot er nog maar een klein stipje over is. En dan verdwijnt de pijn.'

Getallen hadden voor S hun eigen persoonlijkheid. 'Neem het getal 1. Dat is een trotse, goedgebouwde man; 2 is een uitbundige vrouw; 3 is iemand die somber is (waarom weet ik niet); 6 een man met een gezwollen voet; 7 een man met een snor; 8 een heel dikke vrouw, een zak in een zak. Bij het getal 87 zie ik een dikke vrouw en een man die aan zijn snor draait.' Maar hoewel getallen bij S tot leven kwamen door zijn synesthesie, had hij moeite met het vatten van abstracte begrippen en metaforen. 'Ik kan alleen maar begrijpen wat ik kan visualiseren,' verklaarde hij. Woorden als het 'oneindige' en 'niets' lagen buiten zijn begripsvermogen. 'Neem bijvoorbeeld het woord "iets". Voor mij is dat een dichte stoomwolk met de kleur van rook. Als ik het woord "niets" hoor zie ik ook een wolk, maar een dunnere, die helemaal doorzichtig is. En als ik een deeltje van dat "niets" wil pakken, krijg ik alleen maar piepkleine deeltjes van dat "niets".' S was eenvoudig niet in staat tot figuurlijk denken. Een uitdrukking als 'je woorden afwegen' riep beelden op van weegschalen, niet van bedachtzaamheid. Het was hem vrijwel onmogelijk gedichten te lezen die niet letterlijk bedoeld waren. Zelfs eenvoudige verhalen bleken lastig te begrijpen, omdat zijn onbedwingbare neiging tot het visualiseren van ieder woord hem te veel afremde, of zijn gedachten in de richting deed schieten van een geassocieerd beeld, en een andere herinnering.

Net als bij S zijn onze herinneringen met elkaar verbonden in een web van associaties. Dit is niet alleen een metafoor, maar ook een weerspiegeling van de fysieke structuur van de hersenen. De klomp van anderhalve kilo boven op onze ruggengraat bestaat uit zo'n honderd miljard zenuwcellen, die elk vijf- tot tienduizend synaptische verbindingen met andere zenuwcellen kunnen aangaan. Op het meest basale fysiologische niveau is een herinnering een patroon van verbindingen tussen die zenuwcellen. Elke sensatie die we ons herinneren, elke gedachte die we hebben, verandert onze hersenen door de verbindingen binnen dat enorme netwerk te veranderen. Wanneer je het einde van deze zin hebt bereikt, zijn je hersenen fysiek alweer veranderd.

Als je bij het woord 'koffie' denkt aan de kleur zwart en ook aan ontbijten en een bittere smaak, is dat het gevolg van een spervuur aan elektrische impulsen die zich bewegen langs een fysiek pad in je hersenen, dat een reeks zenuwcellen die het begrip 'koffie' coderen verbindt met andere zenuwcellen waarin de begrippen 'zwart', 'ontbijt' en 'bitter' zijn opgeslagen. Zoveel weten we. Maar hoe een herinnering precies in een verzameling cellen kan zijn 'opgeslagen' blijft een van de grootste raadsels in de neurowetenschap.

Ondanks alle vooruitgang die er in de laatste decennia is geboekt, heeft nog niemand werkelijk een herinnering kunnen aanwijzen in het menselijk brein. Hoewel ontwikkelingen in de beeldtechnologie neurowetenschappers in staat hebben gesteld veel van de elementaire topografie van de hersenen te doorgronden, en onderzoek van zenuwcellen een goede indruk geeft van wat er in en tussen individuele hersencellen gebeurt, weten we nog relatief weinig van wat zich afspeelt in de elektrische circuits van de cortex, de gerimpelde buitenste laag van de hersenen waar ons vermogen zetelt om plannen uit te stippelen voor de toekomst, staartdelingen te maken en gedichten te schrijven, en die ook het grootste deel van onze herinneringen bevat. Je zou onze kennis van de hersenen kunnen vergelijken met wat we zien vanuit een vliegtuig dat hoog over een stad vliegt. We kunnen aangeven waar zich de industriegebieden en de woonwijken bevinden, waar het vliegveld ligt, waar de hoofdverkeersaders lopen en waar de buitenwijken beginnen. We weten ook, tot in detail, hoe de individuele eenheden van de stad (stedelingen, en in deze metafoor: zenuwcellen) eruitzien. Maar in het algemeen kunnen we niet zeggen waar de mensen heen gaan als ze honger hebben, hoe ze hun brood verdienen of welke route ze nemen naar hun werk. Van heel dichtbij en van veraf gezien is het brein te begrijpen. Het is wat daartussen ligt – alles wat met denken en onthouden te maken heeft, de taal van de hersenen – dat een groot mysterie blijft.

Eén ding is wel zonneklaar: het niet-lineaire, associatieve karakter van het brein maakt het onmogelijk om bewust en systematisch je geheugen af te zoeken. Een herinnering komt alleen dan in het bewustzijn naar boven als ze getriggerd wordt door een andere gedachte of waarneming – een ander knooppunt in het web van bijna oneindige onderlinge verbindingen. Als je een herinnering kwijt bent of een naam op het puntje van je tong blijft liggen, kan het opsporen ervan dan ook frustrerend zijn, en vaak vergeefse moeite. Het is alsof je stommelend in het donker met een zaklamp aanwijzingen probeert te vinden die je naar de gezochte informatie kunnen leiden – *Haar naam begint met een L... Ze is kunstenares... Ik ontmoette haar een paar jaar geleden op dat ene feestje* – tot een van die andere herinneringen je brengt waar je wezen moet. *O ja, ze heette Lisa!* Omdat onze herinneringen geen lineaire logica volgen, kunnen we ze niet stelselmatig afzoeken of erin grasduinen.

Maar S kon dat wel. De herinneringen van S waren zo strikt geordend als een kaartencatalogus. Elk stukje informatie dat hij memoriseerde kreeg een eigen adres toegewezen in zijn hersenen.

Stel dat ik je vroeg de volgende woorden te onthouden: beer, vrachtwagen, universiteit, schoen, drama, vuilnis en watermeloen. De kans is groot dat je je alle zeven woorden kunt herinneren, maar het is minder waarschijnlijk dat je ze in de juiste volgorde onthoudt. S deed dat wel. Voor S was het eerste element van een lijst onlosmakelijk verbonden met het tweede, dat alleen maar gevolgd kon worden door het derde. Het deed er niet toe of hij Dantes *Goddelijke komedie* of wiskundige vergelijkingen memoriseerde, zijn herinneringen werden altijd in lineaire ketens opgeslagen. En daarom kon hij gedichten even gemakkelijk van achteren naar voren als van voren naar achteren citeren.

S hield zijn herinneringen netjes georganiseerd door ze met structuren en plaatsen te verbinden die hij goed kende. 'Als

S een lange reeks woorden doorlas, riep elk woord een aanschouwelijk beeld op. En aangezien het om vrij veel woorden ging, moest hij een methode vinden om die beelden op een rij te zetten in zijn hoofd,' schreef Luria. 'Meestal [...] "distribueerde" hij de beelden langs een weg of straat die hij in gedachten voor zich zag.'

Als hij iets in zijn geheugen wilde opslaan, maakte S simpelweg een mentale wandeling door de Gorkistraat in Moskou, of door zijn geboortestad Torzjok, of een ander oord dat hij ooit had bezocht, en installeerde elk beeld op een verschillend punt van de route. Zo kon één beeld bij de voordeur van een huis zijn geplaatst, het volgende bij een straatlantaarn, het volgende op een houten hek, het volgende in een tuin, het volgende op het kozijn van een winkelraam. Dit alles speelde zich even moeiteloos voor zijn geestesoog af alsof hij echte voorwerpen in een echte straat neerzette. Als hem gevraagd was de eerdergenoemde zeven woorden te onthouden – beer, vrachtwagen, universiteit, schoen, drama, vuilnis en watermeloen – zou hij het beeld dat bij elk van die woorden naar boven kwam langs een van zijn vele mentale paden hebben verspreid.

Als S de informatie een dag, maand, jaar of decennium later wilde oproepen, hoefde hij alleen maar in gedachten opnieuw het pad te bewandelen waarlangs die specifieke herinneringen waren opgeslagen en dan zag hij elk beeld weer op exact dezelfde plaats waar hij het had achtergelaten. De enkele keer dat S iets vergat, 'waren die leemtes [...] niet het gevolg van *defecten van het geheugen* maar van *defecten van de perceptie*,' schreef Luria. Eenmaal vergat S het woord 'potlood' uit een lange reeks die hij had gememoriseerd. Hier volgt zijn eigen beschrijving van hoe dat kon gebeuren: 'Ik had het beeld van het potlood bij een hek neergezet... dat ene verderop in de straat. Maar dat beeld versmolt met het beeld van het hek en ik liep er gewoon langs zonder het te zien.' Een andere keer vergat hij het woord 'ei'. 'Ik had het tegen een witte muur geplaatst, waardoor het niet meer opviel tegen de achtergrond,' verklaarde hij.

Het geheugen van S was een beest dat alles opschrokte wat het gevoerd werd en er moeite mee had die stukjes informatie weer uit te spugen die het niet waard waren onthouden te worden. De grootste uitdaging voor S was te leren wat Luria 'de kunst van het vergeten' noemde. Tot zijn frustratie lukte het hem niet de overdadige beelden die elke sensatie creëerde te wissen. Hij probeerde verschillende methoden uit om ze uit zijn geheugen te verdrijven. Hij schreef dingen op een briefje, in de hoop dat hij dan niet langer de noodzaak zou voelen ze te onthouden. Toen dat niet hielp verbrandde hij de briefjes, maar ook dan zag hij nog getallen tussen de gloeiende as zweven. Uiteindelijk had hij een openbaring. Op een avond, toen hij meer dan ooit gekweld werd door een tabel met cijfers die hij eerder had gememoriseerd, ontdekte hij het geheim van vergeten. Het enige wat hij hoefde te doen was zichzelf ervan te overtuigen dat de informatie die hij wilde vergeten betekenisloos was. 'Als ik niet wil dat de tabel verschijnt, doet hij dat ook niet,' riep hij uit. 'Meer hoefde ik me niet te realiseren!'

Je zou denken dat het stofzuigerachtige geheugen van S hem tot een eersteklas verslaggever moet hebben gemaakt. Het scheen mij toe dat als ik maar alles zou kunnen onthouden zonder aantekeningen te maken en meteen elk feit zou kunnen reproduceren dat ik ooit in me had opgenomen, ik gigantisch veel beter zou zijn in mijn werk. Ik zou beter zijn in alles.

Maar op carrièregebied was S een mislukking. Hij raakte al snel zijn baantje kwijt bij de krant en het lukte hem nooit een betrekking voor langere tijd te behouden. Hij was, zoals

Luria het omschreef, 'een enigszins stuurloze persoon die met het gevoel leefde dat er elk moment iets goeds op zijn pad zou komen'. Al met al maakte zijn aandoening hem ongeschikt voor ieder beroep behalve dat van podiumkunstenaar, een rariteit zoals de mnemonist in *The 39 Steps* van Alfred Hitchcock. De man met het beste geheugen van de wereld had gewoon een teveel aan herinneringen.

In zijn korte verhaal *Het onverbiddelijke geheugen van Funes* beschrijft Jorge Luis Borges een gefictionaliseerde versie van S, een man met een onfeilbaar geheugen die verlamd wordt door zijn onvermogen iets te vergeten. Borges' personage Funes kan geen onderscheid maken tussen belangrijke en onbelangrijke zaken, geen prioriteiten stellen, geen generalisaties maken. Hij is 'vrijwel niet in staat tot het huldigen van algemene, platonische gedachten'. Net als dat van S was zijn geheugen te goed. Misschien, zoals Borges in zijn verhaal concludeert, is vergeten, en niet onthouden, wel de essentie van wat ons menselijk maakt. Om iets te kunnen begrijpen van de wereld moeten we die filteren. 'Denken,' schrijft Borges, 'is vergeten.'

Hoewel S' enorme geheugen voor feiten bijna onvoorstelbaar is, maakte hij in wezen slechts gebruik van het goedontwikkelde ruimtelijk geheugen waarmee ieder mens bedeeld is. Wie naar Londen gaat, zal nu en dan jonge mannen (en, zij het minder vaak, jonge vrouwen) achteloos op een scooter tussen het verkeer door zien slingeren, turend op een kaart die aan hun stuur bevestigd is. Deze leergierige scooterrijders zijn aan het oefenen voor het beroep van taxichauffeur in Londen. Om een vergunning te krijgen van de Londense Public Carriage Office houden de taxichauffeurs in opleiding zich twee tot vier jaar lang bezig met het leren kennen van de locatie en verkeersrichting van alle vijfentwintigduizend straten in de immense en immens verwarrende stad, en van de locatie van veertienhonderd monumenten. Hun opleiding eindigt met een gevreesd examen, bekend als 'the Knowledge', waarop ze niet alleen de kortste weg tussen twee willekeurige punten in het stedelijk gebied moeten bepalen, maar ook de belangrijke trekpleisters langs die route moeten opnoemen. Hooguit drie van de tien kandidaten die zich op the Knowledge voorbereiden ontvangen een licentie.

In 2000 wilde Eleanor Maguire, neurowetenschapper aan University College London, onderzoeken of al dat gechauffeur door de doolhof van Londense straten effect had op het brein van de taxichauffeurs en zo ja welk. Toen ze zestien taxichauffeurs uitnodigde in haar laboratorium en hun hersenen in een MRI-scanner onderzocht, kwam ze tot een opzienbarende ontdekking. Het achterste deel van de rechterhippocampus, een hersengebied dat een rol speelt bij ruimtelijke navigatie, was bij de taxichauffeurs zeven procent groter dan normaal – een klein, maar significant verschil. Maguire concludeerde dat het zich steeds een weg te moeten zoeken door Londen de algemene structuur van hun hersenen fysiek had beïnvloed. Hoe langer iemand taxichauffeur was, hoe beter zichtbaar het effect.

Het brein is een muteerbaar orgaan dat zich – tot op zekere hoogte – kan reorganiseren en aanpassen aan nieuwe vormen van zintuiglijke input, een verschijnsel dat neuroplasticiteit wordt genoemd. Lange tijd ging men ervan uit dat het volwassen brein niet in staat was nieuwe zenuwcellen aan te maken, dat leren wel resulteerde in de herordening van synapsen en de vorming van nieuwe verbindingen tussen hersencellen, maar dat de basale anatomische structuur van het brein min of meer dezelfde bleef. Het onderzoek van Maguire haalde deze overgeleverde wijsheid onderuit.

Na haar baanbrekende onderzoek bij Londense taxichauffeurs besloot Maguire haar aandacht te richten op geheugenatleten. Samen met Elizabeth Valentine en John Wilding, auteurs van de monografie *Superior Memory*, bestudeerde ze tien personen die hoog waren geëindigd bij de wereldkampioenschappen geheugen. Ze wilden weten of de hersenen van de mnemonisten – net als die van de Londense taxichauffeurs – structureel afweken van de onze, of dat ze alleen maar beter gebruikmaakten van de geheugenvaardigheden waarover ieder mens beschikt.

De onderzoekers legden zowel de geheugenatleten als een groep gematchte controlepersonen in een MRI-scanner en vroegen hun om driecijferige getallen, zwart-witfoto's van gezichten en uitvergrote beelden van sneeuwvlokken te memoriseren terwijl hun hersenen werden gescand. Maguire en haar team hielden het voor mogelijk dat ze anatomische verschillen in het brein van de geheugenkampioenen zouden aantreffen waaruit bleek dat hun hersenen zich op de een of andere manier hadden gereorganiseerd als gevolg van het vele en intensieve memorisatiewerk. Maar toen de onderzoekers de beeldgegevens inspecteerden, vonden ze geen enkel structureel verschil. De hersenen van de geheugenatleten waren niet te onderscheiden van die van de controlepersonen. Bovendien vielen bij testen van het algemene cognitieve vermogen de scores van de geheugenatleten binnen het normale bereik. De geheugenkampioenen waren niet slimmer en ze hadden geen speciale hersenen. Toen Ed en Lukas me verzekerden dat ze gewone jongens met een gewoon geheugen waren, deden ze dat niet louter uit bescheidenheid.

Toch was er sprake van één markant verschil tussen de hersenen van de geheugenatleten en die van de controlepersonen. Toen de onderzoekers keken naar welke delen van de hersenen oplichtten als de geheugenatleten aan het memoriseren waren, bleek dat ze heel andere elektrische circuits activeerden dan de controlepersonen. De functionele MRI's wezen uit dat hersengebieden die minder actief waren bij de controlepersonen, bij de geheugenatleten in overdrive werkten.

Verrassend genoeg schakelden de geheugenatleten bij het opnemen van nieuwe informatie hersengebieden in die betrokken zijn bij twee specifieke taken: het visueel geheugen en ruimtelijke navigatie, waaronder hetzelfde achterste deel van de rechterhippocampus dat bij de Londense taxichauffeurs was vergroot vanwege het dagelijkse navigeren door de stad. Op het eerste gezicht leek dat vreemd. Waarom zouden geheugenatleten beelden voor hun geestesoog oproepen als ze driecijferige getallen uit hun hoofd leerden? Waarom zouden ze als Londense taxichauffeurs navigeren terwijl het de bedoeling was dat ze de vorm van sneeuwvlokken onthielden?

Maguire en haar team vroegen de geheugenatleten exact te beschrijven wat er bij het memoriseren in hun hoofd omging. De geheugenatleten bleken een strategie toe te passen die praktisch overeenkwam met wat S beweerde dat er in zijn hersenen gebeurde. Ook al waren ze geen aangeboren synestheten zoals S, de geheugenatleten zeiden dat ze de informatie die ze moesten memoriseren in beelden omzetten en die distribueerden langs een pad dat hen vertrouwd was. Anders dan S deden ze dat niet automatisch, of omdat het een natuurlijk talent was dat ze sinds hun jonge jaren hadden onderhouden. De onverwachte neurale activiteit die Maguires fMRI's zichtbaar maakten, kwam in hun geval voort uit oefening en praktijk. De geheugenatleten hadden zichzelf geleerd net zo te onthouden als S.

Ik merkte dat ik gefascineerd was door Ed en zijn stille kompaan Lukas en dat imposant klinkende project van ze om alles uit hun geheugen te halen wat erin zat. En omgekeerd leken zij gefascineerd door mij, een journalist van ongeveer hun leeftijd die hun verhaal zou kunnen publiceren in een tijdschrift waarvan ze nog nooit hadden gehoord, en daarmee hun carrière als mnemonische beroemdheden misschien een duwtje in de rug kon geven. Na Eds gastles op de middelbare school nodigde hij me uit om met Lukas en hem mee te gaan naar een café in de buurt, waar we een ambitieuze filmmaker en oude kostschoolvriend van Ed troffen. Hij was het tweetal met een 8mm-videocamera door New York gevolgd en had al hun kolderieke avonturen vastgelegd, inclusief Lukas' poging om de volgorde van een spel kaarten te memoriseren tijdens de drieënvijftig seconden durende rit omhoog met de lift naar het observatiedek van het Empire State Building. ('We wilden weten of de snelste lift van de wereld sneller was dan de Oostenrijkse kampioen kaartensprint,' zei Ed met een stalen gezicht. 'Dat was hij niet.')

Na een paar biertjes wilde Ed me graag verder meevoeren in de duistere onderwereld van geheugenatletische geheimen. Hij bood aan me in te wijden in de rituelen van de KL7, een 'geheim genootschap van mnemonisten' dat hij en Lukas tijdens de kampioenschappen van 2003 in Kuala Lumpur hadden opgericht en dat kennelijk niet zo heel erg geheim was.

'KL, van Kuala Lumpur?' vroeg ik.

'Nee, KL van Knights of Learning, en die zeven is omdat we met zeven mensen zijn begonnen,' legde Lukas uit, nippend aan een van de drie gratis biertjes die hij zojuist gewonnen had door ten overstaan van de serveerster de volgorde van een spel kaarten te memoriseren. 'Het is een internationaal genootschap ter bevordering van het onderwijs.'

'Het is een buitengewoon grote eer om lid te worden van onze club,' voegde Ed eraan toe.

Hoewel de ruim duizend dollar die de club in kas heeft staat te roesten op Lukas' bankrekening, gaf Ed toe dat de KL7 tot nu toe weinig meer heeft gedaan dan zich samen bezatten na een geheugentoernooi (af en toe met behulp van een door Lukas ontworpen, geavanceerde biertapinstallatie, die opgevouwen vervoerd kan worden in een koffer). Toen ik Ed aanmoedigde me er meer over te vertellen, stelde hij voor me de hooggeschatte ceremonie van het genootschap te demonstreren.

'Noem het maar een satanisch ritueel,' zei hij, waarna hij Jonny, de documentairemaker, vroeg de stopwatch op diens polshorloge te activeren. 'Lukas en ik hebben ieder precies vijf minuten om twee biertjes te drinken, drie vrouwen te zoenen en negenenveertig cijfers te memoriseren. En waarom negenenveertig cijfers? Dat is zeven keer zeven.'

'Tot mijn verbazing ontdekte ik dat het nog best lastig is,' zei Lukas. Hij droeg een glimmend antracietkleurig pak en een nog glimmender stropdas en het kostte hem geen enkele moeite de serveerster, die hij al voor zich had gewonnen, zover te krijgen dat ze hem drie kusjes op zijn wang gaf.

'Officieel is dat niet de bedoeling, maar we zullen het goedkeuren,' verklaarde Ed terwijl er een stroompje bier langs zijn kin liep. Hij haalde een vel papier met gedrukte cijfers uit zijn zak en scheurde het in stroken. Zijn vinger gleed razendsnel over de strook tot hij het negenenveertigste cijfer had bereikt. Hij stond op, brabbelde: 'Bijna klaar!' en hinkte naar een tafeltje in de buurt, waar hij zijn probleem voorlegde aan drie grijsharige dames die veel te oud leken voor dit luidruchtige café. De tijd was bijna om, en nog voor ze op zijn smeekbede konden reageren had hij zich over het tafeltje heen gebogen en zijn lippen op elk van hun verhitte, ingevallen wangen geplant.

Ed keerde triomfantelijk terug, pompend met zijn vuist, en hield daarna zijn hand op voor een rondje high fives. Hij bestelde nog een biertje voor iedereen.

Ik wist niet precies wat ik van Ed moest denken. Ik begon er langzaam achter te komen dat hij een estheet in de ware Oscar Wilde-zin van het woord was. Meer dan enig ander mens die ik ooit had ontmoet leek hij het leven tegemoet te treden als een kunst, een instelling die hij paarde aan een bestudeerde zorgeloosheid. Zijn gevoel voor wat waardevol is vertoonde maar weinig raakvlakken met wat traditioneel als nuttig wordt beschouwd, en als er één gebod was waarvan gezegd zou kunnen worden dat het zijn leven regeerde, dan luidde het dat je jezelf aan zo veel mogelijk verrijkende escapades over moest geven. Hij was een echte bon vivant, maar de nauwgezetheid en ernst waarmee hij het onderwerp van zijn masteronderzoek – de relatie tussen geheugen en waarneming – benaderde, maakten duidelijk dat hij grote dingen wilde bereiken. Naar conventionele maatstaven was hij niet knap en toch was ik er diezelfde avond getuige van hoe hij op straat een vrouw aansprak, haar om een sigaret vroeg en een paar minuten later wegwandelde met haar telefoonnummer op zijn lippen. Hij vertelde me over zijn 'normale cafétruc', die bestaat uit het gladjes op een jonge vrouw afstappen en haar te vragen een 'willekeurig lang getal' te bedenken, waarbij hij belooft haar op een fles champagne te trakteren als hij het goed heeft onthouden.

In de loop van de avond vergastte Ed me op het ene na het andere verhaal over zijn belevenissen en leerzame tegenslagen. In Nieuw-Zeeland was hij met blote voeten door een caféraam gedoken om de uitsmijter te ontwijken. En in Londen wist hij eens onuitgenodigd binnen te komen op het feestje van een topmodel. ('Ik had het toen makkelijker. Ik zat in een rolstoel en kon geweldige wheelies maken.') Weer een andere keer verschafte hij zich slinks toegang tot een gala op de Britse ambassade in Parijs. ('Ik zag de ambassadeur onafgebroken naar mijn vieze schoenen staren toen ik door de zaal liep.') En hoe kon hij de twaalf uur in Los Angeles vergeten waarin hij moest bedelen om geld voor de bus?

Indertijd mag ik enigszins sceptisch hebben gestaan tegenover die verhalen en de mythe die Ed ermee rond zichzelf creëerde, maar dat was louter omdat ik Ed nog niet goed genoeg kende om te beseffen dat de werkelijkheid misschien nog wel absurder was. Een stuk of wat glazen later op de avond drong tot me door dat Ed en Lukas me in alle uren dat ik die dag al met ze optrok nog niet één keer bij mijn naam hadden genoemd, terwijl ik zeker wist dat ik hun die bij onze kennismaking had verteld. Ed had tegen de serveerster over me gesproken als 'onze vriend de journalist', en Lukas had helemaal niet over me gesproken. Het waren omzeilingen die ik maar al te goed kende. Maar Ed had me eerder op de dag verzekerd dat hij de naam en het telefoonnummer kon onthouden van iedere vrouw die hij ontmoette. Dat klonk als het soort indrukwekkende vaardigheid waarmee je het gegarandeerd ver brengt in de wereld. Bill Clinton schijnt ook nooit een naam te vergeten en kijk eens hoe hij terechtgekomen is. Maar ik had nu het gevoel dat Eds 'kon' een beetje ambigu was en mogelijk van dezelfde aard als in 'hij kon terugtellen van een miljoen', dat wil zeggen: als hij er zin in had. Ik vroeg Ed of hij zich mijn naam herinnerde.

'Natuurlijk. Je heet Josh.'

'En mijn achternaam?'

'Shit. Heb je me die verteld?'

'Jawel. Foer. Josh Foer. Je bent dus toch maar een mens.'

'Ach ja...'

'Ik dacht dat je zo'n mooie techniek had om de namen van mensen te onthouden.'

'Die heb ik in theorie ook. Maar de bruikbaarheid ervan is omgekeerd evenredig aan de hoeveelheid drank die ik heb genuttigd.'

Vervolgens legde Ed me zijn methode uit om een naam makkelijk te kunnen onthouden, dezelfde methode die hij op de geheugenkampioenschappen had toegepast om de bij de negenennegentig portretfoto's horende voor- en achternamen uit zijn hoofd te leren. Hij verzekerde me dat die methode heel geschikt was om de namen van mensen op een feestje of een vergadering te memoriseren. 'De truc is eigenlijk heel simpel,' zei hij. 'Het gaat erom de klank van iemands naam te koppelen aan iets wat je duidelijk voor je kunt zien. Je moet een levendig beeld in je hoofd creëren dat de visuele herinnering die je hebt aan het gezicht van de betreffende persoon, vasthecht aan een visuele herinnering die verbonden is met zijn of haar naam. Als je later de naam van die persoon weer nodig hebt, komt het gevormde beeld meteen in je naar boven. Dus, hmm, je zei dat je Josh Foer heette, hè?' Hij trok een wenkbrauw op en wreef melodramatisch over zijn kin. 'Nou, dan stel ik me voor dat je me pestte, oftewel een *josh* tegen me maakte, toen we elkaar voor het eerst ontmoetten buiten de wedstrijdzaal, en dat ik toen in vier stukken brak. *Four*/Foer, vat je 'm? Dat beeld is vermakelijker dan alleen je naam – vind ik althans – en zou in je hoofd moeten blijven hangen.' Dit kwam me voor als gefabriceerde synesthesie.

Om te kunnen begrijpen waarom deze mnemonische truc werkt, moet je iets weten over een merkwaardige vorm van vergeetachtigheid die in de psychologie de Bakker/bakkerparadox wordt genoemd. Deze paradox laat zich als volgt illustreren. Een onderzoeker toont twee mensen dezelfde foto van een gezicht, maar zegt tegen de een dat de afgebeelde persoon bakker is en tegen de ander dat hij van zijn achternaam Bakker heet. Een paar dagen later presenteert de onderzoeker dezelfde twee mensen dezelfde foto en vraagt hun om het bijbehorende woord. Degene die het beroep van de man was verteld maakt een veel grotere kans het woord te hebben onthouden dan degene die zijn achternaam te horen had gekregen. Waarom is dat zo? Zelfde foto. Zelfde woord. Verschil in onthouden.

Als je hoort dat de man op de foto bakker is, raakt dat feit verankerd in een netwerk van gedachten over wat het betekent om bakker te zijn: hij bakt brood, draagt een hoge witte muts, ruikt lekker als hij thuiskomt van zijn werk. De naam Bakker daarentegen is alleen verbonden met een herinnering aan het gezicht van de man. Die link is zwak en als hij oplost drijft de naam reddeloos af naar de onderwereld van verloren herinneringen. (Wanneer een woord aanvoelt alsof het op het puntje van je tong ligt, komt dat waarschijnlijk doordat je slechts toegang hebt tot een deel van het neurale netwerk dat de gedachte 'bevat', en niet tot het hele.) Maar als het om het beroep van de man gaat, zijn er allerlei lijnen waarlangs de herinnering weer naar boven kan worden gehaald. Zelfs als je aanvankelijk niet meer weet dat de man bakker is, heb je misschien een vage indruk dat hij iets met brood te maken heeft, of zie je een verband tussen zijn gezicht en een hoge witte muts, of moet je opeens denken aan de bakker bij jou in de buurt. Er zijn heel wat knopen in die wirwar van associaties die je terug kunnen leiden naar zijn beroep. De sleutel tot het succes bij 'namen en gezichten' op het geheugentoernooi – en tot het onthouden van namen in de echte wereld – is gewoon het veranderen van de Bakkers in bakkers, of Foers in *fours*. Of Reagans in *ray guns*. Het is een eenvoudige maar doeltreffende truc.

Ik probeerde de methode zelf toe te passen om de naam te onthouden van de documentairemaker die Ed en Lukas de hele week door de stad was gevolgd. Hij stelde zich voor als Jonny Lowndes. 'We noemen hem Pounds Lowndes,' merkte Ed op. 'Hij was nogal mollig op de middelbare school.' Aangezien mijn oudere broer in zijn kinderjaren Jonny werd genoemd, deed ik mijn ogen dicht en stelde me mijn broer en de documentairemaker voor die gearmd een *pound cake* naar binnen werkten.

'Weet je wat, we kunnen je best meer van dat soort trucs leren,' zei Ed. Hij wendde zich opgetogen tot Lukas. 'Zouden we hem nog voor de avond om is tot een zekere winnaar van de Amerikaanse kampioenschappen kunnen maken?'

'Je hebt blijkbaar niet zo'n hoge dunk van de Amerikanen,' zei ik.

Hij keerde zich weer naar mij. 'Integendeel, ze hebben alleen nog niet de juiste coach gehad,' antwoordde hij. 'Ik schat dat je met een uurtje oefenen per dag de kampioenschappen van volgend jaar kunt winnen.' Hij keek naar Lukas. 'Wat denk jij?'

Lukas knikte.

'Dat denkt Tony Buzan ook,' zei ik.

'Ach ja, de eerwaarde heer Tony Buzan,' sneerde Ed. 'Probeerde hij je nog die flauwekul aan te smeren dat de hersenen een spier zijn?'

'Ehh, ja.'

'Iedereen die ook maar enige kennis heeft van de respectieve eigenschappen van de hersenen en de spieren weet meteen hoe bespottelijk die vergelijking is.' Het was mijn eerste inkijkje in Eds gekwelde relatie met Buzan. 'Luister, je moet mij aannemen als je coach, trainer en manager en, ehh, spirituele yogi.'

'En wat levert het jou op?' vroeg ik.

'Voldoening,' antwoordde hij glimlachend. 'En omdat je journalist bent, zou ik er geen bezwaar tegen hebben als je in je artikel over die ervaring de suggestie wekt dat ik de persoon bij uitstek ben om je dochter in de Hamptons bijles te geven voor, zeg, een triljard pond per uur.'

Ik lachte en zei tegen Ed dat ik erover na zou denken. Nou

voelde ik eerlijk gezegd niet zo'n heel sterke behoefte om een uur per dag een pak speelkaarten door te lopen of pagina's met cijfers te memoriseren of me over te geven aan een van de andere vormen van hersengymnastiek die je schijnt te moeten beoefenen om een 'geheugenatleet' te worden. Ik heb mijn eigen nerderige inborst altijd gekoesterd – op de middelbare school was ik de aanvoerder van het quizteam en ik draag al jaren een horloge met rekenfuncties – maar dit ging zelfs mij ietsjes te ver. En toch was ik er nieuwsgierig genoeg naar te weten waar de grenzen van mijn geheugen lagen, en voldoende geïntrigeerd door Ed, om het serieus te overwegen. Alle geheugenatleten die ik had ontmoet beweerden dat iedereen zijn of haar geheugen kan verbeteren – dat de onaangeboorde vermogens van S in ons allen sluimeren. Ik besloot dat ik zou proberen erachter te komen of dat ook echt waar was. Toen ik die avond thuiskwam, trof ik een korte e-mail van Ed aan in mijn inbox: 'En, mag ik nou nog je coach worden?'

DRIE

De excellente expert

Hoewel het beter is helemaal niet als kip ter wereld te komen, heb je vooral pech als je als haan geboren wordt.

Vanuit het gezichtspunt van de pluimveehouder zijn hanen nutteloos. Ze kunnen geen eieren leggen, hun vlees is taai en ze zijn vervelend tegen de hennen die zo hard moeten werken om ons van eten te voorzien. Broedbedrijven hebben de neiging hanen te beschouwen als textielafsnijdsels of schroot: het overtollige maar onvermijdelijke bijproduct van een industrieel proces. Hoe eerder je je ervan kunt ontdoen – vaak worden ze vermalen tot diervoeder – hoe beter. Maar legkippenhouders kampen al eeuwen met een duur probleem: het is praktisch onmogelijk het verschil tussen mannetjes en vrouwtjes te zien vóór ze vier tot zes weken oud zijn, het moment waarop ze een onderscheidend verenkleed en secundaire geslachtskenmerken zoals een hanenkam beginnen te ontwikkelen. Tot dan zijn het identieke donsbolletjes die gehuisvest en gevoerd moeten worden, tegen niet geringe kosten.

Om de een of andere reden werd pas in de jaren twintig een oplossing voor dit kostbare probleem gevonden. De zeer belangrijke ontdekking kan op het conto geschreven worden van een groep Japanse veterinaire wetenschappers, die tot het inzicht kwam dat de ogenschijnlijk willekeurige verzameling plooien, vlekken en bobbeltjes net aan de binnenkant van het kippenachterwerk bij juiste interpretatie het geslacht onthullen van een eendagskuiken. De vondst, die in 1927 op het World Poultry Congress in Ottawa uit de doeken werd gedaan, leidde tot een internationale revolutie in de pluimvee-industrie en op den duur tot een wereldwijde verlaging van de prijs van eieren. Professionele kuikenseksers, in het bezit van een vaardigheid die jaren vergt om te leren, groeiden uit tot de waardevolste krachten in de agricultuur. De crème de la crème had een tweejarige opleiding gevolgd aan de Zen-Nippon-school voor Kuikenseksers, die zulke strenge criteria hanteerde dat maar vijf tot tien procent van de cursisten een diploma haalde. Maar zij die slaagden verdienden tot wel vijfhonderd dollar per dag en reisden als topbedrijfsadviseurs de wereld rond van broederij naar broederij. Een diaspora van Japanse kuikenseksers verspreidde zich over de aardbol.

Het seksen van kuikens is een delicaat werkje dat een zenachtige concentratie en de vaste hand van een hersenchirurg vereist. De sekser houdt het kuiken in de linkerhand vast en knijpt er zachtjes in om het van zijn uitwerpselen te ontdoen (als je te hard knijpt druk je de darmen naar buiten, waarmee je het diertje om zeep helpt en het geslacht er al niet meer toe doet). Met zijn duim en wijsvinger draait de sekser het kuiken om en duwt een flapje aan het achterwerk opzij om de cloaca bloot te leggen, een piepkleine opening waarin zowel het darmkanaal als de voortplantingsorganen uitmonden, en kijkt diep naar binnen. Om zijn werk naar behoren te kunnen doen moeten de vingernagels van de sekser op de juiste lengte geknipt zijn. In de simpele gevallen – dat wil zeggen: de gevallen waarover de sekser uitleg kan geven – is hij op zoek naar een amper waarneembare verdikking, een plekje ongeveer ter grootte van een speldenkop. Is het plekje bol, dan heeft hij te maken met een haantje, dat hij naar links werpt; is het hol of plat, dan gaat het om een hennetje, dat hij rechts van hem via een glijgoot afvoert. Deze gevallen zijn redelijk ongecompliceerd. Uit onderzoek is zelfs gebleken dat amateurs de verdikking al met een paar minuten oefening kunnen leren herkennen. Maar bij grofweg tachtig procent van de kuikens is de verdikking niet duidelijk te zien en is er geen enkel onderscheidend kenmerk dat de sekser kan aanwijzen.

Volgens schattingen zijn er wel duizend verschillende configuraties van de cloaca die een sekser moet leren identificeren om vakbekwaam te worden. De taak wordt nog eens bemoeilijkt door het feit dat de sekser het kuiken in één oogopslag moet beoordelen. Er is geen tijd voor redenaties. Als hij ook maar een paar seconden aarzelt kan hij door zijn grip op het kuiken de cloaca zo doen opzwellen dat het steevast lijkt of hij met een haantje van doen heeft. Vergissingen zijn duur. In de jaren zestig betaalde een broedbedrijf de seksers een cent voor elk kuiken dat correct gesekst was en trok 35 cent af voor elke miskleun. De besten kunnen twaalfhonderd kuikens per uur seksen met achtennegentig tot negenennegentig procent nauwkeurigheid. In Japan hebben een paar supersterren van het metier geleerd twee kuikens tegelijk vast te houden en te seksen, met een snelheid van zeventienhonderd kuikens per uur.

Wat het seksen van kuikens zo fascinerend maakt – de reden dat theoretisch filosofen en cognitief psychologen er proefschriften over hebben geschreven, en de reden dat mijn eigen studie van het geheugen me bij deze mysterieuze vaardigheid heeft gebracht – is dat zelfs de beste professionele seksers niet kunnen vertellen hoe ze erin slagen de sekse te bepalen van de ingewikkeldste en onduidelijkste gevallen. Hun kunst is onverklaarbaar. Ze beweren dat ze binnen drie seconden gewoon 'weten' of een kuiken een hij of een zij is, maar ze kunnen niet zeggen hóe ze dat weten. Zelfs bij zorgvuldige ondervraging door wetenschappers zijn ze niet in staat argumenten te noemen waarom het ene kuiken een mannetje is en het andere een vrouwtje. Ze zeggen dat het intuïtie is. In een of ander fundamenteel opzicht neemt de vakkundige kuikensekser de wereld – of in elk geval de wereld van de kippencloaca's – compleet anders waar dan jij of ik. Als hij naar het achterwerk van een kip kijkt, ziet hij dingen die een normaal mens gewoon niet ziet.

Wat het seksen van kippen met mijn geheugen te maken heeft?

Alles.

Het leek me een goed idee om in de wetenschappelijke literatuur te duiken (of eerder: erin rond te spetteren). Ik was op zoek naar hard bewijs voor de uitspraak van Buzan en de geheugenatleten dat het echt mogelijk is je geheugen drastisch te verbeteren. Ik hoefde niet zo heel intensief te zoeken. Bij het doorpluizen van de literatuur over geheugenverbetering stuitte ik telkens op de naam van K. Anders Ericsson, hoogleraar psychologie aan Florida State University en de auteur van het artikel *Exceptional Memorizers: Made, Not Born.*

Vóór Tony Buzan het idee van het 'benutten van je perfecte geheugen' groot in de markt zette, legde Ericsson de wetenschappelijke basis voor de zogenoemde 'Skilled Memory Theory', die verklaart hoe en waarom ons geheugen verbeterbaar is. In 1981 voerden hij en collega-psycholoog Bill Chase een klassiek geworden experiment uit met een student van Carnegie Mellon University, in de literatuur vereeuwigd met zijn initialen SF. Chase en Ericsson betaalden SF om verscheidene uren per week keer op keer dezelfde geheugentest uit te voeren in hun laboratorium. Een vergelijkbare test was door Luria aan S voorgelegd toen die voor het eerst bij hem langskwam. SF zat op een stoel en probeerde zo veel mogelijk cijfers te memoriseren die met een snelheid van één cijfer per seconde werden opgelezen. In het begin kon hij maar ongeveer zeven cijfers tegelijk in zijn geheugen vasthouden. Toen het experiment beëindigd werd – twee jaar en tweehonderdvijftig afstompende uren later – had SF zijn vermogen cijfers te memoriseren vertienvoudigd. Het experiment maakte korte metten met de oude denkbeelden dat onze geheugencapaciteit vastligt. De manier waarop SF het had gedaan, vormt volgens Ericsson een sleutel tot begrip van de cognitieve processen die ten grondslag liggen aan alle vormen van expertise, van die van de geheugenatleten tot die van de schaakgrootmeesters tot die van de kuikenseksers.

Ieder mens heeft wel een uitmuntend geheugen voor iets. Ik had het eerder al over de mnemonische begaafdheid van Londense taxichauffeurs, en de wetenschappelijke literatuur wemelt van artikelen over het 'superieure geheugen' van obers, de enorme capaciteit van acteurs om teksten te onthouden en de geheugenvaardigheden van experts in een breed scala aan andere disciplines. Wetenschappers hebben het uitzonderlijke geheugen bestudeerd van artsen, honkbalfans, violisten, voetballers, snookerspelers, balletdansers, abacusrekenaars, kruiswoordpuzzelaars en achterspelers bij volleybal. Noem een willekeurige activiteit waarin mensen uitblinken en ik geef je een grote kans dat ergens op de wereld een psycholoog een artikel heeft geschreven over het fenomenale geheugen van experts op het betreffende gebied.

Waarom hoeven ervaren obers bestellingen niet op te schrijven? Waarom zijn de beste violisten ter wereld zo goed in het uit hun hoofd leren van een nieuw muziekstuk? Hoe komt het dat, zoals uit onderzoek bleek, een topvoetballer maar een paar tellen naar een voetbalwedstrijd op de televisie hoeft te kijken om het spelverloop bijna precies te kunnen reconstrueren? Eén verklaring is dat mensen met een goed geheugen voor maaltijdbestellingen als vanzelf in de horeca terechtkomen, of dat de voetballers met het beste geheugen voor spelsituaties de gave hebben zich omhoog te werken naar de Premier League, of dat individuen met een uitstekend oog voor kippenachterwerken van nature aangetrokken worden door de Zen-Nippon-school voor Kuikenseksers. Maar dat lijkt me onwaarschijnlijk. Het ligt meer voor de hand om te veronderstellen dat oorzaak en gevolg andersom liggen. Iets aan het leren beheersen van een bepaald specialisme leidt tot een beter geheugen voor details in dat specialisme. Maar wat is dat iets? En kan dat iets gegeneraliseerd worden, zodat iedereen het kan verwerven?

Samen met een groep andere onderzoekers van Florida State University runt Ericsson het 'Human Performance Lab', een laboratorium waar experts hun geheugen – en nog veel meer – laten testen. Ericsson is waarschijnlijk 's werelds leidende expert op het gebied van experts. Hij heeft de laatste jaren zelfs enige bekendheid gekregen met zijn onderzoek waarin hij aantoonde dat het een expert doorgaans minimaal tienduizend uur training kost om een wereldniveau te bereiken. Toen ik hem belde en liet weten dat ik misschien ging proberen mijn eigen geheugen te trainen, vroeg hij of ik al begonnen was. Ik antwoordde van niet. Hij reageerde enthousiast en vertelde dat hij bijna nooit de kans krijgt iemand te volgen in zijn ontwikkeling tot expert. Als het me ernst was, zei hij, wilde hij me graag als proefpersoon gebruiken. Hij nodigde me uit een paar dagen naar Florida te komen voor een aantal tests. Hij wilde eerst wat basisgegevens over mijn geheugen verzamelen voordat ik zou proberen het te verbeteren.

Het Human Performance Lab is gevestigd in een luxe kantorencomplex aan de rand van Tallahassee. De uitpuilende kasten langs de muren bevatten een eclectische verzameling boeken die relevant zijn geweest voor Ericssons research: *The Musical Temperament*, *Surgery of the Foot*, *How to Be a Star at Work*, *Secrets of Modern Chess Strategy*, *Lore of Running*, *The Specialist Chick Sexer*.

David Rodrick, een jonge onderzoeksmedewerker, beschreef het lab vrolijk als 'ons speelgoedparadijs'. Toen ik een paar weken na mijn telefoongesprek met Ericsson arriveerde, stond midden in een van de kamers een scherm van drie bij vier meter opgesteld waarop levensgrote videobeelden van een verkeersblokkade te zien waren. De film was opgenomen vanuit het perspectief van een politieagent die naar een stilstaande auto liep.

In de voorgaande weken hadden Ericsson en zijn collega's steeds zowel agenten van het SWAT-team als beginnende politiemannen uit Tallahassee naar het laboratorium gehaald. Daar werden ze voor het grote scherm geplaatst met een met losse flodders geladen Beretta in de holster aan hun riem. De onderzoekers confronteerden de agenten met het ene huiveringwekkende scenario na het andere en observeerden hun reactie daarop. In een van die scenario's zagen de agenten een man naar de ingang van een school lopen met op zijn borst een verdachte bobbel die een bom zou kunnen zijn. De onderzoekers wilden het optreden van agenten met verschillende ervaringsniveaus vergelijken.

De resultaten logen er niet om. Ervaren SWAT-agenten trokken onmiddellijk hun wapen en riepen herhaaldelijk naar de verdachte dat hij moest blijven staan. Toen hij stug doorliep schoten ze hem vrijwel zonder uitzondering neer voor hij de school had kunnen betreden. Maar de beginnende agenten lieten de man met de bom veel vaker de trap van het gebouw beklimmen en de school binnen wandelen. Het ontbrak hun domweg aan de ervaring om een diagnose te stellen van de situatie en op grond daarvan te handelen. Tot zover de oppervlakkige verklaring. Maar wat betekent ervaring nu precies? Wat zagen de oudere agenten dat de jongere rekruten niet konden zien? Wat deden ze met hun ogen, wat ging er in hun hoofd om, op welke andere manier verwerkten ze de situatie? Wat riepen ze uit hun geheugen op? Net als de professionele kuikenseksers beheersen de oudere SWAT-agenten een vaardigheid die moeilijk onder woorden te brengen is. Ericssons onderzoeksproject is samen te vatten als een poging datgene te isoleren wat we expertise noemen, zodat hij het kan analyseren en de cognitieve basis ervan kan determineren.

Met dat doel voor ogen vroegen Ericsson en zijn collega's de agenten hun gedachten hardop uit te spreken terwijl het scenario zich ontvouwde. Ericsson verwachtte hetzelfde uit hun verhalen af te kunnen leiden als wat hij aantrof op ieder ander gebied van expertise dat hij heeft bestudeerd, namelijk dat experts de wereld anders zien. Ze merken dingen op die non-experts niet waarnemen. Ze richten zich op de belangrijkste informatie en voelen bijna automatisch aan wat ze daarmee moeten doen. En het belangrijkst van al: experts verwerken op verfijndere manieren de enorme hoeveelheid informatie die via hun zintuigen binnenkomt. Ze zijn in staat een van de meest fundamentele beperkingen van de hersenen te overwinnen: het magische getal zeven.

In 1956 publiceerde George Miller, psycholoog aan Harvard, een artikel dat beroemd zou worden in de geschiedenis van het geheugenonderzoek. Het begon met een gedenkwaardige inleiding:

> Mijn probleem is dat ik nagezeten word door een getal. Al zeven jaar volgt dat getal me overal naartoe, dringt mijn meest persoonlijke gegevens binnen en valt me aan

> vanaf de pagina's van onze meest gelezen dagbladen. Dat getal neemt velerlei vermommingen aan en is soms een tikje groter en soms een tikje kleiner dan gebruikelijk, maar het verandert nooit zo sterk dat het onherkenbaar wordt. De hardnekkigheid waarmee het getal me lastigvalt is veel meer dan een toevalligheid. Er zit, om een bekende senator te citeren, een plan achter, een patroon dat het verschijnen ervan bepaalt. Of het getal heeft echt iets bijzonders, of ik lijd aan achtervolgingswaanzin.

Niet alleen Miller zelf, maar iedereen wordt achtervolgd door het getal waarover Miller het had. De titel van zijn artikel luidde *The Magical Number Seven, Plus or Minus Two: Some Limits on Our Capacity for Processing Information*. Miller had ontdekt dat ons vermogen informatie te verwerken en beslissingen te nemen een fundamentele beperking kent: we kunnen maar aan ongeveer zeven dingen tegelijk denken.

Een nieuwe gedachte of waarneming wordt niet meteen in het langetermijngeheugen opgeslagen, maar belandt eerst in het tijdelijke voorportaal van het werkgeheugen, een verzameling hersensystemen die alles vasthoudt wat er op dat ogenblik in je bewustzijn rondratelt.

Probeer zonder terug te kijken en hem te herlezen, de eerste woorden van deze zin te herhalen.

> *Probeer zonder terug te kijken.*

Dat was nog redelijk eenvoudig.

Probeer nu, zonder terug te kijken, de eerste drie woorden van de zin ervoor te herhalen. Als je daar meer moeite mee hebt, komt dat doordat je werkgeheugen de zin al heeft laten vallen.

Het werkgeheugen speelt een essentiële rol als filter tussen onze perceptie van de wereld en onze langetermijnherinnering daaraan. Als iedere gewaarwording of gedachte meteen werd opgeslagen in de gigantische database van ons langetermijngeheugen zouden we, net als S en Funes, verdrinken in irrelevante informatie. De meeste dingen die ons brein passeren hoeven we ons niet langer te herinneren dan de paar momenten dat we ze waarnemen en, indien nodig, erop reageren. De verdeling van het geheugen in een lange- en een kortetermijnopslag is zelfs zo'n slimme manier om met informatie om te gaan, dat de meeste computers volgens hetzelfde model zijn ontworpen. Ze hebben een langetermijngeheugen in de vorm van een harde schijf en een werkgeheugen in de CPU waarin de berekeningen van de processor tijdelijk worden opgeslagen.

Net als bij een computer wordt ons vermogen in de wereld te functioneren beperkt door de hoeveelheid informatie die we gelijktijdig kunnen hanteren. Tenzij we dingen steeds opnieuw herhalen, zijn ze geneigd ons te ontglippen. Iedereen weet dat ons werkgeheugen imperfect is. Miller beschreef in zijn artikel dat die imperfectie gebonden is aan specifieke parameters. Sommige mensen kunnen maar vijf dingen tegelijk in hun geest vasthouden, een paar negen, maar het 'magische getal zeven' lijkt de universele draagcapaciteit van ons kortetermijngeheugen te zijn. Om het nog erger te maken: die zeven dingen blijven maar een paar seconden hangen, en als we afgeleid worden vaak helemaal niet. Het is deze fundamentele beperking, waarmee we allemaal behept zijn, die maakt dat we de prestaties van geheugengoeroes zo bijzonder vinden.

Mijn eigen geheugentest voerde ik niet uit voor het reusachtige projectiescherm van het Human Performance Lab. Ik had geen pistolen aan mijn riem hangen en mijn hoofd werd niet gesierd door apparatuur die mijn oogbewegingen volgde. Mijn bescheiden bijdrage aan de wetenschap leverde ik in kamer 218 van de psychologische faculteit van Florida State University, een kleine raamloze ruimte met een morsig tapijt waarop her en der oude IQ-tests lagen. Je zou het minder vriendelijk kunnen omschrijven als een bergkast.

De man die me de tests presenteerde, heette Tres Roring en was een derdejaars promovendus in Ericssons lab. Hoewel zijn teenslippers en blonde surferkapsel anders deden vermoeden is Tres opgegroeid in een stadje in het zuiden van Oklahoma, waar zijn vader een oliebaron is. Op zestienjarige leeftijd was hij jeugdschaakkampioen van Oklahoma. Zijn volledige naam is Roy Roring III, vandaar 'Tres'.

Drie volle dagen onderwierp Tres me in kamer 218 aan de ene na de andere geheugentest. Ik droeg een plompe headset die verbonden was met een oude taperecorder, en achter me zat Tres met zijn benen over elkaar en een stopwatch in zijn schoot aantekeningen te maken.

Ik werd getest op mijn geheugen voor cijfers (zowel van voren naar achteren als van achteren naar voren), mijn geheugen voor woorden, mijn geheugen voor gezichten en op allerlei andere dingen waarvan ik me niet kon voorstellen dat ze ook maar iets met mijn geheugen te maken hadden, zoals het voor mijn geestesoog laten roteren van kubussen en het kunnen zeggen wat *jocose*, *lissome* en *querulous* betekende. Een van de multiplechoicetests, de zogeheten Multidimensional Aptitude Battery Information Test, mat mijn triviantkennis met vragen als:

Wanneer leefde Confucius?

A) 1650 n.Chr.
B) 1200 n.Chr.
C) 500 n.Chr.
D) 500 v.Chr.
E) 40 v.Chr.

en:

> **De voornaamste functie van de carburator in een benzinemotor is**
> A) het mengen van benzine met lucht
> B) het opgeladen houden van de accu
> C) het tot ontsteking brengen van de brandstof
> D) het beschermen van de zuigers
> E) het in de motor pompen van de brandstof

Veel van de tests die Tres me voorlegde waren rechtstreeks ontleend aan de Amerikaanse geheugenkampioenschappen, zoals het gedicht, namen en gezichten, willekeurige woorden, de getallensprint en de kaartensprint. Hij wilde weten hoe ik daarop scoorde vóór ik ging proberen mijn geheugen te verbeteren. Hij wilde me ook testen op een paar onderdelen die alleen in internationale geheugenwedstrijden op het programma staan, zoals binaire getallen, historische data en gesproken cijfers. Na afloop van mijn drie dagen in Tallahassee had Tres zeven uur aan gegevens op tape verzameld die Ericsson en zijn promovendi later konden analyseren. Boften die even.

En dan waren er de uitgebreide vragenlijsten die promovenda Katy Nandagopal met me doornam. *Denk je dat je van nature een goed geheugen hebt?* (Best goed, maar niet exceptioneel.) *Speelde je in je jeugd weleens geheugenspelletjes?* (Niet dat ik me kan herinneren.) *Bordspelletjes?* (Alleen met mijn oma.) *Hou je van raadsels?* (Wie niet?) *Kun je een Rubik's Cube oplossen?* (Nee.) *Zing je?* (Alleen onder de douche.) *Dans je?* (Idem.) *Doe je aan fitness?* (Pijnlijk onderwerp.) *Gebruik je fitnessvideo's?* (Moet je dat echt weten?) *Heb je verstand van elektrische bedrading?* (Wat is dat nou voor vraag?)

Voor iemand die graag wil weten wat er allemaal met hem gebeurt om dat misschien op een dag met andere mensen te delen, kan het een bezoeking zijn als proefpersoon in een wetenschappelijke studie te fungeren.

'Waarom doen we dit precies?' vroeg ik Tres.

'Ik vertel je op dit moment liever nog niet alles.' (Als er iets was waarop ik later getest zou worden – en dat bleek ook het geval te zijn – wilde hij niet dat ik dat wist.)

'Hoe heb ik op de laatste test gescoord?'

'Dat krijg je wel te horen als dit allemaal achter de rug is.'

'Wil je me tenminste iets vertellen over je hypothese?'

'Nu nog niet.'

'Wat is mijn IQ?'

'Geen idee.'

'Maar wel hoog, toch?'

De slaapverwekkende geheugentest die Carnegie Mellon-student SF gedurende tweehonderdvijftig uur in een tijdspanne van twee jaar keer op keer moest herhalen, staat bekend als de *digit span test* en is een maatstaf voor iemands werkgeheugencapaciteit voor cijfers. De meeste mensen die de test doen zijn net als SF toen hij begon: ze kunnen niet meer dan zeven plus-of-min twee cijfers onthouden. De meerderheid onthoudt die zeven plus-of-min twee cijfers door ze steeds in zichzelf te herhalen in de 'fonologische lus', wat niet meer dan een chique naam is voor het stemmetje dat we in ons hoofd horen als we tegen onszelf praten. De fonologische lus gedraagt zich als een echo en creëert een kortetermijngeheugenbuffer waarin klanken maar een paar seconden opgeslagen kunnen worden, als we ze niet aan het repeteren zijn. In de eerste fase van het door Chase en Ericsson opgezette experiment gebruikte ook SF zijn fonologische lus om informatie op te slaan. En lange tijd verbeterden zijn scores op de test niet. Maar toen gebeurde er iets. Na uren van testen begonnen de scores van SF heel langzaam omhoog te gaan. Op een dag herinnerde hij zich tien cijfers. De volgende dag waren het er elf. Het aantal cijfers dat hij zich kon herinneren bleef gestaag toenemen. Hij had een ontdekking gedaan: ook al was zijn kortetermijngeheugen beperkt, hij had een manier gevonden om informatie rechtstreeks in zijn langetermijngeheugen op te slaan. Dat gebeurde op basis van een techniek die *chunking* wordt genoemd.

Chunking is een manier om het aantal elementen dat je moet onthouden te reduceren door elk element te vergroten. Chunking is de reden waarom er bij telefoonnummers een spatie staat tussen het netnummer en het abonneenummer, en waarom creditcardnummers in groepjes van vier zijn opgedeeld. En chunking is buitengewoon relevant voor de vraag waarom experts vaak zo'n fenomenaal geheugen hebben.

Bij de klassieke verklaring van chunking speelt taal een hoofdrol. Als je gevraagd werd de tweeëntwintig letters 'hoofdschoudersknieteen' te onthouden en het viel je niet op welke woorden die letters vormden, zou je dat waarschijnlijk als knap lastig ervaren. Maar als je de tweeëntwintig letters in vier *chunks* opsplitst – 'hoofd', 'schouders', 'knie' en 'teen' – zou dat de taak aanzienlijk vereenvoudigen. En als je toevallig het kinderliedje kent, zou je de regel 'hoofd, schouders, knie en teen' als één *chunk* kunnen behandelen. Hetzelfde kun je met getallen doen. Het twaalfcijferige getal 071241110901 is best moeilijk te onthouden. Maar als je het in vier chunks opdeelt – 071, 241, 110, 901 – wordt het al een stukje makkelijker. Als je er twee chunks van maakt, 07/12/41 en 11/09/01, is het bijna onmogelijk te vergeten. Je zou die twee data zelfs in één informatiechunk kunnen veranderen door het getal te onthouden als 'de twee grote verrassingsaanvallen op Amerikaanse bodem'.

Merk op dat bij chunking schijnbaar betekenisloze informatie wordt geherinterpreteerd in het licht van informatie die al ergens in het langetermijngeheugen is opgeslagen. Als je de data van de aanval op Pearl Harbor of de aanslag op de Twin Towers niet kende, zou je niet in staat zijn het twaalfcijferige getal in chunks op te breken. Als je uitsluitend Swahili sprak, zou de regel uit het kinderliedje een onbegrijpelijke opeenvolging van letters blijven. Met andere woorden: waar het op chunking aankomt – en, in bredere zin, waar het op het geheugen aankomt – wordt wat je in staat bent te leren bepaald door wat je al weet.

Hoewel niemand hem ooit echt over de techniek van chunking had verteld, had SF die zelf uitgedokterd. Als fanatieke hardloper begon hij de reeksen met willekeurige cijfers als hardlooptijden te zien. Zo zette hij 3492 om in '3 minuten en 49,2 seconden, bijna het wereldrecord op de mijl'. En 4131 werd '4 minuten en 13,1 seconden, een mijltijd'. SF wist niets van de willekeurige cijfers die hij moest onthouden, maar hij wist wel iets van hardlopen. Hij ontdekte dat hij betekenisloze stukjes informatie door een filter kon halen die er betekenis aan gaf, waardoor de informatie veel beter bleef hangen. Hij had zijn ervaringen uit het verleden gebruikt om zijn perceptie van het heden vorm te geven. Hij gebruikte associaties in zijn langetermijngeheugen om anders tegen de cijfers aan te kijken.

Dat is uiteraard wat alle experts doen: hun geheugen gebruiken om de wereld op een andere manier te zien. In de loop van vele jaren leggen ze een voorraad ervaringen aan die bepaalt hoe ze nieuwe informatie waarnemen. De ervaren SWAT-agent ziet niet alleen maar een man de treden van de school op lopen; hij ziet de man een nerveuze beweging met zijn arm maken die associaties oproept met tientallen andere nerveuze bewegingen die hij in zijn carrière bij de politie heeft gezien. Hij ziet de verdachte in de context van alle andere verdachte personen wier pad hij ooit heeft gekruist. Hij neemt de huidige situatie waar in het perspectief van vergelijkbare situaties uit het verleden.

Als afgestudeerden aan de Zen-Nippon-school voor Kuikenseksers het achterwerk van een kuiken bekijken, stellen fijn geslepen waarnemingsvaardigheden hen in staat snel en automatisch een hoeveelheid informatie te verzamelen die besloten ligt in de anatomie van het beestje, en voor er zelfs maar een bewuste gedachte in hen naar boven komt weten de seksers al of het een mannetje of een vrouwtje is. Maar net als bij de oudere SWAT-agent krijgen ze die schijnbaar automatische kennis bepaald niet cadeau. Naar verluidt moeten seksers in opleiding zich door minimaal tweehonderdvijftigduizend kuikens heen werken voor ze een zekere mate van bekwaamheid verwerven. Wat de sekser misschien 'intuïtie' noemt, is en blijft het resultaat van lange ervaring. Het is de uitgebreide geheugenbank van kuikenachterwerken die maakt dat de seksers patronen kunnen herkennen in de cloaca waarop ze zo'n vluchtige blik werpen. In de meeste gevallen steunt hun vaardigheid niet op bewuste redenatie, maar op patroonherkenning – ze is het product van waarneming en het geheugen, niet van analyse.

Het klassieke voorbeeld van de manier waarop herinneringen de waarneming van experts vormen, is afkomstig van wat een van de minst intuïtieve van alle specialismen lijkt, namelijk schaken. Al bijna sinds het ontstaan van het moderne spel in de vijftiende eeuw wordt schaken als de ultieme test van cognitieve vaardigheid beschouwd. In de jaren twintig van de vorige eeuw wilde een groep Russische wetenschappers de intellectuele voorsprong van acht van de beste schakers ter wereld meten door hen aan een reeks basale cognitieve en perceptuele tests te onderwerpen. Tot hun verrassing ontdekten de onderzoekers dat de grootmeesters op de tests niet significant beter scoorden dan het gemiddelde. 's Werelds grootste schakers leken allerminst over een belangrijke cognitieve voorsprong te beschikken.

Maar als schaakgrootheden in het algemeen niet slimmer zijn dan mindere schakers, wat is er dan aan de hand? In de jaren veertig stelde de Nederlandse psycholoog en schaakfanaat Adriaan de Groot een ogenschijnlijk eenvoudige vraag: wat onderscheidt een doorsnee goede schaker van een schaker van wereldklasse? Keken de topschakers meer zetten vooruit? Dachten ze over meer mogelijke zetten na? Hadden ze betere instrumenten om die zetten te analyseren? Of hadden ze gewoonweg een beter intuïtief inzicht in de dynamiek van het spel?

Een van de redenen waarom schaken zo'n bevredigende activiteit is om te beoefenen en te bestuderen, is dat de gemiddelde schaakliefhebber volledig van de wijs kan worden gebracht door de zet van een grootmeester. De beste zet gaat vaak volkomen tegen de intuïtie in. Met dat voor ogen boog De Groot zich over oude partijen tussen schaakgrootmeesters en selecteerde een paar opstellingen waarbinnen één onbetwistbaar juiste, maar niet meteen voor de hand liggende zet kon worden aangewezen. Vervolgens legde hij de opstellingen aan een groep internationale schaakgrootmeesters en clubkampioenen voor en vroeg hun hardop na te denken over de juiste zet.

De Groot bracht iets aan het licht wat nog verrassender was dan wat zijn Russische voorgangers hadden ontdekt. In de meeste gevallen keken de schaakexperts niet meer stappen vooruit, althans niet direct. Ze dachten er niet eens over na of er meer zetten mogelijk waren. Ze gingen eerder op een manier te werk die verbazend veel weg had van wat de kuikenseksers deden: ze zagen doorgaans vrijwel meteen de juiste zet.

De schaakexperts leken niet zozeer na te denken als wel te reageren. Bij het aanhoren van hun mondelinge verslagen viel De Groot op dat ze hun gedachten in een andere taal beschreven dan de minder ervaren schakers. Ze hadden het over stukkenconfiguraties als 'pionstructuren' en merkten het onmiddellijk op als er iets niet in orde was, zoals ongedekte torens. Als ze naar het bord keken zagen ze geen losse stukken. Ze zagen chunks van schaakstukken en spanningssystemen.

Grootmeesters zien letterlijk een ander bord. Uit onderzoek van hun oogbewegingen is gebleken dat ze meer naar de randen van de velden kijken dan onervaren spelers, wat aangeeft dat ze informatie van diverse velden tegelijk in zich opnemen. Daarnaast verplaatst hun blik zich over grotere afstanden en blijft korter op één plaats hangen. Ook concentreren ze zich op minder verschillende plekken op het bord en is er meer kans dat die plekken relevant zijn voor het bepalen van de juiste zet.

Maar de meest saillante bevinding van die vroege onderzoeken was dat de schaakexperts een onvoorstelbaar goed geheugen hadden. Ze konden in één oogopslag hele bordopstellingen onthouden. En ze waren in staat wedstrijden van lang geleden uit het hoofd na te spelen. Latere studies hebben aangetoond dat het vermogen de posities van de stukken te memoriseren een van de beste indicatoren is voor iemands schaakvaardigheid. En die posities worden niet alleen tijdelijk in het kortetermijngeheugen gecodeerd. Schaakexperts kunnen zich uren, weken, zelfs jaren na dato nog bordopstellingen herinneren. Op zeker moment in de ontwikkeling van een schaakgrootmeester wordt het in gedachten bijhouden van de opstelling zo'n routine dat hij partijen tegen verschillende tegenstanders tegelijk kan spelen zonder de stukken te zien.

Zo indrukwekkend als het geheugen van de grootmeesters voor schaakpartijen was, zo alledaags was hun geheugen voor andere dingen. Als de experts een willekeurige opstelling van schaakstukken kregen gepresenteerd – een die met geen mogelijkheid bereikt had kunnen worden bij het spelen van een partij – was hun geheugen voor het bord maar marginaal beter dan dat van beginnende schakers. Ze konden zich zelden de positie van meer dan zeven stukken herinneren. Het ging om dezelfde schaakstukken en dezelfde schaakborden. Waarom werden ze dan plotseling beperkt door het magische getal zeven?

De schaakexperimenten onthullen een veelzeggend feit over het geheugen en over expertise in het algemeen, namelijk dat we ons geen geïsoleerde gegevens herinneren, maar dat we ons dingen herinneren in een context. Een bord met willekeurig opgestelde schaakstukken heeft geen context – er zijn geen vergelijkbare borden om het tegen af te zetten, geen oude partijen waarmee het overeenkomsten vertoont, geen manieren om het betekenisvol in chunks op te delen. Zelfs voor 's werelds beste schaker zou het niet meer zijn dan ruis.

Zoals ik een paar pagina's terug mijn kennis van historische data toepaste om het twaalfcijferige getal op te splitsen, maken schaakgrootmeesters gebruik van de enorme bibliotheek van schaakpatronen in hun langetermijngeheugen om het bord in chunks te verdelen. De vaardigheid van de schaakgrootmeester berust erop dat hij een veel uitgebreider vocabulaire van chunks heeft om te herkennen. Daarom gebeurt het maar zelden dat iemand zonder jaren ervaring de absolute top bereikt in het schaken, of in welke andere discipline dan ook. Zelfs Bobby Fischer, misschien wel het grootste schaakwonder aller tijden, speelde al negen jaar intensief partijen voor hij op zijn vijftiende als schaakgrootmeester werd erkend.

Tegen de oude wijsheid in dat schaken een intellectuele activiteit is gebaseerd op analyse, komen veel van de belangrijke beslissingen die de schaakgrootmeester over zijn zetten neemt voort uit de onmiddellijke waarneming van het bord. Net als de kuikensekser die naar het kuiken kijkt en zonder meer het geslacht ervan ziet, of de SWAT-agent die meteen de bom opmerkt, kijkt de schaakgrootmeester naar het bord en ziet eenvoudig de meest veelbelovende zet. Het proces speelt zich meestal binnen vijf seconden af, en je kunt zelfs zien wat er in de hersenen gebeurt. Met behulp van magneto-encefalografie, een techniek die het mogelijk maakt de zwakke magnetische velden in een denkend brein te meten, zijn onderzoekers erachter gekomen dat schakers met een hogere rating op de wereldranglijst vaker de frontale en pariëtale cortex van hun hersenen gebruiken als ze naar het bord kijken, wat erop duidt dat ze informatie uit hun langetermijngeheugen halen. Lagergeplaatste schakers gebruiken vaker hun mediale temporaalkwabben, wat aangeeft dat ze nieuwe informatie coderen. De experts interpreteren de bordopstelling aan de hand van hun omvangrijke kennis van vorige partijen. De spelers met een lagere rating zien de opstelling als iets nieuws.

Hoewel schaken een triviaal onderzoeksonderwerp mag lijken voor een psycholoog – het is tenslotte maar een spelletje –, meende De Groot dat zijn experimenten bij schaakgrootmeesters veel bredere implicaties hadden. Hij betoogde dat expertise op 'het gebied van schoenmaken, schilderen, bouwen, [of] banketbakken' het resultaat is van dezelfde accumulatie van 'empirische koppelingen'. Volgens Ericsson is wat wij expertise noemen, feitelijk niet meer dan een samenstel van 'grote hoeveelheden kennis, patroonherkenning en planningsmechanismen die een mens zich door de jaren heen in het betreffende domein heeft eigen gemaakt'. Met andere woorden: een formidabel geheugen is niet gewoon een bijproduct van expertise, het is de *essentie* van expertise.

Of we ons er nu van bewust zijn of niet, net als schaakgrootmeesters en kuikenseksers interpreteren ook wij het heden in het licht van wat we in het verleden hebben geleerd, en laten we onze vroegere ervaringen niet alleen de manier vormen waarop we onze wereld waarnemen, maar ook de zetten die we er uiteindelijk in doen.

Te vaak wordt er over het geheugen gepraat alsof het een bank was waarop we nieuwe informatie storten als die binnenkomt en oude informatie van opnemen als we die nodig hebben. Maar deze metafoor geeft niet weer hoe het geheugen echt werkt. We dragen onze herinneringen altijd mee, en ze geven vorm aan en worden gevormd door de informatie die in een ononderbroken feedbacklus door onze zintuigen stroomt. Alles wat we zien, horen en ruiken wordt gemoduleerd door alle dingen die we in het verleden hebben gezien, gehoord en geroken.

Op wijzen die even raadselachtig zijn als het seksen van kuikens en even diepgaand als het diagnosticeren van een ziekte, worden onze persoonlijkheid en wat we doen fundamenteel bepaald door wat we ons herinneren. Maar als het interpreteren van en ons handelen in de wereld verbonden zijn met onze herinneringen, hoe zit het dan met Ed en Lukas en andere geheugenatleten die ik had ontmoet? Hoe verleende die schijnbaar 'eenvoudige' techniek van het geheugenpaleis hun een excellent geheugen zonder dat ze ergens expert in waren?

Ook al wilden Ericsson en zijn promovendi me de resultaten van de tests waarop ik drie dagen had gezwoegd niet geven, ik had voldoende aantekeningen van mijn prestaties gemaakt om te vertrekken met een redelijk beeld van mijn basiscapaciteiten. Ik had een cijferspanne van ongeveer negen (boven het gemiddelde, maar niet buitengewoon), mijn vermogen poëzie te onthouden was hopeloos en ik had geen flauw benul wanneer Confucius leefde (al wist ik dan weer wel waar een carburator voor diende). Bij mijn terugkeer uit Tallahassee zag ik dat ik een e-mail had van Ed:

Hé sterpupil, ik weet dat je het minimale aan training hebt verricht voordat die lui in Florida je aan de tand gingen voelen. Goed gedaan; het is in elk geval in die zin bewonderenswaardig dat je er de wetenschap mee vooruithelpt. Maar de volgende kampioenschappen zijn geen miljoenen mijlen ver weg, dus je moet nu als de bliksem aan de slag. Vandaar deze peptalk van mij: laat die kop van je malen en geniet ervan.

VIER

De meest vergeetachtige man op aarde

Nu ik een aantal van de beste geheugens ter wereld had ontmoet, besloot ik dat mijn volgende stap zou moeten zijn de slechtste op te sporen. Was er een betere manier om een begin van inzicht te vormen in de aard en betekenis van het menselijk geheugen dan na te gaan wat het betekende er geen te hebben? Ik sloeg weer aan het googelen, op zoek naar Ben Pridmores tegenhanger in de recordboeken van vergeetachtigheid, en stuitte op een artikel in *The Journal of Neuroscience* over de vierentachtigjarige voormalige laboratoriumtechnicus EP, wiens geheugen niet verder terugging dan zijn laatste gedachte. Hij lijdt aan een van de ernstigste gevallen van amnesie die ooit zijn gedocumenteerd.

Een paar weken na mijn terugkeer uit Tallahassee belde ik Larry Squire, een neurowetenschapper en geheugenonderzoeker verbonden aan de University of California in San Diego en het San Diego VA Medical Center. Squire bestudeerde EP al meer dan tien jaar en hij stond me toe hem te vergezellen op een van zijn bezoeken aan de fleurige bungalow in een buitenwijk van San Diego, waar EP woonde met zijn vrouw. We reden erheen met Jen Frascino, de onderzoekscoordinator in Squires lab die regelmatig bij EP langsgaat om hem cognitieve tests af te nemen. Frascino is minstens tweehonderd keer bij EP thuis geweest, maar steeds weer begroet hij haar alsof ze een volslagen vreemde is.

EP is één meter vijfentachtig lang, heeft wit haar met een kaarsrechte scheiding erin, en ongewoon lange oren. Hij is vriendelijk en attent. Hij lacht veel. Op het eerste gezicht komt hij over als een doorsnee hartelijke grootvader. Frascino, een lange, atletisch gebouwde blondine, neemt samen met Squire en mij tegenover EP aan zijn eetkamertafel plaats en stelt een reeks vragen om zijn basiskennis en zijn verstandelijke vermogens te peilen. Ze vraagt hem op welk continent Brazilië ligt, hoeveel weken er in een jaar zitten, bij welke temperatuur water gaat koken. Ze wil demonstreren wat een batterij cognitieve tests al heeft aangetoond: EP beschikt over een elementaire kennis van de wereld. Hij heeft een IQ van 103 en zijn kortetermijngeheugen is ongeschonden. Geduldig beantwoordt hij de vragen – in alle gevallen correct –, ten prooi aan min of meer dezelfde verwarring die ik waarschijnlijk ook zou voelen als een onbekende mijn huis binnen kwam vallen en me met een ernstig gezicht vroeg of ik het kookpunt van water wist.

'Wat moet je doen als je op straat een dichtgeplakte en geadresseerde envelop vindt met een postzegel erop?' vraagt Frascino.

'Die gooi je in de brievenbus. Wat zou je er anders mee moeten doen?' Hij grinnikt en werpt me een veelbetekenende zijdelingse blik toe, alsof hij wil zeggen: 'Denken die mensen soms dat ik achterlijk ben?' De beleefdheid gebiedt hem echter zijn blik weer op Frascino te richten en eraan toe te voegen: 'Maar dat is wel een heel interessante vraag die u daar stelt. Heel interessant.' Hij heeft geen idee dat hij de vraag al vele malen eerder heeft gehoord.

'Waarom koken we eten?'

'Omdat het rauw is?' Bij het woord 'rauw' schiet zijn stem

een octaaf omhoog, als zijn verwarring plaatsmaakt voor ongeloof.

Ik vraag EP of hij de naam van de vorige Amerikaanse president weet.

'Dat is me even ontschoten. Gek.'

'Komt de naam Bill Clinton u bekend voor?'

'Natuurlijk ken ik Clinton! Dat is een oude vriend van me, een wetenschapper, een beste kerel. Ik heb met hem samengewerkt.'

Hij ziet mijn ogen zich verbaasd verwijden en is even stil.

'Tenzij er een andere Clinton is die je bedoelt...'

'Nou ja, u weet wel, de vorige president heette ook Bill Clinton.'

'Echt waar? Dat is me ook wat!' Hij slaat op zijn dij en grinnikt, maar lijkt bepaald niet gegeneerd.

'Wie is de laatste president die u zich herinnert?'

Hij neemt even de tijd om in zijn geheugen te spitten. 'Eens kijken. Je had Franklin Roosevelt...'

'Ooit van John F. Kennedy gehoord?'

'Kennedy? Hmm, ik ben bang dat ik die niet ken.'

Dan stelt Frascino weer een vraag. 'Waarom bestuderen we de geschiedenis?'

'We bestuderen de geschiedenis om te weten wat er in het verleden is gebeurd.'

'Maar waarom willen we dan weten wat er in het verleden is gebeurd?'

'Gewoon, omdat het interessant is.'

In november 1992 werd EP getroffen door wat een milde griep leek. Vijf dagen lang lag hij in bed, koortsig en lusteloos, niet wetende wat hem mankeerde, terwijl in zijn hoofd een destructief virus bekend als herpes simplex zich een weg vrat door zijn hersenen als een worm door een appel. Toen het virus was uitgeraasd, waren er twee klompjes hersenmaterie ter grootte van een walnoot in EP's mediale temporaalkwabben verdwenen, en daarmee het grootste deel van zijn geheugen.

Het virus had met bizarre precisie toegeslagen. De mediale temporaalkwabben – waarvan er in beide hersenhelften een aanwezig is – omvatten de hippocampus en verscheidene aangrenzende gebieden die samen de magische prestatie leveren van het in langetermijnherinneringen omzetten van onze waarnemingen. De herinneringen op zich worden niet opgeslagen in de hippocampus – ze huizen elders, in de geplooide buitenste lagen van de hersenen, de neocortex – maar het hippocampusgebied zorgt ervoor dat ze beklijven. De hippocampus van EP was vernietigd, en zonder die hippocampus zou je hem kunnen vergelijken met een camcorder waarvan de opnamekop defect is. Hij ziet, maar legt niets vast.

EP heeft twee vormen van amnesie: anterograde amnesie, wat betekent dat hij geen nieuwe herinneringen kan creëren, en retrograde, wat betekent dat hij evenmin oude herinneringen kan oproepen, althans niets vanaf ongeveer 1950. Zijn jeugd, de militaire dienst die hij vervulde op de koopvaardijvloot, de Tweede Wereldoorlog, dat alles staat hem nog helder voor de geest. Maar hij weet niet beter dan dat een liter benzine zesenhalve cent kost en dat de mens nog niet die kleine stap op de maan heeft gezet.

Hoewel EP al sinds 1992 aan amnesie lijdt en er verbetering noch verslechtering in zijn toestand is opgetreden, hopen Squire en zijn team nog veel van hem op te steken. Een geval als het zijne, waarin de natuur een wreed maar volmaakt experiment uitvoert, is, om het cru te stellen, een zegen voor de wetenschap. In een vakgebied waarin nog heel veel fundamentele vragen openstaan, zijn er oneindig veel tests die kunnen worden uitgevoerd op een brein als dat van EP.

De wereld kent niet meer dan een handvol mensen bij wie beide hippocampussen en de belangrijke aangrenzende structuren zo precies uit een verder intact brein zijn gekerfd. Een andere patiënt die aan een ernstige vorm van amnesie lijdt is Clive Wearing, een voormalige muziekproducer voor de BBC, die in 1985 het slachtoffer werd van herpes encefalitis. Net als bij EP is zijn brein een zeef geworden. Elke keer als hij zijn vrouw begroet, is het alsof hij haar twintig jaar niet heeft gezien. Hij spreekt hartverscheurende berichten in op haar voicemail met de smeekbede om hem op te komen halen uit het verpleeghuis waarin hij woont. Hij houdt een uitgebreid dagboek bij, dat een tastbaar document is geworden van zijn dagelijkse lijdensweg. Maar ook het dagboek kan hij niet echt vertrouwen, omdat het hem – net als alle andere voorwerpen in zijn leven – steeds weer onbekend voorkomt. Iedere keer als hij het openslaat moet het zijn alsof hij met een vorig leven wordt geconfronteerd. Het staat vol met dit soort fragmenten:

> ~~08.31 uur: Nu ben ik absoluut, compleet wakker.~~
> ~~09.06 uur: Nu ben ik helemaal, volmaakt wakker.~~
> 09.34 uur: Nu ben ik finaal, werkelijk wakker.

Uit die doorgekraste zinnen spreekt een bepaald besef van zijn toestand die EP, en dat is misschien maar beter voor hem, mist. Tegenover hem gezeten aan tafel vraagt Squire EP hoe het tegenwoordig met zijn geheugen gaat.

'Redelijk. Ik vind het moeilijk te zeggen of het heel goed of slecht is.'

EP draagt een metalen SOS-armbandje om zijn linkerpols. Al mag duidelijk zijn waar dat voor dient, ik vraag het hem toch. Hij draait zijn pols om en leest terloops wat erop staat.

'Hmm. Er staat hier dat het vanwege geheugenverlies is.'

EP herinnert zich niet eens dat hij een geheugenprobleem heeft. Het is iets waar hij steeds opnieuw achter komt. En aangezien hij vergeet dat hij steeds weer alles vergeet, lijkt het alsof elke verloren gedachte hem per ongeluk is ontglipt – een ergernis en niet meer – precies zoals jij of ik dat zou ervaren.

'Naar zijn idee is er niks met hem aan de hand. Dat is een geluk,' vertelt zijn vrouw Beverly me later, terwijl EP buiten gehoorsafstand op de bank zit. 'Toch moet hij haast wel weten dat er iets mis is, al komt dat niet naar buiten in een gesprek of in zijn manier van leven. Maar diep vanbinnen moet hij het weten. Dat kan niet anders.'

Haar woorden doordringen me opeens van het feit hoeveel meer er verloren is gegaan dan alleen herinneringen. Zelfs de vrouw van EP heeft niet langer toegang tot zijn meest basale emoties en gedachten. Wat niet wil zeggen dat hij geen emoties of gedachten heeft. Van moment tot moment heeft hij die zeker. Steeds wanneer hij te horen kreeg dat er een nieuw kleinkind was geboren werden zijn ogen vochtig, waarna hij de blijde gebeurtenis prompt weer vergat. Maar zonder het vermogen gevoelens van vandaag te vergelijken met die van gisteren kan hij geen samenhangend verhaal construeren over zichzelf, of over de mensen om hem heen, waardoor hij niet in staat is zijn familie en vrienden enige vorm van psychologische ondersteuning te bieden. Tenslotte kan EP maar zo lang in iets of iemand geïnteresseerd blijven als hij zijn aandacht erbij weet te houden. Een losse gedachte die hem afleidt doet het gesprek meteen weer bij nul beginnen. Een betekenisvolle relatie tussen twee mensen kan niet uitsluitend in het nu bestaan.

Sinds zijn ziekte bestaat ruimte voor EP alleen zover hij die kan zien. Zijn sociale universum strekt zich niet verder uit dan de mensen in de kamer. Hij leeft in het smalle licht van een schijnwerper, omgeven door duisternis. Op een doorsnee ochtend wordt EP wakker, eet zijn ontbijt en gaat weer naar bed om naar de radio te luisteren. Eenmaal terug in bed is het voor hem niet altijd duidelijk of hij net heeft ontbeten of net wakker is geworden. Vaak gaat hij dan weer ontbijten, waarna hij nogmaals zijn bed opzoekt om naar de radio te luisteren. Er zijn ochtenden waarop hij wel drie keer ontbijt. Hij kijkt televisie, wat hij van seconde tot seconde als heel boeiend kan ervaren, al leveren programma's met een duidelijk begin, midden en einde vaak een probleem voor hem op. Hij heeft een voorkeur voor History Channel, of alles wat met de Tweede Wereldoorlog te maken heeft. Hij maakt wandelingen door de buurt, meestal verscheidene keren voor de lunch en soms van wel drie kwartier lang. Hij zit in de tuin. Hij leest de krant, wat hem het gevoel moet geven alsof hij uit een tijdmachine is gestapt. Irak? Internet? Tegen de tijd dat EP het einde van een krantenkop heeft bereikt, is hij doorgaans alweer vergeten hoe die begon. Gewoonlijk zit hij na het lezen van het weerbericht alleen maar wat te tekenen op het papier, waarbij hij snorretjes aanbrengt op foto's of zijn lepel omtrekt. Als hij de huizenprijzen ziet in de onroerendgoedbijlage reageert hij steevast geschokt.

Zonder een geheugen heeft EP geen besef van tijd. Hij mist een bewuste gedachtestroom, zijn gedachten zijn niet meer dan druppels die meteen verdampen. Als je hem zijn polshorloge afnam – of, wreder nog, als je de klok bij hem thuis verzette – zou hij volkomen verloren zijn. Gevangen in zijn limbo van een eeuwig heden, tussen een verleden dat hij zich niet kan herinneren en een toekomst waar hij niet over na kan denken, leidt hij een sedentair leven, geheel vrij van zorgen. 'Hij is altijd blij. Heel blij. Ik denk dat het komt doordat hij geen stress in zijn leven heeft,' zegt zijn dochter Carol, die in de buurt woont. Met zijn chronische vergeetachtigheid heeft EP een soort pathologische verlichting bereikt, een verknipte visie op het boeddhistische ideaal om volledig in het heden te leven.

'Hoe oud bent u nu?' vraagt Squire hem.

'Even denken... negenenvijftig of zestig. Daar vraag je me wat,' antwoordt hij, terwijl hij peinzend een wenkbrauw optrekt alsof hij aan het rekenen is en er niet een slag naar zit te slaan. 'Mijn geheugen laat het soms afweten. Het is best goed, maar soms stellen mensen me vragen waar ik niks mee kan. Dat heb jij vast ook weleens.'

'Natuurlijk,' zegt Squire genadig, ook al zit EP er een kwarteeuw naast.

Zonder tijd zou er geen noodzaak zijn tot een geheugen. Maar zou er zonder een geheugen zoiets als tijd zijn? Ik bedoel niet tijd in de zin waarin bijvoorbeeld natuurkundigen erover spreken, namelijk als de vierde dimensie, de onafhankelijke variabele, de grootheid die samengeperst wordt als je de lichtsnelheid nadert. Ik heb het over psychologische tijd, het tempo waarin we het verglijden van het leven ervaren. Tijd als een mentaal concept. Toen ik EP zag worstelen met het antwoord op de vraag hoe oud hij was, werd ik herinnerd aan een van de verhalen die Ed Cooke me bij onze ontmoeting tijdens de Amerikaanse geheugenkampioenschappen had verteld over zijn masteronderzoek aan de Sorbonne.

'Ik ben aan het experimenteren met het uitbreiden van de subjectieve tijd, zodat het voelt alsof ik langer leef,' had Ed op de stoep voor het Con Ed-gebouw tegen me gemompeld, met een sigaret tussen zijn lippen. 'De bedoeling is om dat gevoel te vermijden dat je in december hebt, zo van: godsamme, is het jaar nu alweer voorbij?'

'En hoe wil je dat aanpakken?' vroeg ik.

'Door me meer te herinneren. Door mijn leven van meer chronologische mijlpalen te voorzien. Door mezelf bewuster te maken van het verstrijken van de tijd.'

Ik vertelde hem dat zijn plan me deed denken aan Dunbar, de piloot in Joseph Hellers *Catch-22*, die redeneert dat als de tijd omvliegt op de momenten dat je je amuseert, de betrouwbaarste manier om je leven langzamer te laten verlopen is het zo saai mogelijk te maken.

Ed haalde zijn schouders op. 'Het is juist andersom. Hoe meer herinneringen we in ons leven proppen, hoe langzamer de tijd vliegt.'

Onze subjectieve beleving van tijd is variabel. We kennen allemaal het fenomeen dat er dagen voorbij kunnen gaan alsof het weken zijn en dat maanden kunnen aanvoelen als jaren, maar dat het omgekeerde evengoed op kan gaan: een maand of een jaar kan voorbijflitsen.

Ons leven wordt gestructureerd door herinneringen aan gebeurtenissen. Gebeurtenis X speelde zich vlak voor de vakantie naar Parijs af. In de eerste zomer nadat ik mijn rijbewijs had gehaald ging ik Y doen. Z voltrok zich in het weekend nadat ik mijn eerste baantje in de wacht had gesleept. We herinneren ons gebeurtenissen door ze tegenover andere gebeurtenissen te plaatsen in de tijd. Zoals we herinneringen aan feiten op elkaar stapelen door ze in een netwerk te integreren, stapelen we levenservaringen op elkaar door ze in een web van andere chronologische herinneringen in te passen. Hoe dichter het web, hoe rijker je beleving van tijd.

Dit gegeven werd aanschouwelijk gemaakt door Michel Siffre, een Franse chronobioloog (onderzoeker van de relatie tussen tijd en levende organismen) die een van de opmerkelijkste zelfexperimenten in de geschiedenis van de wetenschap uitvoerde. In 1962 bracht Siffre twee maanden geïsoleerd van de buitenwereld door in een ondergrondse grot, zonder klok, kalender of zonlicht. Hij sliep en at alleen wanneer zijn lichaam daarom vroeg en probeerde er zo achter te komen welke invloed 'buiten de tijd' te leven heeft op de natuurlijke ritmes van de mens.

Al heel snel ging Siffres geheugen achteruit. In de eentonige duisternis vervloeiden zijn dagen tot één doorlopend, niet te onderscheiden geheel. Aangezien er niemand was om mee te praten en hij weinig te doen had, was er niets nieuws om zich in zijn geheugen te griffen. Er waren geen chronologische oriëntatiepunten waaraan hij het verstrijken van de tijd kon afmeten. Op zeker moment kon hij zich niet eens meer herinneren wat er de voorgaande dag was gebeurd. Zijn ervaringen in de geïsoleerde omgeving hadden een EP van hem gemaakt. Toen de tijd begon te vervagen werd hij feitelijk amnestisch. Al snel raakte zijn slaappatroon ernstig verstoord. Op sommige dagen bleef hij zesendertig uur achtereen wakker, op andere maar acht, zonder het verschil te merken. Toen hij op 14 september, de dag dat zijn experiment afliep, geroepen werd door zijn ondersteunende team boven de grond, was het in zijn dagboek nog maar 20 augustus. Naar zijn idee was er niet meer dan een maand voorbijgegaan. Zijn beleving van de tijd was met een factor twee gecomprimeerd.

Monotonie doet de tijd inkrimpen; nieuwigheid maakt dat hij zich ontvouwt. Je kunt dagelijks sporten en gezond eten en heel oud worden, maar je leven toch ervaren als kort. Voor wie zijn arbeidsjaren doorbrengt met het bekrachtigen van documenten op een kantoor, zal de ene kleurloze dag onvermijdelijk overlopen in de andere, en spoorloos verdwijnen. Daarom is het zo belangrijk dat we regelmatig onze dagelijkse routine veranderen en op vakantie gaan naar exotische oorden en zo veel mogelijk nieuwe ervaringen opdoen waaraan we onze herinneringen kunnen bevestigen. Het creëren van nieuwe herinneringen rekt de psychologische tijd uit en verlengt onze perceptie van het leven.

In zijn boek *Principles of Psychology* uit 1890 schreef William James over deze eigenaardige vervorming en verkorting van de psychologische tijd: 'In onze jeugd kunnen we elk uur van de dag een volkomen nieuwe ervaring hebben, subjectief of objectief. Het bevattingsvermogen is levendig, het inprentingsvermogen sterk en onze herinneringen aan die tijd zijn, net als de herinneringen die we hebben aan een snelle en boeiende reis, complex, talrijk en uitgebreid,' noteerde hij. 'Met elk voorbijgaand jaar wordt een deel van die ervaring omgezet in een automatische routine waar we ons nauwelijks bewust van zijn, en de dagen en weken versmelten in onze herinnering tot inhoudsloze eenheden. De jaren worden hol en storten ineen.' Het leven lijkt te versnellen naarmate we ouder worden omdat het gaandeweg minder gedenkwaardige momenten bevat. 'Als het hebben van herinneringen je tot mens maakt, betekent het hebben van meer herinneringen dat je meer mens bent,' zei Ed.

Eds streven om zijn leven zo gedenkwaardig mogelijk te maken heeft misschien iets Peter Pan-achtigs, maar van alles wat je fanatiek zou willen verzamelen, lijken me je eigen herinneringen niet het meest absurde. Het heeft zelfs iets vreemd rationeels. In inleidende cursussen filosofie wordt vaak het volgende dilemma besproken: in de negentiende eeuw begonnen artsen zich af te vragen of het algemene anestheticum dat ze patiënten toedienden eigenlijk wel een slaapmiddel was, of dat het eerder spierverlammend werkte en herinneringen aan de operatie uitwiste. Indien dat zo was, hadden de artsen dan iets verkeerds gedaan? Zoals we ons bij de boom die omvalt zonder dat iemand het hoort of ziet kunnen afvragen of die wel echt is omgevallen, is het de vraag of we van een ervaring die we ons niet herinneren kunnen zeggen dat we die werkelijk hebben meegemaakt. Socrates vond het niet-onderzochte leven niet waard geleefd te worden. Geldt dat niet dubbel zo sterk voor een leven dat we ons niet herinneren?

Veel van de wetenschappelijke kennis over het geheugen is ontleend aan een beschadigd brein dat opmerkelijke overeenkomsten vertoonde met dat van EP. Het was van een andere amnesiepatiënt, Henry Molaison, bekend onder zijn initialen HM, die het grootste deel van zijn leven in een verpleeghuis in Connecticut doorbracht, voor hij in 2008 overleed. (In de medische literatuur worden patiënten bij hun initialen genoemd om hun identiteit te beschermen. De naam van HM werd na zijn dood bekendgemaakt.) Na een fietsongeluk op negenjarige leeftijd leed HM aan epileptische aanvallen. Tegen zijn zevenentwintigste had hij verscheidene aanvallen per week, wat hem praktisch invalide maakte. De neurochirurg William Scoville dacht dat hij de symptomen van HM kon verlichten door middel van een experimentele operatie waarbij hij dat deel van de hersenen zou verwijderen dat volgens hem het probleem veroorzaakte.

In 1953 boorde Scoville, terwijl HM wakker lag op de operatietafel met een verdoofde schedelhuid, twee gaten vlak boven de ogen van zijn patiënt. Met een metalen spatel tilde de chirurg de voorkant van HM's hersenen op, waarna hij via een metalen rietje het grootste deel van de hippocampus wegzoog, samen met een flink stuk van de omringende mediale temporaalkwabben. De operatie reduceerde het aantal epileptische aanvallen van HM, maar leverde een tragisch bijeffect op, want al snel werd duidelijk dat hij ook van zijn geheugen was beroofd.

In de volgende vijftig jaar werd HM aan talloze experimenten onderworpen, en hij groeide uit tot de meest bestudeerde patiënt in de geschiedenis van de hersenwetenschap. Gezien de dramatische gevolgen van Scovilles operatie nam iedereen aan dat HM een unieke casestudy zou blijven.

EP haalde een streep door die veronderstelling. Wat Scoville bij HM deed met een metalen rietje, deed de natuur bij EP met herpes simplex. Naast elkaar vertonen de korrelige zwart-wit-MRI's van hun hersenen een griezelige overeenkomst, hoewel de schade bij EP iets groter is. Ook als je geen idee hebt hoe normale hersenen eruit horen te zien, staren de twee gapende symmetrische gaten je aan als een paar holle ogen.

Net als EP was HM in staat herinneringen precies lang genoeg vast te houden om erover na te denken, maar als zijn brein zich daarna op iets anders richtte kon hij ze niet meer terughalen. De Canadese neurowetenschapper Brenda Milner voerde een befaamd experiment uit waarbij ze HM vroeg het getal 584 zo lang mogelijk te onthouden. Hij sprak hardop terwijl hij daarmee bezig was:

> Dat is een makkie. Je moet 8 onthouden. Je weet dat 5, 8 en 4 samen 17 zijn. Je onthoudt 8, trekt dat van 17 af, dan kom je uit op 9. Als je 9 door de helft deelt krijg je 5 en 4, en dan ben je er: 584. Makkie.

Hij concentreerde zich een aantal minuten lang op deze uitgebreide mantra. Maar zodra hij afgeleid werd, verdween het getal uit zijn hoofd. Hij kon zich niet eens herinneren dat hem gevraagd was iets te onthouden. Hoewel het al sinds het einde van de negentiende eeuw bekend is dat er een verschil bestaat tussen het lange- en het kortetermijngeheugen, hadden wetenschappers pas met HM het bewijs in handen dat de twee soorten geheugenprocessen zich in verschillende delen van de hersenen afspelen, en dat HM zonder het grootste deel van zijn hippocampusgebied niet in staat was een kortetermijnherinnering in een langetermijnherinnering om te zetten.

Dankzij HM kwamen onderzoekers ook meer te weten over een andere vorm van onthouden. Al kon hij dan niet zeggen wat hij bij het ontbijt had gegeten of hoe de huidige president heette, een aantal andere dingen herinnerde hij zich wel. Milner ontdekte dat HM zich gecompliceerde taken eigen kon maken zonder het zelf door te hebben. In een revolutionair onderzoek uit 1962 liet ze zien dat HM kon leren netjes een vijfpuntige ster na te trekken op een vel papier terwijl hij in de spiegel keek. Iedere keer dat Milner HM vroeg dit te doen, beweerde hij de taak nooit eerder te hebben uitgevoerd. En toch lukte het zijn hersenen elke dag beter om zijn hand in spiegelbeeld te leiden. Zijn amnesie ten spijt zag hij kans iets te onthouden.

Latere onderzoeken van amnesiepatiënten, waaronder tests die bij EP zijn verricht, hebben aangetoond dat mensen die hun geheugen verliezen ook nog in staat zijn tot andere vormen van leren zonder zich daar iets van te herinneren. In één experiment vroeg Squire EP een lijst met vierentwintig woorden te memoriseren. Zoals te verwachten kon EP zich binnen een paar minuten geen enkel woord meer herinneren, niet eens dat hij ze had geleerd. Toen hem gevraagd werd of hij een bepaald woord eerder had gezien, gaf hij maar in de helft van de gevallen het goede antwoord. Vervolgens liet Squire EP plaatsnemen achter een computer voor een andere test. Ditmaal verschenen er achtenveertig woorden elk gedurende vijfentwintig milliseconden op het computerscherm, net lang genoeg voor het oog om er een aantal waar te nemen maar niet allemaal (ter vergelijking: een keer knipperen met de ogen duurt tussen de honderd en honderdvijftig milliseconden). De helft van de woorden kwam van de lijst die EP had gelezen en was vergeten, en de andere helft was nieuw. Squire vroeg EP om elk woord op te lezen dat hij op het scherm zag. Verbazend genoeg was EP veel beter in het lezen van de woorden die hij eerder had gezien dan in het lezen van de nieuwe. Ook al had hij er geen bewuste herinnering aan, ergens in de krochten van zijn geest hadden ze een afdruk achtergelaten.

Dit fenomeen van onbewust onthouden, dat *priming* wordt genoemd, bewijst dat er onder het oppervlak van onze bewuste gedachten een hele wereld aan herinneringen schuilgaat. Hoewel er meningsverschillen bestaan over het precieze aantal geheugensystemen in de hersenen, delen wetenschappers het geheugen doorgaans globaal in twee types in: het declaratieve en non-declaratieve (soms ook expliciet en impliciet geheugen genoemd). Declaratieve herinneringen zijn dingen waarvan je weet dat je je ze herinnert, zoals de kleur van je auto of wat er gistermiddag is gebeurd. Bij zowel EP als HM was het vermogen nieuwe declaratieve herinneringen te vormen verloren gegaan. Non-declaratieve herinneringen zijn de dingen die je onbewust weet, zoals hoe je moet fietsen of hoe je een figuur tekent terwijl je in de spiegel kijkt (of wat een woord betekent dat heel kort op een computerscherm te zien is). Die onbewuste herinneringen lijken niet dezelfde kortetermijngeheugenbuffer te passeren als declaratieve, en evenmin zijn ze afhankelijk van het hippocampusgebied om te worden geconsolideerd en opgeslagen. Ze moeten het hoofdzakelijk hebben van andere hersengebieden. Motorisch leren vindt grotendeels plaats in de kleine hersenen, perceptueel leren in de neocortex en gewoontevorming in de basale ganglia. Zoals EP en HM zo treffend hebben aangetoond, kan één deel van het brein beschadigd raken terwijl de rest normaal blijft werken. Sterker nog, het merendeel van wat bepaalt wie we zijn en hoe we denken – de kern van onze persoonlijkheid – is verbonden met impliciete herinneringen die niet toegankelijk zijn voor het bewuste brein.

Binnen de categorie van declaratieve herinneringen maken psychologen weer onderscheid tussen semantische herinneringen, of herinneringen voor feiten en begrippen, en episodische herinneringen, of herinneringen aan persoonlijke ervaringen. Me herinneren dat ik vanochtend eieren bij het ontbijt heb gegeten, is een episodische herinnering. Weten dat het ontbijt de eerste maaltijd van de dag is, is een semantische herinnering. Episodische herinneringen zijn gekoppeld aan ruimte en tijd: ze gaan samen met een 'waar' en 'wanneer'. Semantische herinneringen bevinden zich buiten ruimte en tijd, als vrij zwevende brokjes kennis. Die twee verschillende types van onthouden lijken gebruik te maken van verschillende neurale paden en zetelen in verschillende hersengebieden, hoewel beide sterk afhankelijk zijn van de hippocampus en andere structuren in de mediale temporaalkwabben. EP is beide geheugensoorten in even grote mate kwijtgeraakt, maar vreemd genoeg strekt zijn vergeetachtigheid zich alleen over ongeveer de laatste zestig jaar uit. Zijn herinneringen zijn langs een lijn in de tijd verdwenen.

Een van de vele mysteriën van het geheugen is waarom een amnesiepatiënt zoals EP zich wel kan herinneren wanneer de atoombom op Hiroshima terechtkwam, maar niet de veel recentere val van de Berlijnse Muur. Om een onduidelijke reden lossen bij de meeste amnesiepatiënten de jongste herinneringen als eerste op, terwijl herinneringen uit het verleden hun scherpte behouden. Dit fenomeen wordt de 'wet van Ribot' genoemd, naar de negentiende-eeuwse Franse psycholoog die het voor het eerst waarnam, en is een patroon dat je ook bij alzheimerpatiënten aantreft. Het drukt iets wezenlijks uit: dat onze herinneringen niet statisch zijn. Naarmate herinneringen ouder worden, verandert op de een of andere manier hun textuur. Elke keer als we stilstaan bij een herinnering vervlechten we haar steviger met het web van andere herinneringen, waarmee ze aan stabiliteit wint en de kans afneemt dat ze losraakt.

Maar en passant veranderen we ook de herinnering zelf

en geven die opnieuw vorm, soms tot het punt waarop onze herinnering aan een gebeurtenis nog maar een oppervlakkige overeenkomst vertoont met wat zich in werkelijkheid heeft voorgedaan. Neurowetenschappers zijn nog maar kort geleden begonnen met het observeren van dat hersenproces, maar psychologen weten al heel lang dat er kwalitatieve verschillen bestaan tussen oude en nieuwe herinneringen. Sigmund Freud was de eerste die het curieuze feit beschreef dat we ons oudere voorvallen dikwijls herinneren alsof ze door een derde persoon met een camera zijn vastgelegd, terwijl we ons recentere voorvallen vaker in de eerste persoon herinneren, als waargenomen door onze eigen ogen. Het is alsof dingen die we hebben meegemaakt simpelweg dingen worden die gebeurd zijn, alsof het brein van nature gebeurtenissen omzet in feiten.

Hoe dat proces op het niveau van de zenuwcellen verloopt, is nog een raadsel. Volgens een breed gedragen hypothese zijn onze herinneringen nomadisch. De hippocampus is betrokken bij hun aanvankelijke vorming, maar hun inhoud komt uiteindelijk in de langetermijnopslag van de neocortex terecht. In de loop der tijd, als ze weer worden opgeroepen en versterkt, consolideren herinneringen zich zodanig dat ze niet meer kunnen worden gewist. Ze raken ingekapseld in een netwerk van corticale verbindingen, waardoor ze onafhankelijk van de hippocampus kunnen bestaan. Dit alles werpt een boeiende vraag op: waren EP's herinneringen vanaf 1950 compleet vernietigd toen het virus zich een weg had gevreten door zijn mediale temporaalkwabben, of had hij enkel geen toegang meer tot die herinneringen? Had het virus de helft van het huis afgebrand of had het alleen maar de sleutel weggegooid? We weten het niet.

Er wordt gedacht dat slaap een essentiële rol speelt bij het consolideren van en het ontlenen van betekenis aan herinneringen. Ratten die een uur lang in een doolhof hebben rondgerend, schijnen die doolhof in hun slaap weer door te hollen en vertonen met gesloten ogen dezelfde patronen van vurende zenuwcellen als toen ze het parcours leerden kennen. Een theorie over waarom onze eigen dromen zo vaak aanvoelen als een surrealistische combinatie van uit het echte leven geplukte elementen, is dat ze slechts de bijproducten zijn van ervaringen die zich langzaam uitharden tot langetermijnherinneringen.

Terwijl ik naast EP op de bank zit in zijn huiskamer, ben ik benieuwd of hij nog steeds droomt in zijn slaap. Natuurlijk weet hij dat niet, maar ik vraag het hem toch, alleen maar om te horen hoe zijn antwoord daarop zal luiden. 'Soms,' zegt hij nonchalant, hoewel zijn antwoord bijna zeker verzonnen is. 'Maar dromen zijn lastig te onthouden.'

Alle mensen komen amnestisch ter wereld en een groot aantal verlaat die ook zo. Laatst vroeg ik mijn driejarige neefje naar het feestje dat hij op zijn tweede verjaardag had gevierd. Hoewel die gebeurtenis alweer ruim een derde van zijn leven achter hem lag, waren zijn herinneringen eraan verrassend nauwkeurig. Hij wist de naam van de jonge gitarist nog die hem en de andere kinderen had vermaakt, en kon een paar liedjes opnoemen die ze hadden gezongen. Hij herinnerde zich het miniatuurdrumstel dat ik hem had gegeven. Hij herinnerde zich dat hij ijs en taart had gegeten. En toch is het vrijwel zeker dat hij over tien jaar niets meer van dit alles zal weten.

Tot drie- of vierjarige leeftijd laat vrijwel niets van wat we meemaken het soort blijvende indrukken na dat we ons als volwassene bewust kunnen herinneren. De gemiddelde leeftijd waaraan mensen zeggen hun vroegste herinneringen te hebben is drieënhalf, en dat zijn meestal niet meer dan onscherpe, fragmentarische kiekjes die vaak nog niet eens blijken te kloppen ook. Het is wel merkwaardig dat de periode waarin we sneller leren dan op enig ander moment in ons leven – de tijd waarin we leren lopen en praten en de wereld te begrijpen – zo weinig expliciete herinneringen oplevert.

Freud dacht dat infantiele amnesie veroorzaakt werd door de onderdrukking van hypergeseksualiseerde fantasieën uit onze vroege jeugd, die we pas later in ons leven als beschamend ervaren. Ik denk niet dat er veel psychologen zijn die deze interpretatie nog aanhangen. Een aannemelijker verklaring voor het gebrek aan vroege herinneringen is dat tijdens de eerste paar jaren van je leven je hersenen snel rijpen, waarbij ongebruikte neurale verbindingen worden gesnoeid en zich voortdurend nieuwe verbindingen vormen. De neocortex is pas omstreeks het derde of vierde jaar volledig ontwikkeld, rond de tijd dat kinderen permanente herinneringen beginnen aan te leggen. Maar de menselijke anatomie vertelt waarschijnlijk maar de helft van het verhaal. Heel jonge kinderen missen ook structuren om de wereld te interpreteren en het heden aan het verleden te relateren. Zonder ervaring – en misschien wel het belangrijkst van al: zonder het essentiële organiserende instrument van taal – ontbreekt het jonge kinderen aan het vermogen hun herinneringen te verankeren in een web van betekenis dat die herinneringen later in het leven toegankelijk maakt. Deze structuren ontwikkelen zich met de tijd, door blootstelling aan de wereld. Het cruciale leren dat we in de eerste jaren van ons leven doen, is bijna geheel van het impliciete, non-declaratieve soort. Met andere woorden: iedereen op de wereld heeft iets ondervonden van EP's kwaal. En net als EP zijn we allemaal vergeten hoe dat aanvoelt.

Ik zou graag het onbewuste, non-declaratieve geheugen van EP aan het werk willen zien, dus ik vraag hem of hij zin heeft een wandelingetje met me te maken door de buurt. Hij antwoordt: 'Niet echt.' Een paar minuten later vraag ik het hem nogmaals. Dit keer stemt hij toe. We lopen door de voordeur de middagzon in en gaan rechtsaf – zijn beslissing, niet de mijne. Ik vraag EP waarom we niet linksaf gaan.

'Ik neem gewoon liever niet die weg. Dit is de weg die ik altijd neem. Ik weet niet waarom,' antwoordt hij.

Als ik hem zou vragen een kaart van de route te tekenen die hij minstens drie keer per dag wandelt, zou hij dat niet kunnen. Hij weet niet eens zijn eigen adres, of (al bijna net zo onvoorstelbaar voor een inwoner van San Diego) in welke richting de zee ligt. Maar na al die jaren van steeds dezelfde wandeling maken heeft de route zich in zijn onderbewuste geëtst. Zijn vrouw Beverly laat hem nu alleen naar buiten gaan, ook al zou één keer de verkeerde straat inslaan betekenen dat hij niet meer weet hoe hij thuis moet komen. Soms keert hij van zijn wandelingen terug met dingen die hij onderweg heeft gevonden: een hoopje ronde steentjes, een puppy, een portemonnee. Hij kan nooit uitleggen hoe hij eraan gekomen is.

'Onze buren zijn dol op hem omdat hij altijd een praatje met ze aanknoopt,' vertelt Beverly me. Ook al denkt hij telkens weer dat hij hen voor het eerst ontmoet, hij heeft door de jaren heen geleerd dat dit mensen zijn bij wie hij zich op zijn gemak kan voelen, en hij interpreteert die onbewuste gevoelens als een goede reden om ze even gedag te zeggen.

Dat EP geleerd heeft zijn buren aardig te vinden zonder hen te kennen geeft aan hoeveel van onze dagelijkse handelingen worden ingegeven door impliciete waarden en oordelen, onafhankelijk van het declaratief geheugen. Ik vraag me af wat voor andere dingen EP door herhaling heeft geleerd. Welke non-declaratieve herinneringen zijn hem blijven vormen sinds hij in 1992 zijn declaratief geheugen kwijtraakte? Hij moet haast nog wel behoeften en angsten, emoties en verlangens hebben, ook als zijn bewuste herinnering aan die gevoelens zo vluchtig is dat hij ze niet lang genoeg kan onderkennen om ze in woorden uit te drukken.

Ik dacht aan hoe ik vijftien jaar geleden was en hoe sterk ik veranderd ben in die tijd. Als je hen naast elkaar zette, zouden de Joshua van toen en de Joshua van nu meer dan vaag op elkaar lijken. Maar we zijn een totaal andere verzameling moleculen, met een andere haargrens en een andere taille en, zo lijkt het soms, weinig gemeenschappelijks behalve onze naam. Wat die ik met deze ik verbindt, en het me mogelijk maakt de illusie te bewaren dat er van moment tot moment en van jaar tot jaar continuïteit bestaat, is een relatief stabiel maar zich langzaam ontwikkelend iets in de kern van mijn wezen. Noem het een ziel, of een zelf, of een bijproduct van een neuraal netwerk, maar hoe je het ook wilt noemen, dat element van continuïteit is geheel afhankelijk van het geheugen.

Ook als het onze herinneringen zijn die onze identiteit bepalen, is echter duidelijk dat EP geenszins als een zielloze robot getypeerd kan worden. Ondanks alles wat hij is kwijtgeraakt blijft hij een mens, met een persoonlijkheid – een heel charmante persoonlijkheid zelfs – en een unieke kijk op de wereld. Het virus had dan wel zijn herinneringen gewist, maar niet volledig zijn mens-zijn. Het liet alleen maar een hol, statisch zelf achter dat niet kan groeien en niet kan veranderen.

We wandelen bij Beverly en Carol vandaan en steken de straat over, waarna ik voor het eerst alleen ben met EP. Hij weet niet wie ik ben of wat ik aan zijn zijde doe, hoewel hij aan lijkt te voelen dat er een goede reden is voor mijn aanwezigheid. Hij kijkt naar me en tuit zijn lippen, en ik zie dat hij zoekt naar iets om te zeggen. Ik rek de stilte, om te kijken waar zijn onbehaaglijkheid heen zou kunnen leiden. Ik denk dat ik hoop op een kort moment waarin hij erkent hoe vreemd het allemaal is, deze scène zonder proloog. Maar die erkenning blijft uit, of als die er wel is, laat EP het niet blijken. Hij zit gevangen, besef ik, in de ultieme existentiële nachtmerrie, volslagen blind voor de realiteit waarin hij leeft. Ik word overvallen door een impuls om hem te helpen ontsnappen, in elk geval voor heel eventjes. Ik wil hem bij de arm nemen en hem door elkaar schudden. 'U hebt een zeldzame en ernstige geheugenstoornis,' wil ik tegen hem zeggen. 'U weet niks meer van de afgelopen vijftig jaar. Over nog geen minuut bent u alweer vergeten dat ik dit ooit tegen u heb gezegd.' Ik stel me zijn ontzetting voor, het korte moment van helderheid, de gapende leegte die zich voor hem zou openen en zich even snel weer zou sluiten. En dan de passerende auto of de tsjilpende vogel die hem zou terugbrengen onder zijn glazen stolp van onwetendheid. Maar natuurlijk doe ik dat niet.

'We hebben ver genoeg gewandeld,' zeg ik tegen hem, en ik wijs in de richting waaruit we gekomen zijn. We keren om en lopen terug door de straat waarvan hij de naam is vergeten, langs de zwaaiende buren die hem vreemd zijn, naar een huis dat hij niet kent. Voor het huis staat een auto met getinte ruiten. We draaien allebei ons hoofd om ons spiegelbeeld te bekijken. Ik vraag EP wat hij ziet.

'Een oude man,' antwoordt hij. 'Meer niet.'

VIJF

Het geheugenpaleis

Ik zou Ed nog één keer treffen voor hij terugging naar Europa. Hij wilde met me afspreken in Central Park, waar hij nog nooit was geweest en dat hij als een niet te missen attractie beschouwde op zijn Amerikaanse reis. Nadat we de kale bomen van de late winter in ons hadden opgenomen en de joggers hadden gadegeslagen die hun middagrondjes om het Reservoir liepen, belandden we aan het zuidelijke uiteinde van het park, tegenover het Ritz-Carlton Hotel. Het was een koude en extreem winderige middag – niet bepaald ideale omstandigheden voor nadenkwerk, laat staan om in te memoriseren. Niettemin stond Ed erop dat we buiten bleven. Hij reikte me zijn stok aan en klauterde dapper omhoog over een van de grote rotsblokken aan de parkrand, zo op het oog niet zonder pijn in zijn chronisch artritische gewrichten. Nadat hij de horizon had afgespeurd en een opmerking had gemaakt over de 'perfecte sublimiteit' van deze plek, nodigde hij me uit me bij hem te voegen op het rotsblok. Hij had beloofd dat hij me in minder dan een uur een paar elementaire geheugentechnieken kon bijbrengen. Het leek me ook niet dat we het daar langer zouden uithouden in dit weer.

'Ik moet je wel waarschuwen,' zei Ed, terwijl hij voorzichtig met gekruiste benen ging zitten, 'dat straks je ontzag voor mensen met een goed geheugen zal omslaan in: "O, het is maar een dom trucje."' Hij zweeg even en kantelde zijn hoofd opzij, als wilde hij peilen of dat inderdaad mijn reactie zou zijn. 'Maar dan heb je het mis. Het is een betreurenswaardige fase waar je doorheen zult moeten.'

Hij begon zijn les met het grondbeginsel van de mnemotechniek: 'extensief coderen'. Ons geheugen is niet gebouwd op de moderne wereld, legde hij uit. Net als ons zicht, onze capaciteit om taal te gebruiken, ons vermogen rechtop te lopen en al onze andere biologische vermogens ontwikkelde ons geheugen zich door een proces van natuurlijke selectie in een omgeving die aanzienlijk verschilde van de huidige.

Het leeuwendeel van de ontwikkeling die het primitieve brein van onze premenselijke voorouders doorliep naar het talige, symbolen gebruikende, neurotische moderne brein dat ons vandaag de dag (niet altijd even goed) dient, voltrok zich tijdens het pleistoceen, een tijdvak dat 1,8 miljoen jaar geleden begon en tienduizend jaar geleden eindigde. Gedurende die periode – en tegenwoordig nog in een paar geïsoleerde gebieden – leidde onze soort een bestaan als jagers-verzamelaars, en de eisen die deze levenswijze aan ons stelde hebben onze hersenen geboetseerd tot wat ze nu zijn.

Zoals onze voorliefde voor suiker en vet nuttig mag zijn geweest in een wereld van voedselschaarste, maar geen goede evolutionaire aanpassing is in een wereld van alomtegenwoordige fastfoodtenten, is ons geheugen evenmin perfect geschikt voor het moderne informatietijdperk. De taken waarvoor we ons tegenwoordig vaak op ons geheugen verlaten, waren gewoonweg niet relevant in de omgeving waarin het menselijk brein zich ontwikkelde. Onze voorouders hoefden geen telefoonnummers te onthouden, of instructies van hun chef, of het leerboek Amerikaanse geschiedenis, of (omdat ze in relatief kleine, stabiele groepen leefden) de naam van tientallen onbekenden op een feestje.

Wat onze hominide en menselijke voorouders daarentegen wél moesten onthouden, waren de gebieden waar ze voedsel en hulpbronnen konden vinden, en hoe ze weer thuiskwamen, en welke planten eetbaar en welke giftig waren. Dat is het soort essentiële geheugenvaardigheden waarvan ze dagelijks afhankelijk waren, en deels om aan die eisen tegemoet te komen heeft het menselijk geheugen zich ontwikkeld zoals het deed.

De theorie die ten grondslag ligt aan alle geheugentechnieken is dat onze hersenen niet iedere vorm van informatie even goed kunnen onthouden. Hoe makkelijk ook visuele voorstellingen in het geheugen blijven hangen (denk aan de *two-picture recognition test*), we zijn erg slecht in het onthouden van andere soorten informatie, zoals woorden- of cijferreeksen. De clou van geheugentechnieken is dat je doet wat bij de synestheet S een instinct was, namelijk de soorten herinneringen die onze hersenen niet of maar met moeite vasthouden omzetten in de soorten herinneringen waarop onze hersenen zijn gebouwd.

'Het idee achter de meeste geheugentechnieken,' legde Ed uit, met tussenpozen tegen zijn gebalde vuisten ademend, 'is dat je willekeurig welke saaie dingen die je in je geheugen moet invoeren, verandert in dingen die zo kleurrijk, opwindend en anders zijn dan alles wat je ooit eerder hebt gezien, dat je ze onmogelijk kunt vergeten. Dat is wat extensief coderen inhoudt. Straks gaan we dat doen met een lijst woorden – zomaar een oefeningetje om inzicht te krijgen in de technieken. Daarna kun je het gaan proberen met cijfers, speelkaarten en, als dat allemaal lukt, met complexe begrippen. Als we klaar zijn met je, ben je in principe in staat alles te leren wat je wilt.'

Ed vertelde dat hij tijdens een recente trip naar Wenen was doorgezakt met Lukas, ondanks dat die de volgende dag een heel belangrijk tentamen had, en dat ze pas tegen zonsopgang naar huis waren gestrompeld. 'Lukas werd om twaalf uur wakker, leerde in een geheugenflits wat hij voor het tentamen weten moest, en is ervoor geslaagd,' zei Ed. 'Als je zo effectief kunt leren is het nogal verleidelijk jezelf tot het allerlaatste moment niet te vermoeien met academische schuldgevoelens. Lukas is erachter gekomen dat hard werken een tamelijk platvloerse activiteit is.'

Ed streek zijn krullen achter zijn oren en vroeg me wat ik het eerst wilde memoriseren. 'We zouden kunnen beginnen met iets nuttigs te leren, zoals de namen van de Egyptische farao's of de termijnen van de Amerikaanse presidenten,' stelde hij voor. 'Of misschien een romantisch gedicht? We zouden de geologische tijdperken kunnen doen, als je wilt.'

Ik lachte. 'Dat klinkt héél nuttig.'

'We zouden heel snel de namen van alle winnaars van de American football-competitie in de twintigste eeuw kunnen leren, of de puntengemiddelden van de topbasketballers, mocht je dat aantrekken.'

'Ken je écht alle winnaars van de Super Bowl?'

'Nou, nee. Ik heb meer interesse voor cricket. Maar ik wil ze je met alle genoegen bijbrengen. Dat is het punt: met deze technieken kun je heel snel alles leren wat je wilt. Lijkt het je nou wat of niet?'

'Het lijkt me wel wat.'

'Oké, ik neem aan dat de meest voor de hand liggende, meest praktische toepassing van deze technieken het uit je hoofd kennen van je to-do-lijst is. Hou je een to-do-lijst bij?'

'Thuis wel, ja. Zo'n beetje. Af en toe.'

'Begrepen. Nou ja, ik heb altijd een to-do-lijst in mijn geheugen. We gebruiken de mijne wel.'

Ed vroeg me om een papiertje, waarop hij een aantal woorden krabbelde. Hij gaf het met een ondeugende grijns aan me terug. Het was een lijst met vijftien items. 'Gewoon een paar dingen die ik gekocht of gedaan moet hebben voor ik naar het feest van een vriend buiten de stad ga,' zei hij.

Ik las de lijst hardop voor:

Ingelegde knoflook
Hüttenkäse
Zalm (liefst turfgerookte)
Zes flessen witte wijn
Sokken (3x)
Drie hoelahoepels (reserve?)
Snorkel
Droogijsmachine
Sophia e-mailen
Vleeskleurige catsuit
Paul Newman-film zoeken – Somebody Up There Likes Me
Elandworstjes??
Megafoon en regisseursstoel
Klimgordel en touwen
Barometer

'Heb je dit uit je geheugen opgeschreven?' vroeg ik ongelovig.

'Uit mijn geheugen, ja. En straks gaat het jouw geheugen in,' antwoordde Ed.

'Meen je dat echt?'

'Nou ja, ik weet niet zeker of ik alles kan vinden wat er op het lijstje staat. Hebben ze hüttenkäse in New York?'

'Ik maak me iets meer zorgen over de elandworstjes en de vleeskleurige catsuit,' antwoordde ik. 'En bovendien, ging je niet morgen al terug naar Engeland?'

'Tja, ik ben bereid te accepteren dat ik veel van die items niet per se hoef te hebben.' Hij knipoogde. 'Maar het doel van deze oefening is dat jij die lijst in je geheugen gaat opslaan.'

Door de technieken te leren die Ed me zo ging onderwijzen plaatste ik mezelf naar zijn zeggen in een 'trotse traditie van mnemonisten'. Die trotse traditie begon, zo wil althans de legende, in de vijfde eeuw voor Christus in Thessalië met de dichter Simonides van Keos die tussen de puinhopen van een ingestorte eetzaal stond. Toen de dichter zijn ogen sloot en de zaal in gedachten herbouwde, kwam hij tot een opmerkelijk inzicht: hij herinnerde zich waar iedere gast tijdens het noodlottige diner had gezeten. Hij had de tafelschikking nooit bewust in zich opgenomen, maar niettemin had deze een blijvende afdruk in zijn geheugen achtergelaten. Op grond van deze simpele observatie zou Simonides de techniek hebben uitgevonden die aan de wieg staat van de geheugenkunst. Hij realiseerde zich dat als het niet die specifieke tafelgasten waren geweest, maar anderen – bijvoorbeeld de grote Griekse toneelschrijvers die op volgorde van hun geboortedatum naast elkaar geplaatst waren –, hij zich hén zou hebben herinnerd. Of stel dat hij geen banketgasten rond de tafel zag, maar ieder woord van een van zijn gedichten? Of al zijn taken van die dag? Hij ging ervan uit dat we zo'n beetje alles waarvan we ons een voorstelling kunnen maken in ons geheugen kunnen inprenten en netjes geordend houden, door ons ruimtelijk geheugen te gebruiken bij het opslaan van de informatie. Om de techniek van Simonides toe te passen hoef je alleen maar iets wat moeilijk te onthouden is, zoals een reeks cijfers, een spel kaarten, een boodschappenlijstje of *Paradise Lost*, te veranderen in een serie pakkende visuele voorstellingen en die in een ruimte te plaatsen die je voor je geestesoog ziet, en dan zul je merken hoe goed die dingen opeens in je geheugen blijven hangen.

Praktisch alle essentiële details die bekend zijn over de klassieke geheugentraining – wat heet, bijna alle trucs in het arsenaal van de geheugenatleet – werden voor het eerst uiteengezet in de *Rhetorica ad Herennium*, een kort retorisch traktaat dat ergens tussen 86 en 82 voor Christus door een anonieme Romeinse auteur is geschreven. Het is de enige volledige bespreking van de door Simonides bedachte geheugentechnieken die uit de klassieke oudheid is overgeleverd. Hoewel zich de afgelopen tweeduizend jaar heel wat vernieuwingen hebben voorgedaan in de geheugenkunst, zijn de basistechnieken zoals ze in *Ad Herennium* worden behandeld fundamenteel onveranderd gebleven. 'Dat boekje is onze Bijbel,' vertelde Ed.

Ed kan Latijn en klassiek Grieks lezen (ook spreekt hij vloeiend Frans en Duits) en beschouwt zichzelf als een amateurclassicus. *Ad Herennium* was nog maar de eerste van de verzameling oude teksten die hij me zou opdringen. Vóór ik een greep zou doen in Tony Buzans omvangrijke oeuvre (hij is de auteur of coauteur van ruim honderdtwintig boeken), of in de verzameling zelfhulpboeken die door 's werelds beste geheugenatleten zijn gepubliceerd, wilde Ed dat ik mijn onderzoek begon met de klassieken. Zo gebeurde het dat ik niet alleen *Ad Herennium* las, maar ook vertaalde fragmenten uit *Institutio Oratoria* van Quintilianus en *De Oratore* van Cicero, gevolgd door een verzameling middeleeuwse geschriften van Thomas van Aquino, Albertus Magnus, Hugo van Saint-Victor en Petrus van Ravenna.

De in *Ad Herennium* geïntroduceerde technieken werden breed beoefend in de klassieke oudheid. In zijn geschriften over de geheugenkunst merkt Cicero op dat de methoden zo bekend zijn dat hij naar zijn gevoel geen inkt hoefde te verspillen aan een gedetailleerde uitleg ervan (vandaar dat we ons verlaten op *Ad Herennium*). Ooit was iedere geletterde persoon bedreven in de technieken die Ed me zou gaan onderwijzen. Geheugentraining werd beschouwd als een hoeksteen van het klassieke taalonderwijs, gelijkwaardig aan grammatica, logica en retorica. Leerlingen werd niet alleen bijgebracht wát ze moesten onthouden, maar ook hóe ze het moesten onthouden.

In een wereld met weinig boeken was het geheugen heilig. Neem bijvoorbeeld *Naturalis Historia* van Plinius de Oudere, de eerste-eeuwse encyclopedie die gevuld is met wonderbaarlijke en nuttige weetjes waarmee je in de Romeinse tijd een kroegweddenschap kon winnen, zoals feiten over de meest buitengewone geheugens in de geschiedenis. 'Koning Cyrus was in staat de namen op te noemen van alle soldaten in zijn leger,' schrijft Plinius. 'Lucius Scipio kende de namen van alle Romeinen. De dag na zijn aankomst in Rome kende Cineas, de boodschapper van koning Pyrrhus, de namen van alle senatoren en ridders in de stad [...] Een man in Griekenland genaamd Charmadas herhaalde de tekst van ieder willekeurig boek uit de bibliotheek dat hem verzocht werd te reciteren, alsof hij eruit voorlas.' Er zijn genoeg redenen om niet alles voor waar aan te nemen wat Plinius schreef (hij wist ook te vertellen dat er in India een mensenras bestond waarvan de leden een hondenkop hadden), maar het grote aantal anekdotes over uitzonderlijke geheugens in de klassieke oudheid is op zichzelf veelbetekenend. Seneca de Oudere kon tweeduizend namen herhalen in de volgorde waarin ze hem waren gegeven. Sint-Augustinus vertelde over zijn vriend Simplicius, die Vergilius uit zijn hoofd kon opzeggen – van achteren naar voren. (Dat hij het ook van voren naar achteren kon, werd kennelijk als vanzelfsprekend beschouwd.) Een goed geheugen werd als de hoogste deugd gezien, aangezien het voor de verinnerlijking van een universum van externe kennis stond. 'De mensen in de klassieke oudheid en de middeleeuwen hadden ontzag voor het geheugen. Hun grootste genieën karakteriseerden ze als individuen met een superieur geheugen,' schrijft Mary Carruthers, auteur van twee boeken over de geschiedenis van geheugentechnieken. In de levensbeschrijvingen van de heiligen is hun fabuleuze geheugen – naast hun bovenmenselijke goedheid – zelfs het meest besproken thema.

Het deel van *Ad Herennium* dat gewijd is aan het geheugen – 'die schatkamer van vindingen en de hoeder van alle aspecten van de redekunst' – is maar heel kort; het beslaat een pagina of tien in een veel langer traktaat over retorica en redevoeringen. Allereerst wordt er een onderscheid in gemaakt tussen het natuurlijk en het kunstmatig geheugen: 'Het natuurlijk geheugen ligt vast in onze geest en wordt gelijktijdig met het denken geboren. Het kunstmatig geheugen wordt versterkt door gerichte oefening en discipline.' Met andere woorden: het natuurlijk geheugen is de hardware waarmee je geboren wordt en het kunstmatig geheugen is de software die je op je hardware draait.

Het kunstmatig geheugen, zo vervolgt de anonieme auteur, heeft twee basiscomponenten: beelden en plaatsen. Beelden symboliseren de inhoud van wat je wilt memoriseren. Plaatsen – of *loci* in het Latijn – zijn de locaties waar die beelden worden opgeslagen.

Het idee is nu dat je een ruimte in je hoofd neemt, een waarmee je vertrouwd bent en die je makkelijk kunt visualiseren, en die ruimte in gedachten vult met beelden die datgene vertegenwoordigen wat je wilt onthouden. Een dergelijk gebouw, bij de Romeinen bekend als de 'methode van loci', zou later een 'geheugenpaleis' worden genoemd.

Een geheugenpaleis hoeft niet per se een majestueus gebouw te zijn, of zelfs maar een gebouw. Het kan een route door een stad zijn – zoals bij S –, of stations langs een spoorlijn, of tekens van de dierenriem, of mythische wezens. Het kan groot of klein zijn, binnenshuis of buitenshuis, reëel of denkbeeldig, zolang er maar iets van een ordening is die de loci met elkaar verbindt, en zolang je het maar heel goed kent. De viervoudige Amerikaanse geheugenkampioen Scott Hagwood gebruikt luxewoningen uit *Architectural Digest* om zijn herinneringen in op te slaan. Dr. Yip Swee Chooi, de dynamische Maleisische geheugenkampioen, gebruikte zijn eigen lichaamsdelen als loci om hem te helpen alle 56.000 woorden van het 1774 pagina's tellende Oxford-woordenboek Chinees-Engels te memoriseren. Je zou tientallen, honderden, misschien zelfs duizenden geheugenpaleizen kunnen hebben, elk bestemd voor een verschillende reeks herinneringen.

De Aborigines in Australië en de Apaches in Zuidwest-Amerika bedachten onafhankelijk van elkaar overeenkomstige vormen van de methode van loci. In plaats van gebouwen te gebruiken verlieten zij zich op de topografie van de streek om hun vertellingen vast te leggen, en zongen die over het landschap heen. Elke heuvel, rots en beek bevatte een deel van het verhaal. 'Mythen en landkaart vielen met elkaar samen,' zegt John Foley, een linguïstisch antropoloog aan de University of Missouri die het geheugen in orale tradities bestudeert. Een tragisch aspect van die vervlechting van verhalen met het landschap was dat de indianen niet alleen hun woongebied, maar ook hun mythologie kwijtraakten toen de Amerikaanse regering ze hun grond afnam.

'Je moet weten, Josh, dat mensen heel erg goed zijn in het leren van ruimtes,' zei Ed vanaf zijn plekje op het rotsblok. 'Om je een voorbeeld te geven: bedenk eens hoeveel details van een onbekend huis je in vijf minuten in je geheugen zou kunnen prenten als je gedurende die korte tijd alleen werd gelaten en in een actieve en nieuwsgierige bui was. Je zou niet alleen in staat zijn te leren waar alle kamers liggen en hoe ze met elkaar in verbinding staan, maar ook hoe groot ze zijn, hoe ze ingericht zijn en waar de ramen zich bevinden. Zonder het echt op te merken, zou je de positie van honderden voorwerpen en allerlei afmetingen onthouden waarvan je niet eens doorhebt dat je ze opmerkt. Al die informatie bij elkaar is zo'n beetje het equivalent van een novelle. Maar dat registreren we nooit als een geheugenprestatie. Wij mensen verslinden ruimtelijke informatie.'

Het principe van het geheugenpaleis, zo ging hij verder, stoelt op het benutten van je uitstekende ruimtelijk geheugen om informatie met een minder vanzelfsprekende volgorde te structureren en op te slaan, in dit geval Eds to-do-lijst. 'Zoals je je niet kunt vergissen in de volgorde van de kamers in dat huis, weet je automatisch dat ik, nadat ik drie hoelahoepels, een snorkel en een droogijsmachine heb gelokaliseerd, mijn vriendin Sophia moet e-mailen.'

Het was van cruciaal belang een geheugenpaleis te kiezen waarmee ik door en door vertrouwd was. 'Ik wil dat je voor je eerste geheugenpaleis het huis gebruikt waarin je bent opgegroeid, aangezien dat waarschijnlijk een ruimte is die je heel goed kent,' zei Ed. 'We gaan de items op mijn lijst één voor één langs een route uitzetten die door je oude huis kronkelt. Op het moment dat je de lijst weer moet oproepen, hoef je alleen maar opnieuw de weg te volgen die je straks in je verbeelding gaat lopen. Met een beetje geluk komen dan alle dingen die je hebt gememoriseerd meteen terug in je herinnering. Oké, vertel me nu of het huis uit je jeugd een bungalow is.'

'Meer een bakstenen huis van twee verdiepingen,' antwoordde ik.

'Heeft het zo'n geinige brievenbus naast het begin van het garagepad?'

'Nee. Hoezo?'

'Jammer. Dat was een prima eerste locus geweest om een beeld van het eerste item op onze lijst neer te zetten. Maar dat geeft niks. We kunnen ook zo wel aan de voet van het garagepad beginnen. Ik wil dat je je ogen dichtdoet en zo gedetailleerd mogelijk een grote pot met ingelegde knoflook tracht te visualiseren op de plek waar de auto hoort te staan.'

Eigenlijk wist ik niet wat het was dat ik verondersteld werd te visualiseren. 'Wat is ingelegde knoflook? Is dat een Engelse delicatesse of zo?' vroeg ik.

'Ehh, nee, het is nou precies zo'n lekkernij die je meeneemt voor een weekendje in de bergen.' Hij wierp me weer een kwajongensachtige grijns toe. 'Oké, het is heel belangrijk dat je probeert dat beeld met behulp van meerdere zintuigen te onthouden.' Hoe meer associatieve haken een nieuw stukje informatie heeft, hoe steviger het ingesloten raakt in het netwerk van de dingen die je al kent en hoe groter de kans dat het in je geheugen blijft hangen. Zoals S spontaan en onwillekeurig elke klank die hij hoorde in een symfonie van kleuren en geuren omzette, zo moedigde de auteur van *Ad Herennium* zijn lezers aan dat te doen met elk beeld dat ze wilden onthouden.

'Het is belangrijk dat je dat beeld diepgaand verwerkt, dus je moet er zo veel mogelijk aandacht aan schenken,' ging Ed verder. 'Dingen die je aandacht vasthouden herinner je je beter, en aandacht is er niet vanzelf. Die wordt gevangen door de details. Als je uitgebreide, onderhoudende, levendige beelden vormt in je geest, garandeert dat min of meer dat je hersenen uiteindelijk een solide, betrouwbare herinnering opslaan. Dus probeer je de aangename geur van de ingelegde knoflook voor te stellen en overdrijf de proporties ervan. Verbeeld je dat je de knoflook proeft. Laat de smaak op je tong rollen. En let erop dat je jezelf dat aan de voet van het garagepad ziet doen.' Als ik al niet wist wat ingelegde knoflook was, ik had er nog minder idee van hoe het smaakte. Niettemin stelde ik me een grote pot met het goedje voor die parmantig aan de voet van het garagepad bij mijn ouderlijk huis stond.

(Lezer, ik spoor je aan hetzelfde te doen. Probeer je een pot met ingelegde knoflook aan de voet van je eigen garagepad voor te stellen, of, als je geen garagepad hebt, op een andere plek buiten je huis. Probeer hem echt te visualiseren.)

'Nu je een volledig en multisensorisch beeld van ingelegde knoflook op het garagepad hebt geplaatst, wandelen we het tuinpad naar het huis op en visualiseren het volgende item van onze lijst bij de voordeur. Het is hüttenkäse. Ik wil dat je je ogen dichtdoet en een tobbe zo groot als een kinderbad vol hüttenkäse ziet. Heb je dat?'

'Ik geloof het wel.'

(Jij ook?)

'Nu wil ik dat je je Claudia Schiffer voorstelt, zwemmend in die tobbe met hüttenkäse. Beeld je in dat ze daar in haar blootje zwemt, druipend van de zuivel. Zie je het voor je? Ik wil niet dat je ook maar één detail mist.'

Ad Herennium geeft lezers uitvoerig advies over de beelden die ze moeten creëren voor hun geheugenpaleis: hoe grappiger, obscener of absurder, hoe beter. 'Wanneer we in het dagelijks leven gewone, nietszeggende of oninteressante dingen zien, herinneren we ons die meestal niet, omdat onze geest dan niet gestimuleerd wordt door iets wat nieuw is of verbazing wekt. Maar als we iets zien of horen wat uiterst verwerpelijk, schaamteloos, bizar, geweldig, wonderlijk of belachelijk is, zullen we dát waarschijnlijk wel lange tijd onthouden.'

Hoe levendiger het beeld, hoe groter de kans dat het aan zijn locus gehecht blijft. Ik kwam erachter dat de grote mnemonisten zich onderscheiden door hun vermogen dit soort overdadige beelden moeiteloos te creëren, een dermate origineel tafereel in hun hoofd te schetsen dat ze het niet kunnen vergeten. En dat snel te doen. Daarom vertelt Tony Buzan iedereen die het maar horen wil dat de wereldkampioenschappen geheugen minder je geheugen testen dan je creativiteit.

Bij het vormen van beelden helpt het als je een *dirty mind* hebt. De evolutie heeft onze hersenen geprogrammeerd om met name twee dingen interessant te vinden en derhalve memorabel: grapjes en seks – en in het bijzonder, zo schijnt het, grapjes over seks. (Herinner je je nog wat Rhea Perlman en Manute Bol op de eerste pagina van dit boek aan het doen waren?) Dit wordt zelfs in traktaten uit relatief preutse tijdperken benadrukt. Petrus van Ravenna, auteur van het beroemdste geheugenhandboek uit de vijftiende eeuw, vraagt eerst vergiffenis aan eerbare en gelovige mannen alvorens hij overgaat tot de onthulling van 'een geheim waarover ik (omwille van het fatsoen) lang heb gezwegen: als je iets snel wilt onthouden, plaats dan de beelden van de mooiste maagden in je geheugenpaleis; het geheugen raakt buitengewoon geprikkeld door beelden van vrouwen'.

Maar ik had er enigszins moeite mee geprikkeld te raken door Claudia Schiffer in haar tobbe vol hüttenkäse. De ijzige wind beet in mijn neus en oren. 'Zeg, Ed, kunnen we deze les niet beter ergens binnen voortzetten?' vroeg ik. 'Er is hier vast wel een Starbucks in de buurt.'

'Niks daarvan. De koude lucht is goed voor je hersenen,' zei hij. 'Nu opletten. We zijn net door de voordeur van je huis gegaan. Ik wil dat je in gedachten naar links gaat. In welke kamer kom je dan?' vroeg hij.

'De huiskamer. Er staat een piano.'

'Perfect. Ons derde item is turfgerookte zalm. Dus laten we ons voorstellen dat er onder de snaren van de piano een hoopje rokende turf ligt. En op de pianosnaren ligt een Schotse zalm. Ahh... kun je dat ruiken?' Hij snoof de koude lucht op.

Eerlijk gezegd wist ik ook niet helemaal wat turfgerookte zalm was, dus visualiseerde ik maar gewone gerookte zalm. 'Ruikt heerlijk,' zei ik, met nog steeds gesloten ogen.

(Als je thuis geen piano hebt, leg de turfgerookte zalm dan ergens links achter de voordeur.)

Het volgende item op de lijst waren zes flessen witte wijn, en we besloten die op de smoezelige witte bank naast de piano te zetten.

'Oké, het lijkt me een goed plan om de flessen wijn tot leven te brengen,' zei Ed. 'Levende beelden onthoud je vaak makkelijker dan niet-levende.' Ook dat advies kwam uit *Ad Herennium*. De auteur draagt de lezer op beelden van een 'bovenmatige schoonheid of ongekende lelijkheid' te creëren, ze bewegend te maken en ze dusdanig te versieren dat ze meer opvallen. Je zou ze kunnen 'mismaken, bijvoorbeeld door er een te introduceren dat bevlekt is met bloed of bevuild met modder of besmeurd met rode verf', of je zou de 'beelden van bepaalde komische effecten [kunnen] voorzien'.

'Misschien moet je je voorstellen dat de wijnen onderling discussiëren over hun waarde,' opperde Ed.

'Dus, zoals meneer Merlot al zei...'

'Merlot is geen witte wijn, Josh,' onderbrak hij me met een verbaasd giecheltje. 'Laten we ons liever inbeelden dat de chardonnay klagerig afgeeft op de bodemkwaliteit van de sauvignon blanc, terwijl vlakbij de gewürztraminer gniffelt om de rieslings... Dat soort dingen.'

Dat vond ik een grappig beeld, dat zeker in mijn hoofd zou blijven hangen. Maar waarom? Wat maakt zes verwaande, geantropomorfiseerde wijnflessen tot zaken die je minder snel vergeet dan de woorden 'zes flessen wijn'? Nou, om te beginnen vergt de visualisatie van zo'n ongewoon beeld meer mentale arbeid dan alleen maar het lezen van die woorden. Terwijl ik die mentale inspanning leverde, vormde ik duurzamere verbindingen tussen de zenuwcellen die de herinnering zouden coderen. Maar belangrijker nog: dat die pratende wijnflessen zo memorabel zijn, komt voort uit de nieuwigheid ervan. Ik heb heel wat wijnflessen gezien in mijn leven, maar nog nooit een pratende wijnfles. Als ik uitsluitend de woorden 'zes flessen wijn' zou proberen te onthouden, zou die herinnering zich spoedig vermengen met al mijn andere herinneringen aan wijnflessen.

Ga maar eens na: hoeveel lunches van de afgelopen zeven dagen kun je je nog herinneren? Weet je nog wat je vandaag hebt gegeten? Ik mag het hopen. Gisteren? Daar moet je vast even over nadenken. En hoe zit het met eergisteren? En een week geleden? Het is niet echt zo dat je herinnering aan de lunch van vorige week is verdwenen, want met de juiste aanwijzing, zoals waar je die dag at, of met wie, zou je vermoedelijk wel weer weten wat er op je bord lag. Het kost je eerder moeite je de lunch van vorige week te herinneren omdat je brein die bij al je andere lunches heeft opgeslagen als *de zoveelste lunch*. Als je iets probeert op te roepen uit een omvangrijke categorie als 'lunch' of 'wijn', zijn er legio herinneringen die om de aandacht strijden. De herinnering aan de lunch van afgelopen woensdag is niet per se verdwenen, je mist alleen de juiste haak waarmee je haar uit de zee van lunchherinneringen kunt opvissen. Maar een pratende wijnfles is uniek. Het is een herinnering zonder concurrenten.

'Dan hebben we drie paar sokken op ons lijstje,' ging Ed verder. 'Is er misschien een lamp in de buurt waaraan je die kunt hangen?'

'Ja, er staat een lamp naast de bank,' zei ik.

(Als je ons nog steeds volgt, moet je die zes flessen wijn en drie paar sokken ergens in de eerste kamer van je huis plaatsen.)

'Mooi. Welnu, ik ken precies twee manieren om te zorgen dat sokken de aandacht trekken. De ene is door er vieze oude stinksokken van te maken. De andere is door te denken dat het van die onovertroffen katoenen sokken zijn, in gave kleuren die je eigenlijk nooit kunt vinden in de winkel. Laten we dat tweede doen. Dus ik wil graag dat je ze daar aan de lamp ziet bungelen. En aangezien wat paranormale lulkoek het 'm ook altijd wel doet, kun je je misschien inbeelden dat er een elegant spook in de sokken zit dat ze rekt en strekt. Probeer het echt te zien. Stel je voor hoe het voelt als die zachte katoenen sokken luchtig langs je voorhoofd strijken.'

Zo volgde ik Ed in gedachten door mijn ouderlijk huis en liet overal beelden achter terwijl ik van kamer naar kamer slenterde. In de eetkamer visualiseerde ik drie vrouwen die hoelahoepten op de tafel. Toen we de keuken betraden zag ik een man met een snorkel in de gootsteen duiken, en een droogijsmachine die rook over het aanrecht blies. *(Hou je me nog bij?)* Vanuit de keuken liep ik naar de studeerkamer. Het volgende item op de lijst was 'Sophia e-mailen'.

Ik deed mijn ogen open om Ed om hulp te vragen en zag hem het vloeitje dichtlikken van een nieuwe sigaret. 'Hoe moet "Sophia e-mailen" eruitzien?' vroeg ik.

'Oef, dat is een lastige,' zei hij, en hij legde zijn sjekkie neer. 'Weet je, e-mail is op zich niet zo makkelijk te onthouden. Hoe abstracter een woord, hoe eerder je het vergeet. We moeten de e-mail op de een of andere manier concreet zien te maken.' Ed zweeg en dacht even na. 'Verbeeld je dat een *shemale* de e-mail verstuurt. Kun je dat? En je moet die she-male met Sophia associëren. Wat is het eerste beeld dat er in je opkomt bij het woord "Sophia"?'

'De hoofdstad van Bulgarije,' antwoordde ik.

'Je bent duidelijk een ontwikkeld mens, Josh. Bravo. Maar helaas, zo'n stad is niet iets wat je heel makkelijk onthoudt. Laten we er in plaats daarvan Sophia Loren van maken. En laten we haar op de schoot van de she-male neerzetten terwijl zij/hij zit te typen achter de computer. Heb je dat gevisualiseerd? Ben je voldoende geboeid door dat beeld? Mooi.'

Het tempo waarin de beelden werden gevormd ging omhoog. Ik verliet de studeerkamer en visualiseerde een aantrekkelijke vrouw in een vleeskleurige catsuit die in de gang zat te spinnen als een kat. Ik plaatste Paul Newman dichtbij in een alkoof, en een eland boven aan de keldertrap. Ik liep de trap af en de garage in, waar ik een beeld achterliet van Ed die vanuit een regisseursstoel bevelen blafte door een reuzenmegafoon. Toen stelde ik me voor dat ik de garagedeur opende met de afstandsbediening en de achtertuin in wandelde, waar een alpinist met behulp van een klimgordel en touwen langs een grote eik omhoog klauterde. En het laatste beeld, een barometer, installeerden we bij het tuinhek. 'Om je eraan te herinneren dat het een BAR-ometer is, zou je een thermometerachtige pilaar moeten zien die in een bed van stukjes worst en andere barsnacks staat,' opperde Ed behulpzaam. Nadat ik mijn ronde door het huis had voltooid, deed ik mijn ogen open.

'Prima gedaan,' zei Ed, terwijl hij langzaam en gemaakt applaudisseerde. 'Oké, ik denk dat je het oproepen van die herinneringen als een bijna intuïtieve zaak zult ervaren. Normaliter wordt een herinnering min of meer willekeurig opgeslagen in een semantisch netwerk, of in een web van associaties. Maar je hebt nu een groot aantal herinneringen in een gecontroleerde context opgeslagen. Dankzij je ruimtelijke cognitie kun je zo weer dezelfde route doorlopen in je geheugenpaleis, waarbij dan hopelijk op elk punt dat je passeert het beeld naar boven komt dat je daar hebt achtergelaten. Het enige wat je moet doen is die beelden terugvertalen in de dingen die je oorspronkelijk probeerde te onthouden.'

Ik sloot nogmaals mijn ogen en zag mezelf weer bij het garagepad van mijn ouderlijk huis staan. De enorme pot met ingelegde knoflook stond precies waar ik hem had neergezet. Ik liep het pad op naar de voordeur. Daar zat Claudia Schiffer zich verleidelijk met een spons te schrobben in een tobbe vol hüttenkäse. Ik opende de deur en ging naar links, waar ik de geur van de vis opsnoof die nog steeds op de pianosnaren boven de rokende turf lag. Ik proefde de smaak ervan op mijn tong. Ik hoorde de hoge kwebbelstemmen van die pedante wijnflessen op de bank en voelde de drie paar comfortabele katoenen sokken aan de lamp zachtjes langs mijn voorhoofd strijken. Het was niet te geloven dat het echt werkte. Ik noemde de eerste vijf items van de to-do-lijst op, zodat Ed kon bevestigen of ik ze goed had. 'Ingelegde knoflook! Hüttenkäse! Turfgerookte zalm! Zes flessen wijn! Drie paar sokken!'

'Briljant!' riep Ed in de koude wind. 'Briljant! KL7, Joshua komt eraan!'

Nou ja, ik wist heus wel dat mijn prestatie niet zó briljant was, gezien de veel indrukwekkender staaltjes waarvan ik tijdens de Amerikaanse geheugenkampioenschappen getuige was geweest. Toch was ik best trots op mezelf. Ik vervolgde mijn wandeling door het huis en raapte de broodkruimels van originele beelden op die ik had uitgestrooid. 'Drie hoelahoepels op de eetkamertafel! Snorkel in de gootsteen! Droogijsmachine op het aanrecht!' Tot mijn verrassing en grote genoegen bevonden alle vijftien beelden zich precies op de plek waar ik ze had achtergelaten. Maar zou ik die herinneringen lang vasthouden, vroeg ik me af. Zou ik me over een week nog steeds Eds to-do-lijst herinneren?

'Behalve als je het op een slempen zet of een ram voor je hoofd krijgt, ga je erachter komen dat die beelden veel langer blijven hangen dan je misschien zou verwachten,' verzekerde Ed me. 'En als je later op de avond opnieuw de wandeling door je geheugenpaleis maakt, en morgenmiddag weer, en mogelijk over een week nog eens, zal dat lijstje nooit meer uit je geheugen verdwijnen. En nu we dit met vijftien woorden hebben gedaan, zouden we het even moeiteloos met vijftienhonderd woorden kunnen doen, zolang je maar een geheugenpaleis hebt dat groot genoeg is om ze in op te slaan. En als je woordenreeksen onder de knie hebt, kunnen we verdergaan met de echt leuke dingen, zoals speelkaarten en *Zijn en tijd* van Heidegger.'

ZES

Hoe je een gedicht uit het hoofd leert

Mijn eerste opdracht was het verzamelen van architectuur. Voor ik serieus aan mijn geheugentraining kon beginnen, had ik een voorraad geheugenpaleizen nodig. Ik maakte wandelingen door de buurt. Ik bezocht de woningen van vrienden, de plaatselijke speeltuin, Oriole Park in Camden Yards in Baltimore en de East Wing van de National Gallery of Art. En ik reisde terug in de tijd: naar mijn middelbare school, naar mijn basisschool, naar het huis aan Reno Road waar ik tot mijn vierde heb gewoond. Ik concentreerde me op het behang en de opstelling van het meubilair. Ik probeerde de vloer onder mijn voeten te voelen. Ik herinnerde mezelf aan emotioneel ingrijpende gebeurtenissen die zich in iedere ruimte hadden afgespeeld. Daarna deelde ik de gebouwen op in loci die zouden dienen als bergplaatsen voor mijn herinneringen. Het doel, legde Ed me uit, was de gebouwen zo grondig te kennen – zulke overvloedige en gestructureerde associaties te hebben met ieder hoekje van ieder vertrek – dat als het moment aanbrak waarop ik een nieuwe hoeveelheid informatie moest leren, ik in staat zou zijn door mijn paleizen te snellen om er net zo vlug beelden in te verspreiden als ik ze in mijn fantasie kon schetsen. Hoe beter ik de gebouwen kende, en hoe meer ze aanvoelden als thuis, hoe beter mijn beelden zouden blijven hangen en hoe makkelijker het was ze later te reconstrueren. Ed ging ervan uit dat ik alleen al bij aanvang van mijn training een stuk of tien geheugenpaleizen nodig zou hebben. Hijzelf heeft er honderden, een ware metropool van mentale pakhuizen.

Dit is het punt in het verhaal waarin ik ter wille van de openhartigheid iets moet zeggen over mijn huisvesting in de tijd dat mijn flirt met geheugentraining begon. Ik was net afgestudeerd en terwijl ik mijn journalistieke carrière van de grond probeerde te krijgen, parasiteerde ik op mijn ouders in het huis in Washington DC waar ik ben opgegroeid. Ik sliep in mijn oude kamer, met een paar Baltimore Orioles-vlaggen boven het raam en een bloemlezing van Shel Silversteins gedichten op de plank. Werken deed ik in een geïmproviseerd kantoor in de kelder, aan een bureau dat ik had neergezet tussen de hometrainer van mijn vader en een stapel dozen met oude familiefoto's.

Mijn kantoortje hing vol post-its en lange lijsten met dingen die ik nog moest doen: mensen die ik moest terugbellen, ideeën voor artikelen die ik moest onderzoeken, persoonlijke en zakelijke klusjes die ik moest afhandelen. Gesterkt door mijn succes in Central Park trok ik een aantal van de meest urgente items van de muur, zette die om in beelden en sloeg ze vlijtig op in een geheugenpaleis dat ik had gebaseerd op mijn grootmoeders bungalow in een voorstad. 'Auto laten keuren' werd een beeld van Inspector Gadget die een draai op het garagepad maakte in mijn oude Buick. 'Boek over Afrikaanse koningen zoeken' was een gelegenheid om me Shaka Zoeloe voor te stellen die een speer naar de voordeur van mijn oma wierp. 'Ticket naar Phoenix boeken' bracht me ertoe haar huiskamer in een landschap van woestijnen en canyons te veranderen en een feniks te visualiseren die uit de as van haar antieke dressoir verrees. Dat ging allemaal redelijk goed, en ik vond het zelfs leuk, maar uitputtend was het ook. Nadat ik een stuk of tien post-its had gememoriseerd, was het alsof mijn geestesoog bloeddoorlopen raakte. Ik voelde me lichamelijk moe. Dit werk was zwaarder dan het leek en verliep veel minder efficiënt dan ik had gedacht. En dan hing er ook nog een aantal punten aan de muur waarvan ik niet wist wat ik ermee aan moest. Hoe verander je telefoonnummers in beelden? Wat word je verondersteld te doen met e-mailadressen? Ik zonk achterover in mijn kantoorstoel met een paar post-its tegen mijn handpalm geplakt en keek naar de muur, waarvan de crèmekleurige verf nu op wat meer plekken zichtbaar was, en vroeg me af wat voor zin dit alles had. Eerlijk gezegd had ik het altijd prima afgekund met die briefjes aan de muur. Het kon niet anders of de geheugenkunst kende waardevollere toepassingen.

Ik stond op en nam de *Norton Anthology of Modern Poetry* van de boekenplank. Het was een dikke pil van achttienhonderd pagina's, die ik ooit in een antiquariaat had gekocht en sindsdien hoogstens twee keer had opengeslagen. Als de klassieke geheugenkunst ergens goed voor was, zo meende ik, moest het wel zijn om poëzie te memoriseren. Simonides was geen held van de klassieke oudheid geworden omdat hij een slimme manier had bedacht om zijn takenlijstjes te onthouden. Het doel van zijn ontdekking was de mens te beschaven. En wat beschaaft er meer dan het uit het hoofd leren van poëzie?

Ed, had ik al gemerkt, was altijd iets aan het memoriseren. Lang geleden had hij bijna de hele *Paradise Lost* vanbuiten geleerd (met een snelheid van tweehonderd regels per uur, vertelde hij me), en hij had zich langzaam een weg door Shakespeare gebaand. 'Mijn levensfilosofie is dat een heldhaftig mens ongeveer tien jaar eenzame opsluiting zou moeten kunnen verdragen zonder zich al te hevig te gaan vervelen,' zei hij. 'Aangenomen dat een uur memoriseren zo'n tien minuten gesproken poëzie oplevert, en die tien minuten van voldoende gewicht zijn om je een volle dag bezig te houden, moet je minimaal een dag plezier kunnen persen uit elk uur memoriseren – mocht je ooit in eenzame opsluiting komen te zitten.'

Eds wereldbeeld is schatplichtig aan de verzameling klassieke en middeleeuwse teksten over het geheugen die hij voortdurend onder mijn aandacht bracht. Voor die vroege schrijvers diende een geoefend geheugen niet alleen om makkelijk toegang te verkrijgen tot informatie, maar ook om hun persoonlijke ethiek te versterken en een completer mens te worden. Een geoefend geheugen was de sleutel tot het cultiveren van 'oordeelsvermogen, burgerschap en vroomheid'. Wat je memoriseerde, droeg bij aan de vorming van je karakter. Zoals je schaakgrootmeester kunt worden door oude partijen te leren, zo kon je grootmeester van het leven worden door oude teksten te leren. Waar anders dan in de diepten van je geheugen zou je in een netelige situatie een richtsnoer kunnen vinden voor hoe te handelen? Lezen is niet noodzakelijkerwijs hetzelfde als leren, een waarheid waarmee ik iedere keer word geconfronteerd als ik me de inhoud probeer te herinneren van een boek dat ik net heb weggelegd. Om een tekst écht te leren, moest je hem memoriseren. Het is zoals de zeventiende-, begin achttiende-eeuwse Nederlandse dichter Jan Luyken het formuleerde: 'Een boek gedrukt in 't hert als was / is meer als duizend in de kas.'

De klassieke en middeleeuwse manier van lezen verschilt als dag en nacht van de huidige. Teksten werden niet alleen maar gememoriseerd; je dacht er ook over na – kauwde en herkauwde ze – en al doende raakte je er door en door mee vertrouwd. Zoals Petrarca in een brief aan een vriend schreef: 'Ik at 's ochtends wat ik 's avonds zou verteren; ik slikte als jongen door wat ik als oude man overpeinsde. Ik heb die werken grondig geabsorbeerd en ze niet alleen in mijn geheugen geprent, maar ook in mijn merg.' Van Sint-Augustinus wordt gezegd dat hij zo was ondergedompeld in de psalmen dat ze, naast het Latijn zelf, de belangrijkste taal vormden waarin hij schreef.

Het was een aanlokkelijke fantasie. Ik stelde me voor dat ik als ik maar zou kunnen leren te memoriseren zoals Simonides in staat zou zijn hele dichtbundels in mijn geheugen op te slaan. Ik zou het hele rijtje van de beste poëzie kunnen afgaan en die écht in me opnemen. Ik stelde me voor dat ik zo'n bewonderenswaardige (zij het soms onuitstaanbare) figuur zou worden die in iedere conversatie een passend citaat uit zijn mouw weet te schudden. Ik stelde me voor dat ik een wandelende bloemlezing zou worden.

Ik besloot het memoriseren van poëzie toe te voegen aan mijn dagelijkse routine. Net als flossen. Behalve dat ik dit ook echt ging doen. Elke ochtend nadat ik was opgestaan en koffie had gedronken, maar nog voor ik de krant had gelezen of gedoucht of me zelfs maar had aangekleed, ging ik aan mijn bureau zitten en probeerde me tien tot vijftien minuten lang door een gedicht heen te werken.

Het probleem was dat ik er niet veel van terechtbracht. Als ik een geheugenpaleis wilde vullen met 'Jabberwocky' van Lewis Carroll, een gedicht van achtentwintig regels dat bijna geheel uit nonsenswoorden bestaat, kon ik niet bedenken hoe ik de *brillig* en *slithy toves* in beelden moest veranderen, en uiteindelijk leerde ik het gedicht gewoonweg door het te repeteren, wat nu juist niet de bedoeling was. Vervolgens zette ik me aan 'The Love Song of J. Alfred Prufrock' van T.S. Eliot, een gedicht dat ik altijd heel mooi had gevonden en waarvan ik al fragmenten kende. '*In the room the women come and go / Talking of Michelangelo*.' Hoe kon ik dat vergeten? Of liever gezegd, hoe werd ik verondersteld dat te onthouden?

Moest ik een beeld van vrouwen die kwamen en gingen terwijl ze over Michelangelo praatten in de badkamer van mijn oom plaatsen? En hoe moest dat er dan uitzien? Of werd ik verondersteld een beeld te vormen van vrouwen, een beeld van komen, een beeld van gaan en een beeld van Michelangelo? Ik wist het niet. En het nam eeuwen in beslag. Die geheugentechnieken, die zo veelbelovend hadden geleken toen ik met verkleumde vingers naast Ed op een rotsblok in Central Park zat, werkten lang zo goed niet nu ik hier in mijn eentje bezig was in de kelder van mijn ouders. Het voelde alsof ik in een winkel een paar toffe sneakers had gepast, die me nu ik ze thuis droeg blaren bezorgden. Er ontging me iets, zoveel was duidelijk.

Ik pakte mijn kort daarvoor aangeschafte *Rhetorica ad Herennium* erbij en zocht het stuk op waarin het memoriseren van woorden wordt besproken. Ik hoopte er aanwijzingen te vinden die mijn ondermaatse prestaties konden verklaren, maar het enige wat het tweeduizend jaar oude boekje me bood was troost. De auteur geeft ruiterlijk toe dat het memoriseren van poëzie en proza buitengewoon moeilijk is. Maar dat is nu precies het punt ervan. Hij legt uit dat het leren van teksten de moeite loont omdat het lastig is, niet omdat het makkelijk is. 'Ik ben van mening dat zij die gemakkelijke dingen willen doen zonder inspanning en arbeid, eerst moeten hebben geoefend op moeilijker dingen,' schrijft hij.

Toen ik net begon te stoeien met geheugentechnieken had ik nog geen idee van de ware reikwijdte van mijn onderneming. Ik beschouwde mijn project als een onschuldig experiment. Ik wilde alleen maar weten of ik mijn geheugen echt kon verbeteren en zo ja, in welke mate. Tony Buzans uitdaging om deel te nemen aan de Amerikaanse geheugenkampioenschappen had ik in elk geval niet serieus genomen. Zo'n dertig Amerikaanse geheugenatleten trainden voor het evenement dat ieder jaar in maart in New York wordt gehouden, en er was geen enkele reden om aan te nemen dat een journalist die soms zijn eigen burgerservicenummer vergeet zou kunnen wedijveren met Amerika's grootste geheugennerds. Ik zou echter weldra ontdekken dat de Amerikanen in het internationale geheugencircuit zijn wat de Jamaicanen in het internationale bobsleecircuit zijn: op ieder kampioenschap met afstand de meest relaxte figuren en misschien ook wel de meest stijlvolle, maar waar het op techniek en trainingsintensiteit aankomt worden ze op het wereldpodium beschouwd als tweederangs.

Ook al kunnen de beste Amerikaanse mnemonisten honderden willekeurige cijfers in een uur uit hun hoofd leren, de Amerikaanse records verbleken nog altijd bij die van de Europeanen. Doorgaans neemt niemand in Noord-Amerika de geheugensport serieus genoeg om drie maanden voor het wereldkampioenschap te stoppen met drinken, zoals achtvoudig wereldkampioen Dominic O'Brien steevast deed, en aan hun uiterlijk te zien laten maar weinig deelnemers zich in met de strenge fysieke training die Buzan aanbeveelt. (Een van de eerste ongevraagde adviezen die ik van hem kreeg was aan mijn conditie te gaan werken.) Niemand drinkt dagelijks een glas levertraan of neemt omega 3-supplementen. Slechts één Amerikaan, de viervoudig nationaal kampioen Scott Hagwood, heeft het ooit tot lid van de KL7 weten te schoppen.

Hoewel er in Amerika even lang nationale geheugenkampioenschappen worden georganiseerd als in andere landen, is de beste Amerikaanse mnemonist maar één keer, in 1999, bij de eerste vijf van de wereldkampioenschappen geëindigd. Misschien zegt het iets over onze volksaard dat Amerika geen van 's werelds topgeheugenatleten heeft voortgebracht, namelijk dat we niet zo door details geobsedeerd zijn als de Duitsers, niet zo nauwgezet zijn als de Britten of niet zo gedreven als de Maleisiërs. Of misschien hebben de Amerikanen, zoals één Europeaan droogjes opmerkte, een verzwakt geheugen doordat ze zo in beslag genomen worden door de toekomst, terwijl het mensdom aan de andere kant van de Atlantische Oceaan meer belangstelling heeft voor het verleden. Wat de reden ook mag zijn, het werd duidelijk dat Europa mijn bestemming was als ik meer over de geheugenkunst wilde leren, als ik mijn licht wilde opsteken bij de besten van de wereld.

Na een aantal weken met wisselend succes te hebben gezwoegd op het stofferen van mijn geheugenpaleizen met poezie, vond ik dat het tijd werd hulp in te roepen om mijn inspanningen naar een hoger niveau te tillen. Het jaarlijkse wereldkampioenschap, de grootvader van de evenementen in het internationale geheugencircuit, zou aan het eind van de zomer in Oxford worden gehouden. Ik vond dat ik daarbij moest zijn en wist het tijdschrift *Discover* zover te krijgen dat ze me erheen stuurden om er een artikel over te schrijven. Ik belde Ed om te vragen of ik bij hem mocht logeren. Oxford was zijn thuisbasis – het oord waar hij was opgegroeid, had gestudeerd en nu weer bij zijn ouders woonde aan de rand van de stad, in een zeventiende-eeuws stenen huis dat Mill Farm heette.

Toen ik op een zonnige zomermiddag vlak voor het wereldkampioenschap bij Mill Farm aankwam (of 'de Milf', zoals Ed zijn ouderlijk huis soms noemde), heette Ed me welkom en droeg mijn tassen de trap op naar wat van oudsher zijn slaapkamer was, met een rotzooi van kleren op de vloer en negen decennia aan cricketalmanakken op de boekenplanken. Toen nam hij me mee naar de oudste vleugel van het huis, een vierhonderd jaar oude gerenoveerde stenen schuur die verbonden was met de keuken. Er stond een piano in de hoek en aan het plafond hingen kleurige lappen stof, de overblijfselen van een feestje van jaren geleden die nooit waren weggehaald. Aan het uiteinde van een lange houten tafel lagen acht spellen kaarten naast elkaar.

'Dit is de ruimte waar ik oefen,' zei Ed en hij wees omhoog naar een entresol. 'Beelden van binaire getallen stromen die trap af, zo naar de andere kant van de schuur. Vind je dit niet echt een plek voor een geheugenkampioen om te oefenen?'

Vóór het avondeten kreeg Ed bezoek van een jeugdvriend, Timmy. Toen Ed en ik beneden kwamen zat hij aan tafel te kletsen met Eds ouders, Teen en Rod, terwijl Eds jongste zusje, Phoebe, groenten uit eigen tuin stond te hakken aan het kookeiland. Timmy runde nu een internetbedrijf dat apps ontwikkelt. Hij was komen aanrijden in een BMW, droeg een fris gestreken poloshirt en had een gebruinde huid.

Teen stelde me aan hem voor en vertelde er met een ironisch lachje bij dat Ed mijn geheugencoach was. Timmy leek verbaasd dat Ed zich nog steeds bezighield met dat geheugengedoe. Het was toch alweer een hele tijd geleden dat hij dat maffe reisje naar Kuala Lumpur had gemaakt?

'Edward, ben je niet bang dat je nieuwe pupil je straks voorbijstreeft?' vroeg Teen, ogenschijnlijk vooral om haar zoon te stangen.

'Ik denk niet dat we ons daar erg veel zorgen over hoeven te maken,' zei ik.

'Nou, dat zou dan een enorme opsteker zijn voor het onderwijs,' zei Ed trots.

'Denk je dat je Ed aan een vaste baan kunt helpen?' vroeg Rod aan Timmy.

Ed lachte. 'Ja, je weet wel, misschien kan ik cursussen geheugentraining geven aan je personeel.'

'Je zou kunnen programmeren,' stelde Teen voor.

'Ik weet niet hoe dat moet.'

'Dat kan je vader je leren.'

Rod heeft in de jaren negentig een klein fortuin verdiend met het ontwerpen van computersoftware en is al op vrij jonge leeftijd met pensioen gegaan om te genieten van zijn vrije tijd en tamelijk originele hobby's. Hij houdt bijen en tuiniert, en hij wil graag Mill Farm van het landelijke elektriciteitsnet afsluiten door van zijn oude waterrechten gebruik te maken en een hydro-elektrische generator te installeren in de beek naast het huis. Teen is lerares op een plaatselijke school voor moeilijk lerende kinderen en is gek op lezen en tennissen. Ze staat doorgaans tolerant tegenover Eds excentriciteiten, maar durft ook de voorzichtige hoop te koesteren dat hij op een dag zijn aanzienlijke talenten in meer gerichte, en misschien zelfs maatschappelijk nuttige, banen zal leiden.

'En de advocatuur, Edward?' vroeg ze.

'Ik beschouw de advocatuur als een *zero-sum game* en derhalve als een zinloze invulling van je leven,' antwoordde Ed. 'Succesvol zijn als advocaat betekent door de bank genomen niet meer dan het bevorderen van onrecht.' Ed boog zich naar me toe. 'Ik was op mijn achttiende een veelbelovende jongeman.'

Dit ontlokte aan Phoebe prompt de opmerking: 'Op je dertiende, zul je bedoelen.'

Toen Ed even naar de wc was vroeg ik Rod of hij het jammer zou vinden als zijn zoon zou eindigen als de nieuwe Tony Buzan, een steenrijke zelfhulpgoeroe. Rod dacht daar even over na terwijl hij langs zijn kin streek. 'Ik denk dat ik toch liever zou hebben dat hij advocaat werd.'

De volgende ochtend zat Ed onderuitgezakt op een leren bank in de tentamenzaal van Oxford University, waar de beste mnemonisten ter wereld bijeenkwamen. Hij droeg een felgele pet en een T-shirt met daarop ter hoogte van zijn borst in vette letters de woorden 'Ed Kicks Ass – 220', boven een opgestreken, dreigende foto van zichzelf, een cartoon van een karatetrap en een foto van vrouwenbillen in een string. (Die drie woorden, 'Ed Kicks Ass', legde hij uit, waren niet alleen bedoeld om wat intimiderende straattaal te communiceren naar zijn tegenstanders, maar hielpen hem ook het getal 220 te onthouden.) Hij was een sigaret aan het roken (hij neemt de fysieke component van de training voor zijn sport niet al te serieus) en begroette iedere nieuwe binnenkomer hartelijk. Hij deelde me mee dat hij sinds onze laatste ontmoeting zijn masteronderzoek in Parijs voor onbepaalde tijd had opgeschort om zich aan 'andere projecten' te wijden. Hij vertelde me ook dat de grootse plannen die Lukas en hij voor de Oxford Mind Academy hadden in de ijskast waren gezet omdat Lukas, niet lang na de Amerikaanse geheugenkampioenschappen, zijn longen ernstig had geschroeid tijdens een vuurspuwact.

Geheugenkampioenschappen kunnen ziekelijk competitieve aangelegenheden zijn. Ed noemde zijn gepersonaliseerde T-shirt onderdeel van een 'campagne van nepintimidatie' met als doel 'de kwaliteit te verhogen van de tussen de deelnemers uitgewisselde pesterijen, en in het bijzonder die met de Duitsers'. Zo had hij ook een gedurfde flyer meegenomen naar het toernooi, die hij onder de pers en onder zijn rivalen verspreidde. De flyer beschreef zijn karakter (in de derde persoon) – 'oneerbiedig, flamboyant, klaar voor alle uitdagingen (vooral gisteren)' – en zijn oefenregime – 'vroeg op, yoga, touwtjespringen, supervoeding (waaronder bosbessen en levertraan), vier uur trainen, twee glazen wijn per dag (van de kaliumrijke aarde in de Zuid-Franse Languedoc-Roussillon), elke avond bij zonsondergang een halfuur reflectie, bijhouden van een internetdagboek'. Ik las dat zijn 'unieke vaardigheden' zich uitstrekken tot lucide dromen en tantrische seks. Tony Buzan werd opgevoerd als 'een kampioen ballroomdansen en een mentor tijdens mijn puberteit'. Verder sprak Ed zijn gedachten uit over de toekomst van de geheugensport: 'Ik hoop dat het vóór 2020 een olympische sport zal zijn,' een tijdstip waarop hij 'zich wil overgeven aan een leven van synesthesie en seniliteit'. Eds plannen voor na het kampioenschap: 'Een revolutie teweegbrengen in het westerse onderwijs.'

Naast hem op de bank zat de legendarische wereldkampioen Ben Pridmore, een man die ik tot dan toe alleen kende van Google en verhalen (hij zou speelkaarten even snel kunnen memoriseren als hij ze omdraaide). Ben was gekleed in een versleten T-shirt met een sterk uitgelubberde hals en een opdruk van *Visje een, visje twee, visje visje in de zee* van Dr. Seuss. Hij droeg een heuptasje en een breedgerande, zwarte hoed van Australisch ossenleer, die hij naar eigen zeggen al zes jaar lang elke dag ophad. 'Het is mijn gimmick,' zei hij zacht. 'Hij maakt deel uit van mijn ziel.' Aan zijn voeten lag een zwart-roze rugzak met op de achterkant de woorden 'Pump It Up'. Hij onthulde dat er tweeëntwintig spellen kaarten in zaten, die hij van plan was de volgende dag binnen een uur te memoriseren.

Met zijn kale hoofd, donkere baard, enorme bril en grote zoekende ogen leek Ben bijna op een stripfiguur van R. Crumb; hij had zelfs de opgetrokken schouders en het rare loopje. De zolen van zijn afgetrapte leren schoenen flapten onder zijn voeten als teenslippers. Hij praatte met een zacht, enigszins nasaal Yorkshire-accent waarbij *my* als *me* werd uitgesproken. 'Ik heb een hekel aan mijn eigen stem,' zei hij ter verklaring van het feit dat hij in de voorgaande weken niet had gereageerd op mijn telefonische berichten om me terug te bellen. Een van de eerste dingen die hij me over zichzelf vertelde, was dat hij waarschijnlijk Engelands jongste universitaire drop-out was. 'Op mijn zeventiende werd ik toegelaten tot de Kingston on Thames University, maar na een halfjaar ben ik met mijn studie gestopt. En nu ben ik achtentwintig, wat best wel deprimerend is. Ik begin me de nestor van de geheugensport te voelen. Ooit was ik een van de gevierde nieuwkomers, voor het geval je dat nog niet wist.'

Ben lijkt inderdaad achtervolgd te worden door pech. Het was eigenlijk helemaal niet zijn bedoeling geweest mee te doen aan het wereldkampioenschap. Hij had het afgelopen halfjaar bijna volledig gewijd aan het memoriseren van de eerste vijftigduizend cijfers achter de komma van de wiskundige constante pi, die hij van plan was op te zeggen op de Mind Sports Olympiad, een zevendaags denksportfestival dat een week na het wereldkampioenschap zou worden gehouden. Daarmee had hij een nieuw wereldrecord willen vestigen. Maar een maand eerder had een onbekende Japanse mnemonist, ene Akira Haraguchi, 83.431 cijfers achter de komma opgenoemd. Hij deed er zestien uur en achtentwintig minuten over. Ben las over deze prestatie op het internet en zag zich genoodzaakt zijn plannen te herzien. In plaats van een poging te doen er 33.432 cijfers achter de komma bij te leren, besloot hij te gaan trainen voor de verdediging van zijn titel op het wereldkampioenschap. Hij had praktisch elk vrij uur van de laatste weken besteed aan het uitruimen van zijn met pi gevulde geheugenpaleizen, waarmee hij maanden van hard werken tenietdeed, om de paleizen te kunnen hergebruiken op het toernooi.

De meeste atleten in het geheugencircuit zijn net zo in de sport gerold als ik: ze zagen een keertje iemand een fantastische geheugenstunt uitvoeren, vonden het cool, kwamen de truc erachter te weten en gingen vervolgens naar huis om het zelf te proberen. Ben miste één cruciale stap. Hij had iemand speelkaarten zien memoriseren, vond het cool en ging naar huis om het zelf te proberen. Niemand had hem verteld hoe de truc werkt. Zonder gebruik van wat voor techniek ook staarde hij steeds opnieuw naar de kaarten tot hij ze in zijn geheugen had geprent. En dat is hij maandenlang in zijn vrije tijd blijven doen, verwachtend dat hij er op een gegeven moment wel handigheid in zou krijgen. Uiteindelijk lukte het hem puur op basis van herhaling zijn tijd omlaag te brengen naar een kwartier, een prestatie die in veel opzichten indrukwekkender is dan zijn wereldrecord van tweeëndertig seconden mét gebruik van technieken. Pas toen hij deelnam aan zijn eerste wereldkampioenschap, in 2000, hoorde hij van het geheugenpaleis. Na afloop van de eerste wedstrijddag (waarop hij bijna onderaan was geëindigd) ging hij naar een boekwinkel, kocht een boek van Tony Buzan, besloot dat dit iets was waar hij talent voor had en schoof al zijn andere interesses aan de kant, waaronder zijn levenslange streven om elk van de 1001 bioscoopcartoons te zien die tussen 1930 en 1968 door Warner Bros zijn gemaakt.

Ben was een boek aan het schrijven, getiteld *How to Be Clever*, waarin hij uiteenzet hoe je kunt leren kalenderrekenen (bepalen op welke dag een willekeurige datum in het verleden viel), hoe je een spel kaarten kunt memoriseren en hoe je een IQ-test kunt manipuleren. 'Het boek helpt je slimmer over te komen zonder dat je daadwerkelijk je intelligentie hoeft te verhogen,' vertelde hij me. 'Het probleem is dat ik nog niet zoveel op papier heb staan omdat ik altijd belangrijker dingen te doen heb, zoals naar cartoons kijken. Als ik een serieus boek zou proberen te schrijven over hoe je je leven kunt verbeteren zou ik daar niks van terechtbrengen, omdat ik geen flauw idee heb hoe ik mijn leven moet verbeteren.'

De favoriet voor het overnemen van Bens titel op het wereldkampioenschap was Gunther Karsten, de hoekige en kalende drieënveertigjarige peetvader van de Duitse geheugensport, die sinds 1998 alle Duitse nationale wedstrijden had gewonnen. Gunther verscheen op het toernooi met wat zijn standaardaccessoires bleken te zijn: een imposante zwarte gehoorbeschermer en een metallic zonnebril waarvan de binnenkant op twee kijkgaatjes na volledig was afgeplakt. 'Externe stimuli', zoals Gunther ze noemt, zijn de dood voor de mnemonist. (Een voormalige Deense geheugenatleet had op wedstrijddagen altijd oogkleppen voor.) Gunther droeg een riem met een goudkleurige gesp waarop zijn initialen stonden, een gouden kettinkje op een strak wit T-shirt en een zwarte, wijd uitlopende matrozenbroek. Gunther vertelde me dat hij in zijn studententijd fotomodel was geweest voor Nissan, en afhankelijk van hoe je je ogen toekneep leek hij óf de schurk uit een James Bond-film, óf een kunstschaatser op leeftijd. Hij verkeerde in topvorm en was, zoals ik weldra zou ontdekken, een geduchte tegenstander. Hoewel zijn ene been iets korter is dan het andere (het gevolg van een botziekte in zijn jeugd), neemt hij regelmatig deel aan hardloopwedstrijden voor veteranen, die hij ook vaak wint. Hij had een vergrendelde koffer van glanzend metaal bij zich met daarin tussen de twintig en dertig spellen kaarten die hij van plan was te memoriseren. Het precieze aantal wilde hij me niet onthullen, uit angst dat het Ben Pridmore ter ore zou komen.

De wedstrijd vond plaats in een van de legendarische oude gebouwen van Oxford, in een grote zaal met eiken lambriseringen, hoge gotische ramen en enorme portretten van de derde graaf van Litchfield en de veertiende graaf van Derby aan de muur. De ruimte was niet anders ingericht dan gedurende het studiejaar, wanneer ze dienstdeed als tentamenzaal voor studenten van Oxford. Er stonden een stuk of veertig tafels, met op elk daarvan een digitale stopwatch van 15 centimeter hoog, die gebruikt zou worden bij het laatste en spannendste onderdeel van de wedstrijd, de kaartensprint.

Anders dan het Amerikaanse toernooi, dat uit maar vijf onderdelen bestaat waarvan er niet één langer dan een kwartier duurt, wordt het wereldkampioenschap dikwijls een 'geheugendecatlon' genoemd. De tien onderdelen of 'disciplines' strekken zich uit over drie slopende dagen, en bij elke discipline wordt het geheugen van de mnemonisten net weer op een andere manier beproefd. De deelnemers moeten een nog ongepubliceerd gedicht van verscheidene pagina's lang memoriseren, willekeurige woorden (record: 280 in een kwartier), binaire getallen (record: 4140 in een halfuur), geschudde spellen kaarten, historische data, en namen en gezichten. Bij een paar disciplines, de 'sprintonderdelen', gaat het om het aantal elementen dat de deelnemers in vijf minuten uit het hoofd kunnen leren (record: 405 cijfers). Twee marathondisciplines testen hoeveel willekeurige cijfers en spellen kaarten de atleten in een uur kunnen memoriseren (records: 2080 cijfers en 27 spellen kaarten).

De eerste wereldkampioenschappen geheugen werden in 1991 in de chique Londense Athenaeum Club gehouden. 'Ik vond het idioot,' herinnert Tony Buzan zich. 'We hebben kruiswoordpuzzelkampioenschappen. We hebben scrabblekampioenschappen. We hebben schaak-, bridge-, poker-, dam-, go- en canastakampioenschappen. We hebben *science fair*-kampioenschappen. Maar voor het belangrijkste en meest fundamentele van alle menselijke cognitieve processen, het geheugen, bestond geen kampioenschap.' Buzan wist ook dat de term 'wereldkampioen geheugen' een onweerstaanbaar lokkertje voor de media zou zijn, en dus een slimme manier om zijn boeken over geheugentraining te promoten.

Met de hulp van zijn vriend Raymond Keene, een Britse schaakgrootmeester die de dagelijkse schaakcolumn voor *The Times* schrijft, verstuurde Buzan brieven naar een klein aantal mensen van wie hij wist dat ze aan geheugentraining deden, en plaatste een advertentie in *The Times*. Er kwamen zeven mensen op af, onder wie een zekere Creighton Carvello, een psychiatrisch verpleegkundige die het telefoonnummer van alle Smiths in het telefoonboek van Middlesbrough uit het hoofd had geleerd, en ene Bruce Balmer, die een record had gevestigd met het memoriseren van tweeduizend buitenlandse woorden op één dag. Veel deelnemers droegen een smoking.

De deelnemers houden zich niet langer aan zulke strikte kledingvoorschriften, maar alle andere aspecten van het kampioenschap zijn een stuk serieuzer geworden sinds 1991. Wat als een eendaags evenement begon, is uitgegroeid tot een lang weekend. Van alle disciplines in de driedaagse decatlon boezemt de eerste van de eerste dag, het gedicht, alom de meeste vrees in. Vanwege mijn eigen moeizame pogingen om poëzie te memoriseren was dat ook het onderdeel dat ik met de meeste concentratie wilde volgen. Elk jaar weer lobbyt Gunther ervoor om het onderdeel niet meer op te nemen in het programma, of er in ieder geval 'objectievere' regels aan te verbinden, zoals hij het omschrijft. Maar met poëzie is het memoriseren begonnen, en om het te schrappen wegens het feit dat een paar deelnemers erover struikelen, zou in strijd zijn met de onderliggende premisse van het toernooi dat memoriseren een creatieve en beschavende activiteit is. Dus wordt er elk jaar een nieuw gedicht geschreven voor het wereldkampioenschap. In de eerste jaren van het evenement vloeide het gedicht uit de pen van de Britse hofdichter Ted Hughes, die door Tony Buzan wordt betiteld als 'een oude vriend'. Sinds de dood van Hughes in 1998 is Buzan steeds zelf de maker van het gedicht. Het honderdacht regels tellende vrije vers van dit jaar, 'Miserare', was afkomstig uit een bloemlezing getiteld *Requiem voor Ted*. Het begon zo:

Met de meeste dingen in het Heelal
Ben ik blij:
Supernova's
De Paardenhoofdnevel
De Krab
De lichtjaren grote wolken
Die de Baarmoeder van de Sterren zijn

Er volgden nog een hoop andere dingen waar Tony Buzan blij mee was, zoals 'de ijskoude ballen van God', en het eindigde zo:

Ik ben niet blij
Dat Ted Dood is.

De deelnemers kregen een kwartier om zo veel mogelijk regels te memoriseren, en daarna een halfuur om ze op een leeg papier te schrijven. Om het volle aantal punten voor een regel te halen moest die foutloos zijn weergegeven, tot aan de hoofdletters en leestekens toe. Deelnemers die waren vergeten te onderstrepen dat de auteur 'niet blij' was of dachten dat Ted 'dood' was met een kleine d, scoorden voor die regels maar de helft van het aantal mogelijke punten.

Al enkele duizenden jaren pijnigen mnemonisten zichzelf met de vraag hoe je het best een tekst, of een redevoering, uit het hoofd kunt leren. In de oudste traktaten worden twee vormen van onthouden beschreven: *memoria rerum* en *memoria verborum*, het geheugen voor dingen en het geheugen voor woorden. Als je met een tekst of een redevoering aan de slag gaat kun je óf proberen de essentie ervan te onthouden, óf je probeert ieder woord te onthouden. De Romeinse retor Quintilianus keek neer op memoria verborum omdat het creëren van zo'n enorme hoeveelheid beelden niet alleen inefficiënt is, aangezien het om een reusachtig geheugenpaleis vraagt, maar ook instabiel. Als je ervoor kiest ieder woord van je redevoering uit het hoofd te leren, moet je niet alleen veel meer onthouden, maar kun je ook als je één enkel woord vergeet vast komen te zitten in een kamer van je geheugenpaleis, starend naar een lege muur, niet wetend hoe je je weg moet vervolgen.

Ook Cicero vond dat je een redevoering het best onderwerp voor onderwerp kon memoriseren, met gebruik van memoria rerum, en niet woordelijk. In *De Oratore* adviseert hij de redenaar die een toespraak moet houden een beeld te creëren voor ieder belangrijk punt dat hij wil aanroeren, en elk van die beelden op een locus neer te zetten. Het woord *topic* is trouwens afkomstig van het Griekse woord *topos*, dat 'plaats' betekent. (De uitdrukking 'in de eerste plaats' is een erfenis van de geheugenkunst.)

Onze hersenen zijn er simpelweg niet zo goed in woorden letterlijk te onthouden, een gegeven dat fraai werd geïllustreerd tijdens de hoorzittingen van het Amerikaanse Congres over het Watergate-schandaal in 1973. In zijn getuigenis voor de onderzoekscommissie van de Senaat deed de juridisch adviseur van president Richard Nixon, John Dean, verslag van de tientallen vergaderingen die betrekking hadden op het verdoezelen van de waarheid rond de inbraken in het hoofdkantoor van de Democratische Partij. Tot verlegenheid van de president en genoegen van de commissie, was Dean in staat veel besprekingen die in het Oval Office waren gevoerd woord voor woord te herhalen. Zijn herinneringen waren zo gedetailleerd en ogenschijnlijk zo precies dat verslaggevers hem 'de menselijke bandrecorder' noemden. Dit was nog vóór de onthulling dat er ook werkelijke bandopnamen bestonden van de gesprekken in het Oval Office die Dean uit zijn geheugen had gereconstrueerd.

Terwijl de rest van het land aandacht schonk aan de politieke implicaties van de bandopnamen, zag de psycholoog Ulric Neisser ze als een rijke bron voor onderzoek. Neisser vergeleek de transcripties van de opnamen met Deans getuigenis om de verschillen ertussen te analyseren. Niet alleen bleek Dean specifieke citaten verkeerd te hebben onthouden, dat wil zeggen: verborum, ook zat hij er dikwijls naast wat de essentie van de gesprekken betrof, oftewel rerum. Maar hoewel zijn herinneringen op onderdelen onjuist waren, schrijft Neisser, 'zat hij in bepaald opzicht helemaal goed'. De hoofdthema's van zijn getuigenis klopten: 'Nixon hoopte dat de doofpotstrategie zou werken; hij was verheugd toen het liep zoals hij wilde en was bezorgd toen de affaire zich begon te ontrafelen; hij schrok niet terug voor het plegen van illegale acties als hij daarmee zijn macht kon verlengen of verwarring kon zaaien onder zijn vijanden.' John Dean had de zaken niet verkeerd voorgesteld, betoogt Neisser. Hij had weliswaar details fout, maar de belangrijke zaken had hij goed onthouden. En dat is wat we allemaal doen als we een gesprek proberen na te vertellen, want zonder speciale training slaat het geheugen alleen acht op het grote plaatje.

Het is best logisch dat onze hersenen zo werken. Het brein is een kostbaar orgaan. Hoewel het slechts twee procent van ons lichaamsgewicht vormt, verbruikt het een vijfde van de zuurstof die we inademen en verbrandt het een kwart van onze glucose. Van al onze lichaamsapparatuur vraagt het brein de meeste energie, en het is door middel van natuurlijke selectie meedogenloos geslepen om zijn taken efficiënt uit te voeren. Je zou kunnen zeggen dat het hele doel van ons zenuwstelsel – van de zintuigen die informatie doorgeven tot aan de kluwen zenuwcellen die deze informatie interpreteert – is een besef te ontwikkelen van wat er in het heden gebeurt en wat er in de toekomst zou kunnen gebeuren, opdat we zo adequaat mogelijk kunnen reageren. Gestript van de emoties, overpeinzingen, neurosen en dromen is ons brein in wezen niet meer dan een voorspellings- en planningsmachine. En om doeltreffend te kunnen werken moet het orde zoeken in de chaos van mogelijke herinneringen. Uit de enorme hoeveelheden gegevens die via de zintuigen binnenstromen, moeten onze hersenen snel de informatie halen die betrekking kan hebben op de toekomst, zich daarop concentreren en de ruis negeren. Een groot deel van de chaos die onze hersenen wegfilteren zijn woorden, want dikwijls is de taal waarin een idee wordt overgebracht slechts de opsmuk. Waar het om gaat is de *res*, de betekenis van die woorden. En die res is wat onze hersenen zo goed kunnen onthouden. In het echte leven komt het zelden voor dat iemand gevraagd wordt zich iets *ad verbum* te herinneren, getuigenissen voor het Congres en het poëzieonderdeel bij een internationaal geheugentoernooi niet meegerekend.

Gedurende bijna de hele menselijke geschiedenis stond culturele overdracht gelijk aan mondelinge overdracht, en poëzie, doorgegeven van mond tot oor, was het voornaamste medium voor het overbrengen van informatie, zowel van de ene plek naar de andere als van de ene generatie op de andere. Orale poëzie was niet uitsluitend een manier om mooie of belangrijke verhalen te vertellen of de verbeelding te prikkelen. Het was, volgens classicus Eric Havelock, 'een omvangrijke vergaarbak van nuttige kennis, een soort encyclopedie van ethiek, politiek, geschiedenis en techniek die de competente burger zich eigen diende te maken als kern van zijn educatieve bagage.' De grote orale werken brachten een gemeenschappelijk cultureel erfgoed over, dat niet op boekenplanken maar in de hersenen van de mensen werd bewaard.

In mondelinge culturen overal ter wereld bestonden er beroepsmnemonisten om dat erfgoed door de generaties heen in stand te houden. In India was een hele klasse van priesters belast met het foutloos memoriseren van de Veda's. In het pre-islamitische Arabië werkten dichters vaak samen met een officiële mnemonist of *rawi*. De leer van Boeddha werd vier eeuwen lang op traditionele wijze doorgegeven in een ongebroken mondelinge keten, tot hij in de eerste eeuw voor Christus in Sri Lanka op schrift werd gesteld. En eeuwenlang memoriseerde een groep ingehuurde bandrecorders, de zogeheten *tannaim* (letterlijk: recitatoren), de gesproken wet voor de joodse gemeenschap.

De bekendste werken van de westerse orale overlevering, en de eerste die systematisch zijn bestudeerd, waren de *Odyssee* en de *Ilias* van Homerus. Deze twee gedichten – mogelijk de eerste die in het Griekse alfabet zijn opgeschreven – golden vele eeuwen als literaire archetypes. Toch zijn de meesterwerken van Homerus, zelfs toen ze nog geroemd werden als de voorbeelden waaraan alle literatuur zich zou moeten spiegelen, lang een bron van wetenschappelijk onbehagen geweest. Naar het gevoel van de vroegste moderne critici verschilden de gedichten kwalitatief van alles wat daarna kwam, waren ze eigenlijk een beetje merkwaardig. Om te beginnen viel de dichter in beide werken opvallend vaak in herhaling als hij het over zijn personages had. Odysseus was steevast de 'slimme Odysseus'. De dageraad was altijd 'rozevingerig'. Waarom zou iemand zo schrijven? Soms leken de bijvoeglijke naamwoorden volkomen misplaatst. Waarom zou je de moordenaar van Agamemnon de 'onschuldige Aegisthos' noemen? Waarom zou je het over de 'snelvoetige Achilles' hebben, ook als hij zat? Of over de 'lachende Aphrodite' als ze in tranen was? En de structuur en de thema's van zowel de *Odyssee* als de *Ilias* volgen wonderlijk vaak vaste formules, op het voorspelbare af. Dezelfde narratieve eenheden – zich verzamelende legers, heldhaftige menselijke schilden, elkaar uitdagende rivalen – duiken steeds opnieuw op, zij het met verschillende personages en in verschillende omstandigheden. Binnen de context van zulke fijn gesponnen, doordachte meesterwerken lijken die eigenaardigheden moeilijk te verklaren.

Aan de basis van het onbehagen over die vroegste literaire werken lagen twee fundamentele vragen. Allereerst: hoe kon de Griekse literatuur uit het niets zijn ontstaan met twee meesterwerken? Er moeten haast wel enkele minder volmaakte verhalen aan vooraf zijn gegaan, en toch behoorden die twee tot de eerste die zijn opgetekend. En ten tweede: wie was precies de auteur? Of waren het auteurs? Nergens was historische documentatie over Homerus te vinden, en buiten enkele verwijzingen naar zichzelf in zijn teksten bestonden er geen betrouwbare biografische gegevens over de man.

Jean-Jacques Rousseau was een van de eerste moderne critici die aanvoerden dat Homerus mogelijk geen auteur is geweest in de huidige betekenis van het woord, dat wil zeggen: één persoon die een verhaal schrijft en dat publiceert zodat anderen het kunnen lezen. In een traktaat uit 1781, *Essai sur l'origine des langues*, opperde de Zwitserse filosoof dat de *Odyssee* en de *Ilias* misschien 'alleen in het geheugen van de mens zijn geschreven. Enige tijd later werden ze nauwgezet op schrift vastgelegd.' Verder ging zijn studie echter niet. Een andere achttiende-eeuwer, de Engelse diplomaat en archeoloog Robert Wood, wierp op dat Homerus analfabeet was en zijn werken uit het hoofd moet hebben geleerd. Het was een revolutionaire theorie, maar Wood wist haar niet te schragen met een hypothese die verklaarde hoe Homerus zo'n verbazingwekkende mnemonische prestatie geleverd zou kunnen hebben.

In 1795 betoogde de Duitse filoloog Friedrich August Wolf dat de werken van Homerus niet alleen *niet opgeschreven* waren door Homerus, maar dat ze zelfs niet ván Homerus waren. Wolf noemde ze een losse verzameling liederen die door generaties Griekse barden waren doorgegeven en pas op later datum in hun huidige geschreven vorm waren opgetekend.

In 1920 wijdde Milman Parry, een achttienjarige student van de University of California in Berkeley, zijn masterscriptie aan de herkomst van de homerische werken. Hij suggereerde dat de heldendichten van Homerus zo anders leken dan andere literatuur omdat ze anders wáren. Parry had iets ontdekt wat Wood en Wolf over het hoofd hadden gezien: het bewijs dat de gedichten mondeling waren overgedragen lag voor het opscheppen in de tekst zelf. Al die stilistische eigenaardigheden, waaronder de formuleachtige en terugkerende plotelementen en de bizarre herhalingen van bijvoeglijke naamwoorden – de 'slimme Odysseus' en 'grijsogige Athene' – die veel lezers altijd hadden verbijsterd, waren te vergelijken met de duimafdruk van een pottenbakker: tastbaar bewijs van de manier waarop de gedichten vervaardigd waren. Het waren mnemonische hulpmiddelen voor de bard(en) om het metrum en patroon van de regel kloppend te krijgen en de essentie van het gedicht te onthouden. Parry stelde dat de grootste auteur van de klassieke oudheid feitelijk niet meer was dan 'één persoon uit een lange traditie van orale dichters die [...] een werk volledig zonder hulp van het schrift samenstelden.'

Parry besefte dat wie gedichten wilde creëren die goed te onthouden waren, precies zoiets zou creëren als de *Odyssee* en de *Ilias*. Men zegt dat het gebruik van clichés de grootste ondeugd is waaraan een schrijver zich kan bezondigen, maar voor een bard waren ze onontbeerlijk. De reden dat clichés zo snel doorsijpelen in onze gesproken en geschreven taal – namelijk dat ze zich zo griezelig makkelijk in je geheugen nestelen – is ook de reden dat ze zo'n belangrijke rol speelden in de orale verteltraditie. En de *Odyssee* en de *Ilias* zijn ervan, neem me het cliché niet kwalijk, doorspekt. In een cultuur die steunt op het geheugen is het van het grootste belang dat de mensen, om met Walter Ong te spreken, 'memorabele gedachten hebben'. De hersenen zijn het best in het onthouden van dingen die worden herhaald, ritmisch zijn, rijmen, gestructureerd zijn en bovenal goed gevisualiseerd kunnen worden. De principes die de barden ontdekten, terwijl ze hun verhalen polijstten door ze steeds opnieuw te vertellen, waren dezelfde basale mnemonische principes die psychologen rond de overgang naar de twintigste eeuw herontdekten toen ze hun eerste wetenschappelijke geheugenexperimenten uitvoerden: rijmende woorden zijn veel makkelijker te onthouden dan niet-rijmende, concrete zelfstandige naamwoorden makkelijker dan abstracte, dynamische beelden makkelijker dan statische, en alliteratie biedt een geheugensteuntje. Een wollige wisent die de marathon rent, is een zin die langer in je geheugen blijft hangen dan een harig rund dat zich overgeeft aan atletische activiteiten.

De meest bruikbare van alle mnemonische trucs die de barden tot hun beschikking hadden, was het lied. Zoals iedereen kan beamen die zichzelf weleens betrapt op het nazingen van een reclametune: een reeks woorden gevat in een jingle is soms extreem lastig uit het hoofd te bannen.

Onze hersenen destilleren betekenis uit de wereld door te zoeken naar patronen en structuur in de informatie die ze opnemen, en het op muziek en rijm zetten van woorden is een manier om extra patronen en structuur aan taal toe te voegen. Het is de reden waarom homerische barden hun heldendichten zongen, waarom er in de Thora kleine muzieknotaties staan en waarom op veel scholen kinderen het alfabet leren met een lied en niet als zesentwintig aparte letters. Het lied is het ultieme structurerende middel voor taal.

Nadat hij naar Harvard was verhuisd, waar hij een aanstelling had gekregen als assistent-docent, namen Parry's werkzaamheden een onconventionele wending. In plaats van zich te buigen over oude Griekse teksten ging de jonge classicus naar Joegoslavië, waar nog barden waren die een vorm van orale poëzie beoefenden die overeenkomsten vertoonde met de homerische kunstvorm. Hij keerde naar Cambridge terug met duizenden opnamen die de basis zouden vormen voor een nieuwe tak van academisch onderzoek naar orale tradities.

Tijdens zijn veldwerk ontdekte Parry dat de contemporaine volkszangers van de Balkan niet de tekst zelf van bard op bard en van generatie op generatie doorgaven, maar (vermoedelijk net als hun homerische voorgangers) een reeks vaste formules en restricties die het de bard – iedere bard – mogelijk maakte het gedicht te reconstrueren op het moment van voordragen. Elke nieuwe vertelling van het verhaal was niet identiek aan de voorgaande, maar zat daar wel dichtbij.

Op de vraag of ze de liederen exact herhaalden antwoordden de Slavische barden: 'Woord voor woord en regel voor regel'. Maar wanneer opnamen van twee uitvoeringen met elkaar werden vergeleken, bleken die duidelijk van elkaar te verschillen. Woorden waren veranderd, regels verplaatst, passages verdwenen. Toch was het geen opschepperij van de Slavische barden; ze hadden domweg geen besef van wat woordelijk onthouden betekende. Zo vreemd is dat niet. Als het niet op schrift staat, kun je nooit nagaan of iets exact is herhaald.

De variabiliteit die besloten ligt in de poëzie van orale tradities stelt de bard in staat het materiaal aan het publiek aan te passen, maar biedt ook ruimte voor het ontstaan van makkelijker te onthouden versies van het gedicht. Folkloristen hebben orale gedichten wel vergeleken met kiezelstenen die afslijten door het water. In de loop van vele vertellingen nemen ze steeds gladdere vormen aan doordat de moeilijker te onthouden stukken worden weggeschuurd, of zodanig worden bewerkt dat ze eenvoudiger in te prenten en te herhalen zijn. Irrelevante uitweidingen worden vergeten. Lange of zeldzame woorden worden vermeden. Gevangen tussen beeldspraak, alliteratie en het kloppend maken van het metrum, heeft de epische bard meestal niet veel geschikte woorden om uit te kiezen. De structuur schrijft het gedicht. Uit studies van Parry's opvolgers is gebleken dat vrijwel elk woord in de *Odyssee* en de *Ilias* in een bepaald schema of patroon past dat het gedicht makkelijker te onthouden maakte.

Het is geen toeval dat Simonides juist op het moment dat het schrift opkwam in het oude Griekenland, rond de vijfde eeuw voor Christus, de geheugenkunst zou hebben uitgevonden. Het geheugen was niet langer de vanzelfsprekende kennisbank, zoals in het schriftloze tijdperk van Griekenland. De oude methoden van de homerische barden, van ritmes en formules, waren niet langer toereikend om de nieuwe en complexere gedachten die de mensen begonnen te onderhouden in het geheugen te bewaren. 'De oorspronkelijke orale overdracht van poëzie diende niet langer een functioneel doel, maar werd verwezen naar de secundaire rol van vermaak, een die het altijd al had, maar die nu het enige doel ervan werd,' schrijft Havelock. Niet langer gebonden aan de eisen van mondelinge overdracht, was poëzie vrij om zich te ontwikkelen tot kunst.

Toen in de eerste eeuw voor Christus de auteur van *Ad Herennium* zijn retorisch handboek opstelde, was schrijven al een eeuwenoude vaardigheid die een even fundamenteel onderdeel van de Romeinse wereld vormde als computers van de onze. De gedichten van zijn tijdgenoten – Vergilius, Horatius en Ovidius schiepen alle drie hun meesterwerken binnen een eeuw na *Ad Herennium* – bestonden in geschrift. Elk woord was met de grootste zorg uitgekozen, het product van één dichter die zijn individuele visie uitdrukte. En eenmaal op papier gezet, werden die woorden als onaantastbaar beschouwd. Als je zulke poëzie uit het hoofd wilde leren, was memoria verborum geboden. Met rerum kon je de klus niet klaren.

De beste methode om een gedicht ad verbum te onthouden, zo raadt de anonieme auteur van *Ad Herennium* aan, is een regel twee of drie keer te herhalen voor je hem als een reeks beelden probeert te zien. Dat is min of meer de methode die Gunther Karsten toepast bij het poëzieonderdeel. Hij plaatst elk woord op een punt langs de route. Maar die methode levert een groot probleem op: er zijn heel veel woorden die je niet kunt visualiseren. Hoe ziet 'en' eruit? Of 'de'? Tweeduizend jaar geleden bedacht Metrodorus van Scepsis, een Griekse tijdgenoot van Cicero, een oplossing voor het dilemma van hoe te kunnen zien wat niet zichtbaar is. Metrodorus ontwikkelde een systeem van stenobeelden die voegwoorden, lidwoorden en andere verbindingswoorden symboliseerden. Het stelde hem in staat alles wat hij las of hoorde woordelijk te memoriseren. Metrodorus' bibliotheek van symbolen lijkt breed te zijn toegepast in het oude Griekenland. In *Ad Herennium* lezen we dat 'de meeste Grieken die over het geheugen schreven, lijsten bijvoegden van beelden die met een grote hoeveelheid woorden correspondeerden, zodat iedere persoon die deze beelden uit het hoofd wilde leren ze bij de hand had en geen moeite hoefde te doen om er zelf naar op zoek te gaan'. Hoewel Gunther niet de symbolen van Metrodorus gebruikt, die helaas verloren zijn gegaan, heeft hij zijn eigen beeldwoordenboek samengesteld van de tweehonderd meest gebruikte woorden in de Duitse taal die niet snel te visualiseren zijn. *Und* is een cirkel (*und* rijmt op *rund*). *Die* is iemand die op zijn knieën kruipt (*die* rijmt op *Knie*). Als een gedicht een punt bevat, hamert hij een spijker in die locus.

Gunther zou even moeiteloos een reparatiehandleiding van een videorecorder kunnen memoriseren als een sonnet van Shakespeare. Sterker nog, de reparatiehandleiding van een videorecorder zou hij waarschijnlijk relatief nog een stuk sneller leren, aangezien die gevuld is met concrete, makkelijk te visualiseren woorden zoals 'knop', 'televisie' en 'stekker'. De uitdaging van het memoriseren van poëzie ligt in de abstractheid ervan. Wat doe je met woorden als 'efemeer' of 'zelf' die je onmogelijk kunt zíen?

Gunthers methode om een beeld te creëren voor een woord dat geen beeld oproept, door in plaats daarvan een woord te visualiseren dat bijna hetzelfde klinkt, is al heel oud. De veertiende-eeuwse Engelse theoloog en wiskundige Thomas Bradwardine, die later werd benoemd tot aartsbisschop van Canterbury, voerde deze vorm van woordelijk memoriseren door tot het hoogste en meest absurde niveau. Hij beschreef een manier van *memoria sillabarum*, of 'onthouden door lettergrepen', die je kon gebruiken voor woorden die moeilijk te visualiseren waren. Volgens het systeem van Bradwardine brak je het woord af in lettergrepen, waarna je voor elke lettergreep een beeld creëerde dat gebaseerd was op een ander woord dat met die lettergreep begon. Als je bijvoorbeeld de lettergreep 'ab' wilde onthouden stelde je je een abt voor. Voor 'ba' zou je een kruisboogschutter kunnen visualiseren (een *balistarius*). Een keten van die lettergrepen ziet eruit als een soort rebus. (De Zweedse popgroep Abba zou je kunnen onthouden als een abt die wordt neergeschoten met een kruisboog.) Dat proces van woorden in beelden omzetten impliceert een vorm van onthouden door te vergeten: om een woord aan de hand van zijn klank te memoriseren moet je de betekenis ervan volledig van je afzetten. Bradwardine kon zelfs de vroomste benedictie in een absurd tafereel veranderen. Om de kernzin van een preek te onthouden die begint met '*Benedictus Dominus qui per*' zag hij 'de heilige Benedictus aan zijn linkerkant dansen met een witte koe met vuurrode spenen die een patrijs vasthoudt, terwijl hij met zijn rechterhand Sint-Dominicus toetakelt of streelt'.

De geheugenkunst was altijd al op het randje. Het veelvuldig gebruik van grove en soms ronduit obscene beelden kwam haar onvermijdelijk op zware kritiek te staan van preutse lieden. In zekere zin is het wonderbaarlijk dat de toevallige verbintenis die Bradwardine in zijn fantasie tot stand bracht tussen het verhevene en het laag-bij-de-grondse, de meer bekrompen geestelijken niet dieper schokte. Uiteindelijk werd de moralistische aanval ingezet, met de zestiende-eeuwse puriteinse predikant William Perkins van Cambridge aan het hoofd. Hij bestempelde de geheugenkunst als afgoderij en als 'zondig, omdat ze dwaze, aanstootgevende en lichtzinnige gedachten oproept, die de meest ontaarde vleselijke begeerten opwekken en doen ontbranden.' Vleselijk, zeg dat wel. Perkins was met name vertoornd over de bekentenis van Petrus van Ravenna dat hij het wulpse beeld van een jonge vrouw gebruikte om zijn geheugen te prikkelen.

Van de tien disciplines die de wereldkampioenschappen geheugen tellen, heeft het gedicht het grootste aantal tactieken voortgebracht. Algemeen gesproken volgen de geheugenatleten twee hoofdstrategieën, die toevallig of niet het deelnemersveld bijna volledig langs de lijnen van sekse verdelen. Terwijl Gunther en de meeste andere mannen kiezen voor een methodische aanpak, benaderen de vrouwen de uitdaging vaker op een meer gevoelsmatige manier. Corinna Draschl, een vijftienjarige Oostenrijkse in een rood T-shirt met bijpassende rode sokken en een rode honkbalpet, vertelde me dat ze een tekst niet kan memoriseren als ze de betekenis ervan niet begrijpt. Sterker nog, ze moet begrijpen hoe die aanvoelt. Ze verdeelt het gedicht in stukjes en kent vervolgens een reeks emoties toe aan elk segment. In plaats van de woorden met beelden te associëren, associeert ze die met gevoelens.

'Ik voel hoe de schrijver zich voelt, wat hij bedoelt. Ik bedenk of hij blij of verdrietig is,' vertelde ze me op de gang buiten de wedstrijdzaal. Dat lijkt sterk op de manier waarop acteurs leren een script te memoriseren. Veel acteurs splitsen hun tekst op in eenheden die elk verbonden zijn met een specifieke intentie of ambitie van hun personage, waarin ze zich vervolgens helemaal proberen in te leven. Deze techniek, het zogeheten methodacting, werd rond de overgang naar de twintigste eeuw ontwikkeld door de Rus Konstantin Stanislavski. Stanislavski was niet in die technieken geïnteresseerd vanwege hun mnemonisch potentieel, maar omdat ze de acteur hielpen een personage realistischer neer te zetten. Niettemin is methodacting een techniek om een stuk tekst, door het te verankeren in een context van zowel emotionele als lichamelijke vingerwijzingen, meer associatieve haken te geven waaraan het kan blijven hangen. Methodacting is een manier om woorden memorabeler te maken. Onderzoek heeft aangetoond dat wanneer je iemand vraagt een zin te memoriseren als ‘Raap een pen op’, de kans dat die zin beklijft veel groter is als de persoon bij het leren ervan ook letterlijk een pen opraapt.

Uiteindelijk verloor Gunther het poëzieonderdeel van Corinna Draschl, en hij werd ook geen kampioen. De titel ging naar een van zijn protegés, Clemens Mayer, een stille en bijzonder gefocuste achttienjarige rechtenstudent uit Beieren, die hakkelend Engels sprak en duidelijk maakte dat hij geen zin had om zich door met mij te praten in die taal te bekwamen. Na zowel het onderdeel gesproken getallen als namen en gezichten te hebben verprutst, eindigde Ben Pridmore op de vierde plaats in het algemeen klassement. Hij trok de rand van zijn zwarte hoed over zijn voorhoofd en liep in zijn eentje de deur uit, ons bezwerend dat hij de volgende dag al zou gaan trainen om het volgende jaar zijn titel te heroveren.

Ed deed het nog slechter. Van het dertigtal deelnemers behoorde hij tot de slechts elf mensen die er niet in slaagden een heel spel kaarten te onthouden in beide sprintkaartronden, wat te vergelijken is met een voetballer die twee keer achter elkaar een strafschop mist. Hij had op een extreem lage tijd gemikt om zo in de top van het veld te belanden, maar hij had zich vergaloppeerd. Hij eindigde op een teleurstellende elfde plaats in het algemeen klassement en liep mokkend de deur uit, doorweekt van het zweet. Ik rende hem achterna en pakte hem beet om te vragen wat er was gebeurd. 'Ik was te ambitieus,' antwoordde hij hoofdschuddend, en verder wilde hij er niets over kwijt. 'Ik zie je straks thuis.'

Hij wandelde de Magdalen Bridge over om een pub op te zoeken waar hij cricket kon kijken en Guinness drinken tot hij zijn nederlaag was vergeten.

Toen ik daar in de tentamenzaal van Oxford stond en de deelnemers gadesloeg die aan hun hoofd krabden en met hun pennen speelden terwijl ze worstelden om zich 'Miserare' te herinneren, was ik me opeens scherp bewust van de vreemde loop die de geschiedenis heeft genomen: dat de klassieke geheugenkunst uitsluitend nog wordt beoefend, of in ieder geval geëerd, op dit exclusieve toernooi, door deze eigenzinnige subcultuur. Hier in een van 's werelds beroemdste leerinstellingen keek ik naar de laatste overblijfselen van het glorieuze gouden tijdperk van het geheugen.

Het is moeilijk niet het gevoel te krijgen dat er sprake is van een enorme neergang tussen die gouden eeuw en onze eigen, tamelijk loden eeuw. Vroeger werkten de mensen hard om hun geest in te richten. Ze investeerden op dezelfde manier in hun geheugen als wij in spullen. Maar buiten de eiken deuren van de tentamenzaal van Oxford vertrouwt vandaag de dag de meerderheid van ons zijn eigen geheugen niet. We zoeken sluiproutes om te vermijden dat we ons erop moeten verlaten. We klagen eindeloos over ons geheugen en beschouwen zelfs de kleinste steken die het laat vallen als het bewijs van beginnende dementie. Hoe komt het dat het geheugen, dat eens zo essentieel was, zo gemarginaliseerd werd? Waarom zijn die technieken verdwenen? Hoe komt het, zo vroeg ik me af, dat onze cultuur is vergeten hoe je moet onthouden?

ZEVEN

Het einde van onthouden

Er was een tijd waarin je niets anders met gedachten kon doen dan ze onthouden. Er was geen alfabet om ze in weer te geven, geen papier om ze op te noteren. Alles wat je bewaren wilde, moest je in je geheugen opbergen. Elk verhaal dat opnieuw verteld zou worden, elk denkbeeld dat zou worden doorgegeven, elk stukje informatie dat zou worden overgebracht, moest eerst onthouden worden.

Tegenwoordig lijkt het vaak alsof we ons maar heel weinig herinneren. Als ik wakker word raadpleeg ik allereerst mijn agenda, dat mijn dagprogramma onthoudt zodat ik het niet hoef te doen. Als ik in mijn auto stap voer ik mijn bestemming in een navigatiesysteem in, waarvan het ruimtelijk geheugen het mijne vervangt. Als ik ga zitten om te werken druk ik op de afspeelknop van een digitale voicerecorder of sla een notitieboekje open dat de inhoud van mijn interviews bevat. Ik heb foto's om de beelden op te bewaren die ik wil onthouden, boeken om kennis in te bewaren, en nu, dankzij Google, hoef ik zelden meer dan de juiste zoektermen te onthouden om toegang te verkrijgen tot het collectieve geheugen van de mensheid. Toen ik opgroeide, in een tijd waarin je nog zeven toetsen moest indrukken, of aan een zware kiesschijf draaien, om een telefoontje te plegen, had ik de nummers van mijn familie en al mijn beste vrienden in mijn geheugen zitten. Tegenwoordig vraag ik me af of ik meer dan vier telefoonnummers uit mijn hoofd ken. En dat zou waarschijnlijk meer zijn dan de meeste mensen. Volgens een onderzoek uit 2007 dat door een neuropsycholoog van Trinity College Dublin werd uitgevoerd, kan een derde van de Britten onder de dertig jaar zich zelfs zijn *eigen* thuistelefoonnummer niet herinneren zonder dat in zijn mobiel op te zoeken. Uit hetzelfde onderzoek bleek dat dertig procent van de volwassenen zich van hooguit drie naaste familieleden de verjaardag kan herinneren. Onze gadgets hebben de noodzaak weggenomen om zulke dingen te onthouden.

Vergeten telefoonnummers en verjaardagen staan voor een minder belangrijke erosie van ons alledaagse geheugen, maar ze horen wel bij een veel groter verhaal over hoe we ons eigen natuurlijke geheugen hebben vervangen door een reusachtige superstructuur van technische hulpmiddelen, van het alfabet tot de BlackBerry. Die technologieën om informatie buiten ons hoofd op te slaan hebben bijgedragen aan onze moderne wereld, maar ook de manier veranderd waarop we denken en hoe we ons brein gebruiken.

In de *Phaedrus* van Plato vertelt Socrates over de Egyptische god Thot, de uitvinder van het schrift, die op bezoek kwam bij Thamus, de koning van Egypte, en hem aanbood zijn prachtige uitvinding aan het Egyptische volk te schenken. 'Dit is een tak van leren die [...] hun geheugen verbetert,' zei Thot tegen de koning. 'Mijn vondst biedt een middel voor zowel het geheugen als voor wijsheid.' Maar Thamus aarzelde het geschenk aan te nemen. 'Als de mensen dit leren, zal het verstrooidheid in hun ziel planten,' sprak hij tot de god. 'Ze zullen ophouden hun geheugen te oefenen en vergeetachtig worden; ze zullen vertrouwen op wat er geschreven staat, en de dingen niet langer van binnenuit oproepen, maar met behulp van externe tekens. Jouw vondst is geen middel voor het geheugen, maar een middel om mensen ergens aan te herinneren. Bovendien is het geen ware wijsheid die je je leerlingen verleent, maar slechts de schijn ervan, want als ze van veel dingen kennisnemen zonder echt onderricht, zal het lijken of ze veel weten terwijl ze hoofdzakelijk onwetend zijn. En aangezien ze niet vervuld zijn van wijsheid maar van waanwijsheid, zullen ze hun medemens tot last zijn.'

Socrates hekelt vervolgens het idee zijn eigen kennis door te geven via het schrift, met de opmerking dat het 'buitengewoon naïef [zou zijn] te geloven dat geschreven woorden meer kunnen doen dan je herinneren aan wat je al weet'. Het geschreven woord kon voor Socrates nooit meer zijn dan een geheugensteuntje, een manier om informatie op te roepen die al in je hoofd zat. Socrates vreesde dat het schrift de cultuur over een verraderlijk pad naar intellectueel en moreel verval zou leiden, want de mensen zouden weliswaar meer kennis tot hun beschikking hebben, maar zijzelf zouden op holle vaten gaan lijken. Ik vraag me af of Socrates waardering kon hebben opgebracht voor de flagrante ironie dat we tegenwoordig alleen van zijn minachting voor het schrift weten doordat zijn leerlingen Plato en Xenophon die op schrift hebben gesteld.

Socrates leefde in de vijfde eeuw voor Christus, in een periode waarin het schrift opkwam in Griekenland en zijn eigen opvattingen al gedateerd begonnen te raken. Waarom was hij zo afkerig van het idee om de pen ter hand te nemen? Het vastleggen van herinneringen op papier leek, vergeleken met het pogen herinneringen in de hersenen vast te houden, een superieure methode voor het bewaren van kennis. Het brein maakt altijd fouten, vergeet dingen, herinnert zich dingen verkeerd. Door middel van het schrift kunnen we die wezenlijke biologische beperkingen overwinnen. Het biedt ons de mogelijkheid onze herinneringen uit de feilbare hersenmassa te trekken en over te brengen op de minder feilbare bladzijde, waar ze blijvend kunnen worden gemaakt en (zo hoop je soms) wijd, breed en tot in de toekomst kunnen worden verspreid. Het schrift staat ons toe ideeën aan andere generaties over te dragen zonder angst voor het soort natuurlijke mutaties dat onvermijdelijk samengaat met mondelinge tradities.

Om te kunnen begrijpen waarom het geheugen zo belangrijk was in de wereld van Socrates, moeten we iets weten over de evolutie van het schrift en de grote verschillen in vorm en functie tussen de vroege en de huidige boeken. We moeten teruggaan naar een tijdperk vóór de boekdrukkunst, vóór registers en inhoudsopgaven, vóór de codex een tekst in pagina's verdeelde die bij de rand werden samengebonden, vóór leestekens, vóór kleine letters, zelfs vóór de woorden met spaties van elkaar gescheiden werden.

Tegenwoordig schrijven we dingen juist op zodat we ze niet in ons geheugen hoeven te bewaren. Maar zeker tot het eind van de late middeleeuwen waren boeken bedoeld als geheugenhulpmiddelen en niet als vervangers van het geheugen. Zoals Thomas van Aquino schreef: 'Dingen worden in stoffelijke boeken opgeschreven om het geheugen te ondersteunen.' Je las iets om het te onthouden, en boeken waren de best beschikbare instrumenten om informatie mee in de geest te prenten. Zo werden manuscripten vaak alleen maar overgeschreven om de kopiist te helpen ze te memoriseren.

In de tijd van Socrates werden Griekse teksten geschreven op lange, doorlopende rollen – sommige waren wel twintig meter – van aan elkaar geplakte vellen geperste papyrusstengels uit de Nijldelta. Die teksten waren lastig om te lezen en zelfs nog lastiger om te schrijven. Een minder gebruiksvriendelijke manier om toegang te verkrijgen tot informatie is amper te bedenken. Pas in 200 voor Christus introduceerde Aristophanes van Byzantium, hoofd van de Koninklijke Bibliotheek van Alexandrië, de meest elementaire leestekens, en die bestonden uit niet meer dan een punt aan de onderkant, in het midden, of aan de bovenkant van de regel, om de lezer te informeren hoelang hij tussen zinnen moest pauzeren. De woorden regen zich aaneen in een oneindige stroom van hoofdletters, het zogeheten *scriptio continua*, die door spaties noch leestekens werd doorbroken. Een woord dat op de ene regel begon, liep zelfs zonder koppelteken over in de volgende.

> ZOALSJEZIETISHETNIETZOHEELMAKKELIJKOMTEKSTTEL
> EZENZONDERSPATIESOFENIGEVORMVANINTERPUNCTIEO
> FZELFSMAARHULPVAARDIGGEPLAATSTEREGELAFBREKIN
> GENENTOCHWASDITPRECIESDESTIJLVANSCHRIJVENDIEIN
> HETGRIEKENLANDVANDEKLASSIEKEOUDHEIDWERDTOEG
> EPAST

In tegenstelling tot de letters in dit boek, die woorden vormen met een semantische betekenis, fungeerden de letters van het scriptio continua meer als muzieknoten. Ze stelden de klanken voor die geacht werden uit je mond te komen. Om de klanken opnieuw samen te voegen tot afzonderlijke woordpakketjes die je kon begrijpen, moest je ze eerst horen. En net zoals het voor iedereen, op de meest begaafde musici na, ingewikkeld is muzieknoten te lezen zonder ze letterlijk te zingen, zo was het ook ingewikkeld om teksten in scriptio continua te lezen zonder ze hardop uit te spreken. We weten dat tot ver in de middeleeuwen het lezen bijna altijd hardop gebeurde, als een soort opvoering, vaak ook gegeven voor een publiek. 'Het oor lenen' is een uitdrukking die regelmatig in middeleeuwse teksten terugkeert. Toen in de vierde eeuw na Christus Sint-Augustinus zijn leraar Sint-Ambrosius zag lezen zonder zijn tong te bewegen of te prevelen, vond hij dat gedrag zo opmerkelijk dat hij het vermeldde in zijn *Belijdenissen*. Waarschijnlijk pas in de negende eeuw, rond de tijd dat het invoegen van spaties tussen de woorden gemeengoed werd en het aantal leestekens zich uitbreidde, bevatte de bladzijde zo veel informatie dat het stil lezen tot de norm verheven kon worden.

De problemen die het lezen van zulke teksten opwierp betekenden dat er een heel andere relatie tussen lezen en het geheugen bestond dan tegenwoordig. Aangezien het moeilijk was scriptio continua zo van papier te lezen, moest de lezer in zekere mate vertrouwd zijn met een tekst om deze vloeiend uit te kunnen spreken. Hij – het waren voornamelijk hij's – moest het manuscript bestuderen, het in gedachten van spaties en leestekens voorzien, het gedeeltelijk, zo niet volledig memoriseren, want het omzetten van een reeks klanken in betekenis was niet iets wat je zomaar even deed. De tekst moest geleerd worden voor je in staat was hem voor te dragen. Tenslotte kon de manier waarop je er spaties en leestekens in aanbracht alle verschil van de wereld maken. Zoals de historica Jocelyn Penny Small aangaf, betekent GODISNOWHERE iets heel anders als je het leest als GOD IS NOW HERE dan als je het leest als GOD IS NOWHERE.

Bovendien moest je een rol die geschreven was in scriptio continua van boven tot onderen doorlezen als je er iets uit wilde halen. Een rol heeft maar één ingangspunt: het eerste woord. Omdat hij moet worden uitgerold om hem te lezen, en omdat er geen leestekens of alinea's zijn die de tekst opdelen – om maar te zwijgen van paginanummers, een inhoudsopgave, aparte hoofdstukken en een register – is het niet mogelijk specifieke informatie te vinden zonder de rol vanaf het begin te doorlopen. Het is een tekst die je niet makkelijk kunt raadplegen, totdat je hem hebt gememoriseerd. Dat is een essentieel punt. Het was onmogelijk oude teksten snel door te nemen. Je kon niet een rol van de plank halen en in een wip een specifiek fragment vinden, tenzij je al enigszins bekend was met de tekst. De rol was niet in eerste instantie bedoeld om zijn inhoud extern te bewaren, maar om de lezer te helpen intern door zijn inhoud te navigeren.

Een van de laatste overgebleven voordrachtstradities bestaat in het lezen van de Thora, een oude handgeschreven rol waarvan een kopie meer dan een jaar in beslag kan nemen om te vervaardigen. De Thora wordt zonder klinkers of leestekens geschreven (maar heeft wel spaties, een vernieuwing die eerder in het Hebreeuws werd geïntroduceerd dan in het Grieks), wat betekent dat het extreem moeilijk is de tekst zo van papier op te lezen. Hoewel joden specifiek wordt opgedragen de Thora niet uit het hoofd te reciteren, is het onmogelijk een deel van de Thora te lezen zónder eerst ruimschoots tijd te investeren in het leren kennen van de tekst, zoals iedere jongen die zijn bar mitswa heeft gedaan je kan vertellen. Ik sta daar persoonlijk voor in. Op de dag dat ik een man werd, was ik eigenlijk niet meer dan een papegaai met een keppeltje op.

We zijn door jaren van taalgebruik geconditioneerd om het niet te merken, maar scriptio continua heeft meer gemeen met de manier waarop we praten dan met de kunstmatige woordscheidingen op de pagina die je nu leest. De woorden in een gesproken zin vloeien naadloos in elkaar over als één langgerekt geluid. We praten niet met spaties. Waar het ene woord eindigt en het andere begint, is een relatief willekeurige linguïstische afspraak. Op een sonografische grafiek waarin de geluidsgolven zijn gevisualiseerd van iemand die Engels spreekt, is het praktisch onmogelijk aan te geven waar zich de spaties bevinden – een van de redenen waarom het zo moeilijk is gebleken computers spraak te leren herkennen. Zonder geavanceerde kunstmatige intelligentie die in staat is een context te interpreteren, kan een computer niet het onderscheid maken tussen *The stuffy nose may dim liquor* en *The stuff he knows made him lick her.*

Overigens hebben Latijnse kopiisten een tijdlang geprobeerd woorden met punten van elkaar te scheiden, maar in de tweede eeuw na Christus keerde men terug – een reusachtige en zeer merkwaardige stap achteruit, zo lijkt het – naar het ononderbroken schrift dat door de Grieken werd gebruikt. Het zou negenhonderd jaar duren voor de spatie haar rentree maakte in het westerse schrift. Vanuit ons huidige perspectief lijkt het scheiden van woorden de simpelste zaak van de wereld. Maar het feit dat dit ooit werd beproefd en weer verworpen, zegt veel over hoe de mensen plachten te lezen. Evenals het feit dat het meest gebruikte Oudgriekse woord voor 'lezen' *ánagignósko* was, dat 'weer weten' of 'zich herinneren' betekent. Lezen om je iets te herinneren: kan er, vanuit het moderne perspectief, een relatie tussen lezer en tekst bestaan die ons minder vertrouwd is?

In een tijd waarin we tussen een zee van gedrukte woorden leven – wist je dat er vorig jaar tien miljard boeken zijn gedrukt? – kun je je amper voorstellen hoe het geweest moet zijn een boek te lezen in de periode vóór Gutenberg, toen het een zeldzaam en duur handgeschreven voorwerp was dat een kopiist dikwijls maanden werk kostte om te reproduceren. Nog in de vijftiende eeuw bestonden er soms maar enkele tientallen kopieën van een bepaalde tekst, en deze kopieën waren hoogstwaarschijnlijk vastgeketend aan een schrijftafel of lessenaar in een universiteitsbibliotheek, die als een uiterst goed voorziene zou zijn beschouwd als ze nog honderd andere boeken bevatte. Wanneer je als middeleeuwse geleerde een boek las, wist je dat je naar alle waarschijnlijkheid die specifieke tekst nooit meer onder ogen zou krijgen, en dus werd er veel waarde gehecht aan het onthouden van wat je tot je nam. Je kon niet zomaar een boek van de plank pakken om het te raadplegen voor een citaat of een denkbeeld. Allereerst was de moderne boekenplank met zijn rijen naar buiten gekeerde boekruggen nog niet eens uitgevonden. Dat gebeurde pas ergens rond de zestiende eeuw. Ten tweede waren boeken over het algemeen nog zware, lastig hanteerbare voorwerpen. Pas in de dertiende eeuw was de techniek van boekvervaardiging zo ver gevorderd dat de Bijbel in één band kon worden bijeengebracht in plaats van in een verzameling boeken, al woog hij nog altijd wel vijf kilo. En zelfs als je meteen kon beschikken over een tekst die je nodig had, dan was de kans klein dat je vond wat je zocht zonder het boek vanaf het begin te moeten doornemen. Een register was nog niet gangbaar, evenmin als paginanummers of een inhoudsopgave.

Maar die lacunes werden geleidelijk aan opgevuld. En naarmate het boek zelf veranderde, veranderde ook de cruciale rol van het geheugen bij het lezen. Tegen het jaar 400 had de perkamenten codex, met zijn pagina's die bij de rug gebonden waren als een moderne hardcover, bijna overal de boekrol vervangen als het favoriete medium voor het lezen van een tekst. Een lezer hoefde niet meer een lang document uit te rollen om een passage te vinden, maar kon gewoon naar de juiste pagina bladeren.

In de dertiende eeuw, rond dezelfde tijd dat we boeken beginnen te zien met een indeling in hoofdstukken, werd de eerste Bijbelconcordantie samengesteld, een imposant register waar de noeste arbeid van vijfhonderd Parijse monniken mee gemoeid was. Voor het eerst kon een lezer de Bijbel raadplegen zonder hem al eerder te hebben gememoriseerd. Je kon een fragment opzoeken zonder dat uit je hoofd te kennen of de tekst helemaal door te moeten lopen. Al snel na deze concordantie begonnen er andere boeken met een alfabetisch register, paginanummers en een inhoudsopgave te verschijnen, die op hun beurt meehielpen de essentie te veranderen van wat een boek tot dan toe was geweest.

Het probleem met boeken vóór de introductie van registers en inhoudsopgaven is dat het onmogelijk was erdoorheen te navigeren, hoeveel informatie er ook in een rol of tussen de omslagen van een boek mocht zijn vervat. Wat het brein tot zo'n verbazingwekkend instrument maakt is niet alleen de enorme hoeveelheid informatie die het herbergt, maar ook het gemak en de efficiëntie waarmee het die informatie kan terugvinden. Het maakt gebruik van het grootste *random-access*-register dat ooit is uitgevonden, eentje dat computerwetenschappers nog bij lange na niet hebben weten na te bootsen. Waar het register van een boek één adres – een paginanummer – voor elk belangrijk onderwerp levert, heeft elk onderwerp in de hersenen honderden, zo niet duizenden adressen. Ons interne geheugen is associatief, niet-lineair. Je hoeft niet te weten waar een specifieke herinnering is opgeslagen om haar te kunnen vinden. Ze duikt gewoon op – of niet natuurlijk – als je haar nodig hebt. Vanwege het dichte netwerk dat onze herinneringen met elkaar verbindt, kunnen we heel snel van herinnering naar herinnering en van gedachte naar gedachte springen. Van Barry White naar de kleur wit naar melk naar de Melkweg is conceptueel gezien een lange reis, maar neurologisch gezien slechts een kort tochtje.

Registers betekenden een grote stap vooruit, omdat we er op dezelfde niet-lineaire wijze toegang tot boeken mee verkregen als we toegang hebben tot ons interne geheugen. Ze hielpen het boek te transformeren in zoiets als een moderne cd, waarbij je meteen naar het nummer kunt springen dat je horen wilt, tegenover een boek zonder register, dat je, net als een cassettebandje, dwingt je omslachtig door lange lappen materiaal heen te werken tot je het fragment hebt gevonden dat je zocht. Samen met paginanummering en inhoudsopgaven veranderde het register het idee van wat een boek was, en wat het voor geleerden kon betekenen. De historicus Ivan Illich betoogde dat het een dermate belangrijke uitvinding was dat 'het gerechtvaardigd is te spreken van de pre- en postregistermiddeleeuwen'. Naarmate het steeds eenvoudiger werd iets in een boek op te zoeken, verdween geleidelijk de noodzaak om de inhoud ervan in het geheugen te bewaren, en het begrip 'eruditie' ontwikkelde zich van het bezitten van parate kennis naar weten waar je informatie kon vinden in de labyrintische wereld van het externe geheugen.

Voor onze geheugengebonden voorouders had het oefenen van hun geheugen niet tot doel een 'levend boek' te worden, maar eerder een 'levende concordantie', een wandelend register van alles wat ze hadden gelezen en alle informatie die ze zich eigen hadden gemaakt. Het ging om meer dan alleen de eigenaar te zijn van een interne bibliotheek van feiten, citaten en denkbeelden; het ging erom de inhoud zo te organiseren dat die toegankelijk was. Neem bijvoorbeeld Petrus van Ravenna, een toonaangevende rechtskundige (én, zo krijg je de indruk, een van de toonaangevende zelfpromotoren) in het vijftiende-eeuwse Italië, die een van de succesvolste geheugenhandboeken van dat tijdperk schreef. De *Phoenix*, zoals de titel luidde, werd in meerdere landen in vertaling uitgebracht en door heel Europa herdrukt. Het was slechts het beroemdste van een handvol geheugentraktaten die na de dertiende eeuw het licht zag en die eraan bijdroeg geheugentechnieken, die lange tijd het exclusieve terrein van geleerden en monniken waren geweest, beschikbaar te maken voor een breder publiek van artsen, advocaten, handelaren en andere mensen die gewoon dingen wilden leren onthouden. Er zijn boeken uit die periode over allerhande mnemonische onderwerpen, zoals hoe je gebruik kunt maken van de geheugenkunst bij gokspelletjes, of om schuldvorderingen bij te houden, of de lading van schepen te memoriseren, of de namen van nieuwe kennissen, of speelkaarten. Petrus zelf beroemde zich erop dat hij twintigduizend wettelijke bepalingen, duizend teksten van Ovidius, tweehonderd redevoeringen en citaten van Cicero, driehonderd uitspraken van filosofen, zevenduizend teksten van de Heilige Schrift en nog een hele verzameling andere klassieke werken uit zijn hoofd had geleerd.

Als hij niets omhanden had, herlas hij de boeken die hij in zijn vele geheugenpaleizen had ondergebracht. 'Toen ik mijn landstreek verliet om op pelgrimstocht te gaan langs de steden van Italië, zo kan ik naar waarheid zeggen, droeg ik alles mee wat ik bezat,' schreef hij. Om al die beelden op te kunnen slaan begon Petrus met honderdduizend loci, maar tijdens zijn reizen door Europa pikte hij voortdurend nieuwe geheugenpaleizen op. Hij stelde een mentale bibliotheek samen van bronnen en citaten over ieder belangrijk onderwerp, gerangschikt naar alfabet. Hij pochte bijvoorbeeld dat hij in zijn hersenen onder de letter A informatie bewaarde over de onderwerpen '*de alimentis, de alienatione, de absentia, de arbitris, de appellationibus, et de similibus quae jure nostro habentur incipientibus in dicta littera A* – 'over levensmiddelen, over buitenlands bezit, over afwezigheid, over rechters, over hoger beroepen en over vergelijkbare kwesties in ons rechtsstelsel die met de letter A beginnen'. Elk stukje informatie kreeg een specifiek adres toegekend. Als hij over een bepaald onderwerp wilde spreken, hoefde hij alleen maar in de juiste kamer van het juiste geheugenpaleis te kijken om de juiste bron tevoorschijn te halen.

Als onthouden het doel van lezen is, zoals het dat was voor Petrus van Ravenna, benader je een tekst heel anders dan de meeste mensen vandaag de dag doen. Tegenwoordig hechten we waarde aan snel en breed lezen, wat een oppervlakkigheid met zich meebrengt in de manier waarop we boeken tot ons nemen en in wat we uit die boeken proberen te halen. Het is onmogelijk een pagina per minuut te lezen, waarschijnlijk het tempo waarin je dit boek leest, en dan te verwachten dat je je nog lange tijd zult herinneren wat je gelezen hebt. Als je iets wilt onthouden moet je erbij stilstaan, het herhalen.

In zijn essay *The First Steps Toward a History of Reading* beschrijft Robert Darnton de omschakeling van 'intensief' naar 'extensief' lezen toen het aantal boeken snel begon te groeien. Tot betrekkelijk kort geleden lazen de mensen nog 'intensief', merkt Darnton op. 'Ze hadden maar een paar boeken – de Bijbel, een almanak, een paar stichtelijke werken – en die lazen ze steeds opnieuw, meestal hardop en in groepen, waardoor een beperkte hoeveelheid traditionele literatuur diep in hun bewustzijn ingeprent raakte.'

Maar met de uitvinding van de drukpers in 1440 begon er langzaam iets te veranderen. In de eerste eeuw na Gutenberg verveertienvoudigde het aantal bestaande boeken. Voor het eerst was het ook voor de minder dan steenrijke mensen mogelijk er een kleine bibliotheek in hun eigen huis op na te houden, en zo een schat aan eenvoudig te raadplegen externe herinneringen bij de hand te hebben.

Tegenwoordig lezen we boeken 'extensief', zonder ons er langdurig op te concentreren, en lezen we, op een enkele uitzondering na, elk boek maar één keer. We vinden de kwantiteit van lezen belangrijker dan de kwaliteit. We hebben geen keus, als we de bredere cultuur willen bijhouden. Zelfs in zeer gespecialiseerde vakgebieden kan het een sisyfusarbeid zijn om boven op de immer groeiende berg van woorden te blijven die elke dag op de wereld worden losgelaten.

Weinigen van ons doen serieuze pogingen om te onthouden

wat we lezen. Als ik een boek lees, wat hoop ik er dan een jaar later nog van te weten? Als het non-fictie is misschien de stelling, als het boek die heeft. Een paar smakelijke details wellicht. Als het fictie is een ruwe schets van de verhaallijn, iets over de hoofdpersonen (in elk geval hun naam) en een algemeen waardeoordeel over het boek. En waarschijnlijk zal zelfs dat allemaal vervagen. Als ik naar mijn planken kijk, naar de boeken die zo veel uren van mijn leven hebben opgeslokt, word ik daar altijd een beetje mistroostig van. *Honderd jaar eenzaamheid*: ik herinner me magisch realisme en dat ik ervan genoten heb. Maar dat was het wel zo'n beetje. Ik weet niet eens meer wanneer ik het gelezen heb. Over *Wuthering Heights* herinner ik me precies twee dingen: dat ik het op de middelbare school heb gelezen voor Engels en dat er iemand in voorkwam die Heathcliff heette. Ik weet niet meer of ik het een mooi boek vond.

Ik denk niet dat ik een buitengewoon slechte lezer ben. Ik vermoed dat veel mensen, misschien wel de meeste, net zo zijn als ik. We lezen en lezen en lezen, en we vergeten en vergeten en vergeten. Dus waar doen we het dan eigenlijk voor? In de zestiende eeuw bracht Michel de Montaigne het dilemma van extensief lezen onder woorden: 'Ik blader door boeken heen, ik bestudeer ze niet,' schreef hij. 'Wat ik ervan onthoud, is iets wat ik niet langer herken als zijnde van een ander. Het is slechts het materiaal waarmee ik mijn inzicht heb verrijkt, en de gedachten en ideeën waarvan het doordrenkt is geraakt, de auteur, de plaats, de woorden en andere omstandigheden, vergeet ik terstond.' Vervolgens legt hij uit hoe hij 'om het verraad en de zwakte van mijn geheugen enigszins te compenseren', de gewoonte aannam om achter in ieder boek een kort oordeel te noteren, zodat hij later in elk geval nog een globaal idee had waar het over ging en wat hij ervan vond.

Je zou denken dat de geboorte van de boekdrukkunst, die het vermogen herinneringen op papier te bewaren onnoemelijk vergrootte, de oude geheugentechnieken meteen irrelevant zou hebben gemaakt. Maar dat is niet wat er gebeurde. Althans, niet meteen. Paradoxaal genoeg maakte de geheugenkunst juist in die periode van de geschiedenis, toen haar dagen geteld leken, zelfs haar grootste opleving door.

Sinds Simonides draaide de geheugenkunst om het creëren van architecturale ruimtes in de fantasie. Maar in de zestiende eeuw had de Italiaanse filosoof en alchemist Giulio Camillo – die door zijn vele bewonderaars de 'Goddelijke Camillo' werd genoemd en 'de Oplichter' door zijn vele lasteraars – de slimme ingeving om datgene concreet te maken wat in de tweeduizend jaar daarvoor een ontastbaar idee was geweest. Hij bedacht dat het systeem een stuk beter zou werken als iemand de metafoor van het geheugenpaleis in een echt houten gebouw zou omtoveren. Hij stelde zich voor dat hij een 'Geheugentheater' zou bouwen dat kon dienen als een universele bibliotheek waarin alle kennis van de mensheid bewaard werd. Het klinkt wellicht als het uitgangspunt van een verhaal van Borges, maar het was een echt project, met echte financiers, en het maakte Camillo tot een van de beroemdste mensen van heel Europa. Koning Frans de Eerste van Frankrijk liet Camillo beloven dat hij de geheimen van zijn theater aan niemand anders zou onthullen dan aan hem, en investeerde vijfhonderd dukaten in de bouw.

Camillo's houten geheugenpaleis was ontworpen als een Romeins amfitheater, alleen keek de toeschouwer niet vanaf zijn zitplaats omlaag naar het speelvlak, maar stond hij zelf in het midden en blikte hij omhoog naar een rond bouwwerk van zeven verdiepingen. Overal in het theater bevonden zich schilderingen van kabbalistische en mythologische figuren, evenals eindeloze rijen laden en dozen met kaarten waarop alles gedrukt stond wat bekend was, en – zo werd beweerd – alles wat kenbaar was, waaronder citaten van de grote auteurs, gerangschikt naar onderwerp. Je hoefde alleen maar diep over een symbolisch beeld na te denken, en dan zou alle kennis die in een bepaalde sectie van het theater was opgeslagen onmiddellijk in je herinnering naar boven komen en je in staat stellen 'met de welsprekendheid van Cicero over elk onderwerp te debatteren'. Camillo verklaarde dat 'het principe van loci en beelden ons de mogelijkheid biedt alle menselijke concepten en alle dingen die in de wereld zijn in het hoofd vast te houden en te beheersen'.

Dat was een stoutmoedige bewering en achteraf klinkt het inderdaad als flessentrekkerij. Maar Camillo geloofde heilig dat er een reeks magische symbolen bestond die de hele kosmos organisch konden belichamen. Zoals het beeld van de she-male voor het begrip 'e-mailen' stond in het eerste geheugenpaleis dat ik voor Eds to-do-lijst oprichtte, meende Camillo dat er beelden waren die omvangrijke en krachtige concepten over het universum in zich konden verenigen, en eenvoudigweg door die beelden te memoriseren zouden je de verborgen verbanden worden onthuld die aan alles ten grondslag liggen.

Er werd een houten schaalmodel van Camillo's theater tentoongesteld in Venetië en in Parijs, en er werden honderden, misschien wel duizenden, kaarten vervaardigd om de dozen en laden van het theater mee te vullen. De kunstenaars Titiaan en Salviati kregen de opdracht de symbolische beelden voor het theater te schilderen. Maar meer dan dat lijkt er niet van de grond te zijn gekomen. Het theater zelf werd nooit gebouwd en het enige wat rest van het grootschalige plan is een dun, postuum verschenen boekje, *L'idea del teatro*, dat Camillo in de loop van een week op zijn sterfbed dicteerde. Het is geschreven in de toekomende tijd, zonder afbeeldingen of diagrammen, en het is, om het mild te stellen, een verwarrend werk.

De man die de ultieme technologie om te onthouden beloofde was al grotendeels door de geschiedenis vergeten – 'goddelijk' legde het in praktisch iedere beoordeling af tegen 'oplichter' – toen Camillo's reputatie in de twintigste eeuw in ere werd hersteld dankzij de inspanningen van de historica Frances Yates, die de blauwdruk van het theater reconstrueerde in haar boek *De geheugenkunst*, en van de Italiaanse hoogleraar literatuur Lina Bolzoni, die liet zien dat je Camillo's theater niet zomaar kon wegzetten als het werk van een krankzinnige, maar dat het feitelijk de apotheose was van de denkbeelden die een heel tijdperk over het geheugen koesterde.

De renaissance, met zijn kersverse vertalingen van Oudgriekse teksten, leidde tot een hernieuwde fascinatie voor Plato's idee dat er een transcendentale ideale realiteit bestaat waarvan onze eigen wereld niet meer dan een zwakke afspiegeling is. In Camillo's neoplatonische visie van het universum waren beelden in de geest een manier om toegang te verkrijgen tot dat ideale rijk, en bood de geheugenkunst een geheime sleutel tot de ontsluiering van de occulte structuur van het universum. Het geheugen werd omgevormd van een retorisch middel, dat het voor de mensen in de klassieke oudheid was geweest, en instrument van devote meditatie, dat het voor de middeleeuwse scholastici was geweest, tot een puur mystieke kunst.

Maar eerder nog dan Camillo moet de dominicaner monnik Giordano Bruno als de grootste beoefenaar van deze duistere, mystieke vorm van mnemotechniek worden beschouwd. In zijn boek *De umbris idearum*, dat in 1582 werd uitgegeven, beloofde Bruno dat zijn kunst 'niet alleen het geheugen zal helpen, maar eveneens alle krachten van de ziel'. Voor Bruno was geheugentraining de sleutel tot spirituele verlichting.

Bruno gaf op zeker moment letterlijk een nieuwe draai aan de oude geheugenkunst. Geïnspireerd door de dertiende-eeuwse Catalaanse filosoof en mysticus Ramón Llull, wiens achternaam een palindroom is, bedacht hij een toestel dat hem in staat zou stellen ieder woord in een uniek beeld om te zetten. Bruno verbeeldde zich een reeks concentrische wielen, elk met honderdvijftig letterparen rond de buitenrand die overeenkwamen met alle bestaande combinaties van de dertig letters van het alfabet (de drieëntwintig letters van het Latijn plus zeven Griekse en Hebreeuwse letters waarvoor in het Latijnse alfabet geen equivalent bestond) en de vijf klinkers: AA, AE, AI, AO, AU, BA, BE, BO et cetera. Op het binnenste wiel was elk van de honderdvijftig letterparen gekoppeld aan een verschillende mythische of occulte figuur. Op de buitenrand van het volgende wiel correspondeerden honderdvijftig handelingen en probleemsituaties – 'varen', 'op het tapijt', 'gebroken' – met de letterparen op dat wiel. Het derde wiel bestond uit honderdvijftig bijvoeglijke naamwoorden, het vierde wiel uit honderdvijftig voorwerpen en het vijfde wiel uit honderdvijftig 'omstandigheden' zoals 'getooid met parels' of 'gezeten op de rug van een zeemonster'. Door de wielen in de juiste stand ten opzichte van elkaar te draaien kon je elk woord tot vijf lettergrepen lang vertalen in een uniek levendig beeld. Het woord *crocitus*, Latijn voor 'het krassen van een raaf', wordt bijvoorbeeld een beeld van de Romeinse godheid 'Pilumnus die snel nadert op de rug van een ezel met een verband om zijn arm en een papegaai op zijn hoofd'. Bruno was ervan overtuigd dat zijn ondoorzichtige en prettig gestoorde uitvinding een grote stap vooruit betekende voor de geheugenkunst – van eenzelfde gewicht, zo verkondigde hij, als de technologische sprong van het kerven van letters in bomen naar dc drukpers.

Maar Bruno's ontwerp, met zijn elementen van het magische en het occulte, was de kerk een doorn in het oog. Zijn onorthodoxe denkbeelden, waartoe ketterijen behoorden als een geloof in de heliocentrische theorie van Copernicus en de overtuiging dat Maria geen maagd was, deden hem uiteindelijk in de ongenadige armen van de inquisitie belanden. Hij stierf in 1600 op de brandstapel op het Campo dei Fiori in Rome; zijn as werd uitgestrooid in de Tiber. Tegenwoordig staat er een standbeeld van Bruno op het plein waar hij geofferd werd, een inspiratiebron voor vrijdenkers en geheugenatleten wereldwijd.

Toen tijdens de verlichting de renaissancistische obsessie met occulte geheugentheaters en wielen van Llull eindelijk was uitgedoofd, kwam de geheugenkunst in een nieuw maar minstens even dwaas tijdperk terecht – dat van de 'hoe word ik snel slim'-projecten –, waaraan ze zich tot op de dag van vandaag nog niet heeft weten te ontworstelen. In de negentiende eeuw werden meer dan honderd verhandelingen over mnemotechniek gepubliceerd, met titels als *American Mnemotechny* en *How to Remember*. Ze vertonen een opmerkelijke overeenkomst met de boeken voor geheugenverbetering die je op de zelfhulpafdeling van boekwinkels aantreft. Het populairste van die negentiende-eeuwse mnemotechnische handboeken is geschreven door professor Alphonse Loisette, een Amerikaanse 'geheugendoctor' die, zo staat in één artikel, in weerwil van zijn eersteklas geheugen 'op de een of andere manier niet meer wist dat hij geboren was als Marcus Dwight Larrowe en geen academische titel bezat'. Het feit dat ik op internet honderdzesendertig tweedehands exemplaren vond van Loisettes boek *Physiological Memory: The Instantaneous Art of Never Forgetting* uit 1886 – die soms voor niet meer dan 1,25 dollar te koop werden aangeboden – geeft aan hoe immens populair hij ooit was.

Loisettes boek bestaat hoofdzakelijk uit een omschrijving van een reeks mnemonische systemen voor het onthouden van allerhande trivia, zoals de volgorde van de Amerikaanse presidenten, de Ierse graafschappen, het morsealfabet, de Britse infanterieregimenten en de naam en functie van de negen paar hersenzenuwen. Loisette beweerde dat zijn systeem in geen enkel verband stond met de klassieke mnemotechniek, waarover hij zich laatdunkend uitliet, en dat hij geheel op eigen kracht de 'wetten van het natuurlijke geheugen' had ontdekt.

Loisette rekende de niet geringe som van vijfentwintig dollar (in huidige bedragen ongeveer vijfhonderd dollar) per persoon om zijn kennis over te brengen op zijn leerlingen tijdens cursussen die hij door het hele land gaf, waaronder gastcolleges op vrijwel alle prestigieuze universiteiten aan de oostkust. Iedereen die werd ingewijd in het 'Loisette-systeem' moest een geheimhoudingscontract ondertekenen waarin een boete van vijfhonderd dollar (omgerekend naar huidige maatstaven meer dan tienduizend dollar) was vastgesteld voor het openbaar maken van zijn methoden. Kennelijk viel er een aardige cent te verdienen met het slijten van de geheimen van geheugenverbetering aan een goedgelovig Amerikaans publiek. Volgens eigen opgaaf verdiende de doctor in de winter van 1887 in veertien weken tijds het equivalent van bijna een half miljoen dollar uit onze tijd.

In 1887 kruiste Samuel L. Clemens, beter bekend als Mark Twain, voor het eerst het pad van Loisette, waarna hij zich inschreef voor een geheugencursus van meerdere weken. Twain beweerde altijd dat zijn 'geheugen alleen met losse flodders schoot', en hij was al heel lang geïnteresseerd in een manier om het te verbeteren. Na afloop van de cursus was hij diep overtuigd van de waarde van Loisettes systeem. Hij was zelfs zo gecharmeerd van Loisette dat hij een vlugschrift uitbracht waarin hij beweerde tienduizend dollar per uur nog spotgoedkoop te vinden voor de onschatbare trucs van de doctor. Later zou hij spijt krijgen van deze lof, maar pas toen die zijn weg al had gevonden naar praktisch alles wat van Loisettes hand in drukvorm is verschenen.

In 1888 publiceerde G.S. Fellows, gedreven door 'die sterke hang naar rechtvaardigheid en aangeboren liefde voor de vrijheid die iedere ware Amerikaan kenmerken', een boek getiteld *'Loisette' Exposed*, waarin hij uitlegde dat 'professor' 'Loisette' – jazeker, beide woorden hadden hun eigen aanhalingstekens – een 'mooiprater en bedrieger' was. Het 224 pagina's tellende boek onthulde dat Loisettes methoden óf uit oudere bronnen waren gejat en verpakt in een nieuw jasje, óf aanzienlijk meer beloofden dan ze konden waarmaken. Iemand die zo goed wist wat er in de wereld omging als Mark Twain had de mooipraterij en het bedrog van Loisette eigenlijk moeten doorzien, maar Twain was gevoelig voor modegrillen en altijd geïnteresseerd in het nieuwste van het nieuwste. (Hij investeerde driehonderdduizend dollar – zeven miljoen dollar nu – in de Paige-zetmachine, een vroege rivaal van de linotype, en dat was slechts het rampzaligste van de diverse ambitieuze projecten waarin hij zijn geld stak.)

Twain experimenteerde ook zelf voortdurend met nieuwe geheugentechnieken die hem konden helpen bij het geven van lezingen. Aan het begin van zijn carrière schreef hij de eerste letter van elk onderwerp dat hij in zijn voordracht wilde aansnijden op een van zijn tien vingernagels, maar dat werkte niet zo erg goed, omdat het publiek hem begon te verdenken van een ijdele belangstelling voor zijn handen. In de zomer van 1883, toen hij *Huckleberry Finn* aan het schrijven was, liet Twain zijn werk even voor wat het was om een spel te ontwikkelen waarmee zijn kinderen de regeringsperiodes van de Engelse koningen konden leren. Twain gaf de lengte van de periodes aan met paaltjes die hij langs een weg bij zijn huis uitzette. Daarmee veranderde hij feitelijk zijn achtertuin in een geheugenpaleis. In 1885 vroeg hij patent aan op 'Mark Twain's Memory Builder: A Game for Acquiring and Retaining All Sorts of Facts and Dates'. Twains notitieboeken bevatten de ene na de andere pagina die gewijd is aan zijn geheugenspel.

Twain zag het al helemaal voor zich: landelijke clubs voor de beoefening van zijn mnemotechnische spel, vaste columns in de kranten, een boek en internationale wedstrijden met prijsuitreikingen. Hij was ervan overtuigd dat Amerikaanse scholieren alle historische en wetenschappelijke feiten die ze moesten kennen met behulp van zijn ingenieuze uitvinding bijgebracht konden worden. 'Dichters, staatslieden, kunstenaars, helden, veldslagen, plagen, sociale omwentelingen, revoluties [...] de uitvinding van het logaritme, de microscoop, de stoommachine, de telegraaf – alles uit de hele wereld – we hebben het allemaal tussen de Engelse paaltjes gedeponeerd,' schreef hij in 1899 in zijn essay *How to Make History Dates Stick*. Helaas ontpopte het spel zich tot een financieel fiasco, net als de Paige-zetmachine, en was Twain uiteindelijk gedwongen er een punt achter te zetten. Hij schreef zijn vriend, de romancier William Dean Howells: 'Als je nog nooit hebt geprobeerd een historisch spel voor binnenshuis uit te vinden, begin er dan ook niet aan.'

Net als zovelen vóór hem had Twain zich laten verleiden door het idee dat vergeetachtigheid kon worden overwonnen. Hij had van hetzelfde mesjokke elixer gedronken dat Camillo en Bruno en Petrus van Ravenna had bedwelmd, en zijn verhaal zou eigenlijk door iedereen die aan een cursus geheugentraining begint als een waarschuwing moeten worden opgevat. Achteraf gezien hadden de overeenkomsten tussen dr. Loisette en de geheugengoeroes van deze tijd me er misschien wel toe moeten aanzetten hard weg te rennen. En toch deden ze dat niet.

Twain leefde in een tijd waarin de technieken voor het registreren en terughalen van externe herinneringen – papier, boeken, de nog niet lang daarvoor uitgevonden foto en de fonograaf – nog primitief waren, vergeleken met wat we nu hebben. Hij had nooit kunnen voorzien hoe de verbreiding van digitale informatie aan het begin van de eenentwintigste eeuw het tempo zou verhogen waarin onze cultuur in staat is haar herinneringen extern op te slaan. Met onze blogs en tweets, digitale camera's en e-mailarchieven van eindeloos veel gigabyte betekent deelname aan de internetcultuur dat je tegenwoordig een spoor van immer aanwezige, altijd op te zoeken, duurzame externe herinneringen achterlaat, dat met je leeftijd alleen maar groeit. Naarmate een steeds groter segment van ons leven zich naar het internet verplaatst, wordt er steeds meer vastgelegd en bewaard op manieren die de relatie tussen ons interne en externe geheugen drastisch veranderen. We lijken af te koersen op een toekomst waarin we kunnen beschikken over een alomvattend extern geheugen, dat grote delen van onze dagelijkse activiteiten registreert.

Iemand die me daarvan pas goed overtuigde, was een drieënzeventigjarige computerwetenschapper bij Microsoft, Gordon Bell. Bell beschouwt zichzelf als de wegbereider van een nieuwe beweging die het extern maken van het geheugen tot zijn logische uiterste doorvoert: een definitieve ontsnapping aan de biologie van het onthouden.

'Met elke dag die er verstrijkt, vergeet ik meer en onthoud ik minder,' schrijft Bell in zijn boek *Total Recall: How the E-Memory Revolution Will Change Everything*. 'Wat als je dat lot zou kunnen overwinnen? Wat als je nooit iets hoefde te vergeten, maar volledige controle had over wat je je herinnerde, en wanneer?'

Sinds tien jaar houdt Bell er een digitaal 'surrogaatgeheugen' op na, ter aanvulling van het geheugen in zijn hersenen.

Het dient als een archief om alles in op te slaan wat vergeten zou kunnen worden. Om Bells nek hangt permanent een piepkleine digitale camera, een zogenoemde SenseCam, die ieder beeld filmt dat hij voor zijn ogen ziet. Een digitale recorder legt ieder geluid vast dat hij hoort. Hij neemt ieder gesprek op dat hij via zijn vaste telefoon voert en scant iedere pagina die hij leest onmiddellijk in zijn computer in. De goedlachse Bell, die volkomen kaal is en een rechthoekige bril draagt en een zwarte coltrui, noemt dit proces van obsessief archiveren *lifelogging*.

Dat obsessieve registreren kan vreemd lijken, maar dankzij de scherp dalende prijzen van digitale opslag, de toenemende alomtegenwoordigheid van digitale sensoren en verbeterde kunstmatige intelligentie waarmee we de brij van gegevens die we continu verzamelen kunnen doorzoeken, wordt het almaar makkelijker om steeds meer informatie over de wereld om ons heen vast te leggen en te onthouden. Misschien zullen we nooit rondlopen met een cameraatje om onze nek, maar Bells visioen van een toekomst waarin computers alles onthouden wat we meemaken, is lang zo absurd niet als het mogelijkerwijs klinkt.

In de jaren zestig en zeventig heeft Bell naam en fortuin gemaakt als een vroege computerpionier bij de Digital Equipment Corporation. (Hij werd wel de 'Frank Lloyd Wright van de computers' genoemd.) Hij is een geboren ingenieur, dus als hij problemen ziet probeert hij daar oplossingen voor te ontwerpen. Met de SenseCam hoopt hij een fundamenteel menselijk probleem op te lossen, namelijk dat we ons leven bijna even snel vergeten als we het leiden. Maar waarom zou je een herinnering laten vervagen als er technische oplossingen zijn om haar te behouden?

In 1998 begon Bell, met de hulp van zijn assistente Vicki Rozyki, zijn *lifelog* van inhoud te voorzien door één voor één de documenten te scannen uit de tientallen archiefdozen die hij vanaf de jaren vijftig had gevuld. Al zijn oude foto's, boekjes met technische aantekeningen en paperassen werden gedigitaliseerd. Zelfs de logo's op zijn T-shirts ontsnapten niet aan de scanner. Bell, die altijd alles zorgvuldig bewaarde, schat dat hij driekwart van de spullen die hij ooit bezat heeft gescand en weggegooid. Op dit moment neemt zijn lifelog 170 gigabyte in beslag, en het groeit nog steeds met een snelheid van ongeveer een gigabyte per maand. Het bevat ruim honderdduizend e-mails, vijfenzestigduizend foto's, honderdduizend documenten en tweeduizend telefoongesprekken. En het past allemaal met gemak op een harde schijf van honderd dollar.

Bell kan een paar sensationele kunstjes uitvoeren met zijn 'surrogaatgeheugen'. Een speciaal gebouwde zoekmachine stelt hem in staat in een oogwenk te bepalen waar en met wie hij op een willekeurig moment in de tijd was, en vervolgens, in theorie, na te gaan wat die persoon heeft gezegd. En omdat hij een fotografisch document heeft van alle plaatsen waar hij ooit is geweest en van alles wat hij ooit heeft gezien, heeft hij geen excuus meer om iets kwijt te raken. Zijn digitale geheugen vergeet nooit.

Foto's, video's en digitale opnamen zijn, net als boeken, geheugenprothesen – episoden in de lange reis die begon toen de Egyptische god Thot bij koning Thamus kwam en hem het schrift wilde schenken als een 'middel voor zowel het geheugen als voor wijsheid'. Lifelogging is de volgende logische stap. Misschien zelfs wel de logische laatste stap, een soort bewijs uit het ongerijmde van een culturele transformatie die zich al duizenden jaren aan het voltrekken is.

Ik wilde Bell graag ontmoeten en zijn externe geheugen aan het werk zien. Zijn project leek het ultieme tegenargument te zijn tegen mijn inspanningen om mijn interne geheugen te trainen. Als de toekomst is aan computers die nooit vergeten, waarom zouden we dan nog hersenen willen hebben die iets onthouden?

Toen ik hem opzocht in zijn onberispelijke Microsoft Research-kantoor met uitzicht op de San Francisco Bay, liet Bell me zien hoe hij zijn externe geheugen gebruikt om dingen te vinden die verdwenen zijn in zijn interne geheugen. Omdat herinneringen associatief zijn, is het opsporen van een zoekgeraakt feit dikwijls een kwestie van proberen er langs een andere weg bij te komen. 'Laatst zocht ik een huis dat ik op internet had bekeken,' vertelde Bell me, terwijl hij achterover ging zitten in zijn stoel. 'Het enige wat ik me er nog van kon herinneren was dat ik op het moment zelf de makelaar aan de telefoon had.' Hij bracht in zijn computer een tijdlijn van zijn leven naar boven, vond het telefoontje en haalde daarna onmiddellijk alle websites op die hij geopend had tijdens zijn gesprek met de makelaar. 'Ik zie het als een soort informatieweerhaken,' zei Bell. 'Je hoeft je alleen maar een haakje te herinneren.' Hoe meer weerhaken er in je digitale geheugen opgeslagen zijn, hoe eenvoudiger je vindt wat je zoekt.

Bell heeft een schat aan externe herinneringen meteen bij de hand. Zijn grootste probleem is, zo lijkt me, het lot te ontlopen van Funes en S, die verdronken in een zee van betekenisloze trivia. Veel van ons onthouden voltrekt zich op het moment van coderen, omdat we ons doorgaans alleen de dingen herinneren waaraan we aandacht besteden. Maar Bells lifelog besteedt aan alles aandacht. 'Nooit filteren en nooit iets weggooien' is zijn motto.

'Voelt u zich nooit belast door de enorme hoeveelheid herinneringen die u verzamelt?' vroeg ik hem.

Hij lachte smalend om het idee. 'Absoluut niet, ik ervaar het als enorm bevrijdend.'

De SenseCam is geen mooi apparaat. Het is een zwart doosje, ongeveer ter grootte van een pakje sigaretten, dat om Bells nek hangt. Onopvallend kun je hem niet noemen. Maar ja, de eerste computers namen hele kamers in beslag en de eerste mobiele telefoons waren zo groot als een baksteen. Het vergt weinig fantasie om je voor te stellen hoe toekomstige versies van de SenseCam in een bril kunnen worden ingebouwd, of onopvallend in een kledingstuk verwerkt, of zelfs onder de huid of in het netvlies geïmplanteerd.

Voorlopig sluiten Bells interne en externe herinneringen nog niet naadloos op elkaar aan. Om toegang te verkrijgen tot een van zijn opgeslagen externe herinneringen moet hij die nog altijd eerst zien te vinden in zijn computer en vervolgens via zijn ogen en oren opnieuw in zijn hersenen invoeren. Zijn lifelog mag dan een extensie van hem zijn, het is nog geen onderdeel van hem. Maar is het zo vergezocht om te denken dat in de niet al te verre toekomst de kloof tussen wat Bells computer weet en wat zijn hersenen weten volledig kan verdwijnen? Op den duur is ons brein misschien wel direct en naadloos met ons lifelog te verbinden, zodat ons externe geheugen functioneert en aanvoelt alsof het intern is. En uiteraard zal ons brein dan ook verbonden zijn met 's werelds grootste externe geheugenopslagplaats, het internet. Een surrogaatgeheugen dat zich alles herinnert en waar je even natuurlijke toegang toe hebt als tot de herinneringen die in je zenuwcellen zijn opgeslagen: het zou het beslissende wapen zijn in de oorlog tegen vergeten.

Dat klinkt wellicht als sciencefiction, maar cochleaire implantaten zijn al in staat geluidsgolven om te zetten in elektrische impulsen en die naar de hersenstam te leiden, waardoor mensen die voorheen doof waren kunnen horen. Deze elektronica is reeds in het hoofd van tweehonderdduizend mensen ingebracht. En met behulp van primitieve cognitieve implantaten die een directe interface creëren tussen de hersenen en een computer kunnen verlamden en ALS-patiënten puur op gedachtekracht een computercursor of een prothese of zelfs een digitale stem aansturen. Deze neuroprothesen, die zich nog in de experimentele fase bevinden en tot nu toe maar bij een kleine groep patiënten zijn geïmplanteerd, tappen in feite de hersenen af en maken directe communicatie tussen mens en machine mogelijk. De volgende stap is een hersen-computerinterface die de geest rechtstreeks gegevens laat uitwisselen met een digitale geheugenbank, een project waar een paar pioniers al mee bezig zijn en dat in de komende decennia vrijwel zeker zal uitgroeien tot een belangrijk onderzoeksgebied.

Je hoeft geen reactionair of fundamentalist of tegenstander van technische vooruitgang te zijn om je af te vragen of het op een computer aansluiten van je hersenen en naadloos samenvoegen van je interne en externe geheugen wel zo'n fantastisch idee is. Tegenwoordig piekeren bio-ethici heel wat af over brandende kwesties als genetische manipulatie en neurotropische 'cognitieve steroïden', maar dergelijke innovaties vallen in het niet vergeleken met wat het zou betekenen als we een volledige verbinding tot stand konden brengen tussen ons interne en externe geheugen.

Een slimmer, langer, sterker, tegen ziekten bestand mens die honderdvijftig jaar oud wordt, is en blijft nog altijd een mens. Als je echter iemand een volmaakt geheugen zou kunnen geven en een geest die de directe beschikking heeft over de collectieve kennis van de mensheid, nou ja, dan wordt het misschien tijd om ons vocabulaire uit te breiden.

Maar in plaats van die herinneringen te zien als extern gemaakt of als overgeladen uit ons geheugen – als categorisch verschillend van de herinneringen in ons brein – moeten we ze misschien zien als een *extensie* van onze interne herinneringen. Tenslotte zijn er ook gradaties in de toegankelijkheid van interne herinneringen. Er zijn gebeurtenissen en feiten waarvan ik weet dat ik ze weet, maar niet weet hoe ik ze moet vinden. Zelfs als ik me niet meteen kan herinneren waar ik mijn zevende verjaardag heb gevierd of hoe de vrouw van mijn achterneef heet, houden die feiten zich toch ergens schuil in mijn geest, wachtend op de juiste aanwijzing om weer in het bewustzijn naar boven te komen, precies zoals alle feiten van Wikipedia zich op niet meer dan een muisklik afstand schuilhouden.

Wij westerlingen hebben de neiging het 'zelf', de ongrijpbare essentie van wie we zijn, te zien als een scherp afgebakende entiteit. Zelfs als de moderne cognitieve neurowetenschap het oude cartesiaanse idee heeft verworpen van een homunculusachtige ziel die vanuit de pijnappelklier het menselijk lichaam leidt, denken de meesten van ons nog altijd dat er ergens in onze bovenkamer een afzonderlijk 'ik' huist dat het stuur in handen heeft. In werkelijkheid is wat we als 'ik' ervaren bijna zeker veel diffuser en waziger dan we willen weten. In ieder geval hebben de meeste mensen het gevoel dat hun zelf zich onmogelijk buiten de grenzen van hun opperhuid zou kunnen uitstrekken tot in boeken, computers of een lifelog. Maar hoezo zou dat niet kunnen? Onze herinneringen, de essentie van onze persoonlijkheid, zijn met heel wat meer dingen verbonden dan met de zenuwcellen in onze hersenen alleen. Al minstens sinds de dagen van Socrates' diatribe tegen het schrift strekken onze herinneringen zich buiten onze hersenen tot in andere opslagplaatsen uit. Met zijn lifeloggingproject maakt Bell die waarheid slechts zichtbaar.

ACHT

Het okéniveau

Als je in de herfst van 2005 mijn werkkamer binnen was gelopen, zou je aan de muur boven mijn computermonitor een post-it – een van mijn externe herinneringen – hebben zien hangen. Steeds als mijn ogen van het scherm dwaalden las ik de woorden 'Vergeet Niet te Onthouden', een vriendelijke verwijzing naar het feit dat ik de komende maanden, dat wil zeggen: tot aan de Amerikaanse geheugenkampioenschappen, moest pogen mijn normale uitstelpatronen te vervangen door meer productieve mnemonische oefeningen. In plaats van over het web te surfen of een blokje om te gaan om mijn ogen te verfrissen, greep ik naar een lijst met willekeurige woorden en trachtte die te memoriseren. Als ik met de metro reisde had ik geen tijdschrift of boek bij me, maar trok een lijst met willekeurige cijfers tevoorschijn uit mijn tas. Had ik eigenlijk wel door hoe vreemd ik aan het worden was?

Ik probeerde nu ook in het dagelijks leven memorisatietechnieken te gebruiken, zelfs als ik niet oefende voor de arcane onderdelen waaruit het kampioenschap bestond. Wandelingen door de buurt werden een excuus om nummerborden in mijn geheugen te prenten. Ik begon griezelig veel aandacht te besteden aan naamspeldjes. Ik leerde mijn boodschappenlijstjes vanbuiten. Ik hield een agenda op papier bij, en daarnaast eentje in mijn hoofd. Steeds als iemand me een telefoonnummer gaf, plaatste ik het in een speciaal geheugenpaleis.

Het onthouden van getallen bleek een van de praktische toepassingen van het geheugenpaleis te zijn waarop ik me bijna iedere dag verliet. Ik maakte daarbij gebruik van het 'Major System', een techniek die rond 1648 door Johann Winkelmann werd bedacht en niet meer is dan een simpele code voor het omzetten van cijfers in fonetische klanken. Deze klanken bouw je vervolgens uit tot woorden, die op hun beurt de beelden leveren voor een geheugenpaleis. Dit is de code waarop ik me baseerde:

0	1	2	3	4
S	T of D	N	M	R
5	**6**	**7**	**8**	**9**
L	SH of CH	K of G	F of V	P of B

Zo vertaalt bijvoorbeeld het getal 32 zich in MN, 33 in MM en 34 in MR. Om deze medeklinkers betekenis te geven mag je er zo veel klinkers aan toevoegen als je wilt. Het getal 32 zou je in een beeld van een man kunnen veranderen, 33 in een beeld van je mama en 34 in een beeld van het Russische ruimtestation Mir. Op vergelijkbare wijze zou het getal 86 een fiche kunnen worden, 40 een roos en 92 een pen. Het getal 3219 zou je kunnen visualiseren als een man (32) die tuba (19) speelt. Evenzo laat 7879 zich omzetten in KFKP, dat je in een beeld van een koffiekop zou kunnen veranderen, of in een beeld van een kalf en een beeld van een kip. Het voordeel van het Major System is dat het simpel is en dat je het meteen kunt toepassen (toen ik het voor het eerst leerde, prentte ik er onmiddellijk de cijfers van mijn creditcard en bankrekeningnummers mee in mijn hoofd). Maar je kunt geen internationale geheugenwedstrijd winnen met het Major System.

Voor het memoriseren van lange getallenreeksen, zoals honderdduizend cijfers achter de komma van pi of de slaggemiddeldes van alle New York Yankees die in de Hall of Fame zijn opgenomen, maken de meeste geheugenatleten gebruik van de complexere methode die bij de Worldwide Brain Club (hét internetforum voor geheugenjunks, Rubik's cubers en wiskundecracks) bekendstaat als 'persoon-actie-object' of kortweg PAO. Het systeem is rechtstreeks terug te voeren op de geschifte combinatorische mnemotechniek van Giordano Bruno en Ramón Llull.

In het PAO-systeem staat elk tweecijferig getal van 00 tot 99 voor een beeld van een persoon die een actie uitvoert richting een object. Het getal 34 zou Frank Sinatra (persoon) kunnen zijn die croont (actie) in een microfoon (object), 13 zou je kunnen zien als David Beckham die een trap geeft tegen een bal en 79 als Superman die vliegt met een cape. Een zescijferig getal, 34-13-79 bijvoorbeeld, kan vervolgens in één beeld worden omgezet door de persoon van het eerste getal te combineren met de actie van het tweede en het object van het derde, in dit geval resulterend in Frank Sinatra die een trap geeft tegen een cape. Was het getal in plaats daarvan 79-34-13, dan zou de geheugenatleet het al even bizarre beeld kunnen oproepen van Superman die croont tegen een bal. Er is niets intrinsiek sinatriaans aan het getal 34 of beckhamesk aan 13. Anders dan bij het Major System zijn de associaties willekeurig en moeten van tevoren worden geleerd, wat wil zeggen dat je al veel moet onthouden alleen maar om te kunnen onthouden. Het vergt een grote investering in tijd en moeite om te concurreren in het geheugencircuit. Maar wat dit systeem zo effectief maakt, is dat het een uniek beeld genereert voor ieder getal van 0 tot 999.999. En omdat het algoritme onvermijdelijk bizarre taferelen oplevert zijn PAO-beelden van nature meestal goed te onthouden.

De geheugensport wordt gekenmerkt door een soort wapenwedloop. Elk jaar bedenkt iemand – doorgaans een geheugenatleet die tijdelijk zonder werk zit of een student die niets te doen heeft in de zomervakantie – een nog verder reikende techniek voor het nog sneller onthouden van nog meer dingen, wat de andere deelnemers dan weer dwingt hun achterstand in te lopen.

Zo had Ed het afgelopen halfjaar besteed aan de ontwikkeling van wat hijzelf beschreef als 'de omvangrijkste mnemonische kolos die ooit op een geheugenkampioenschap in stelling is gebracht'. Zijn nieuwe systeem, dat hij 'Millennium PAO' noemde, hield een opwaardering in van het tweecijferige systeem, dat de meeste Europese deelnemers gebruikten, naar een driecijferig systeem met duizend verschillende persoon-actie-objectbeelden. Het bood hem de mogelijkheid ieder getal van nul tot 999.999.999 in een uniek beeld om te zetten dat, zo viel te hopen, niet met enig ander verward zou kunnen worden. 'Waar ik eerst een tweecijferig zeilbootje had dat door getallen kon razen als een tonijn op speed, heb ik nu een slagschip met vierenzestig kanonnen,' snoefde hij. 'Het is enorm krachtig, zij het potentieel moeilijk bestuurbaar.' Als het systeem werkte, meende hij, zou het een kwantumsprong vooruit betekenen voor de geheugensport.

Geheugenatleten memoriseren ook spellen kaarten met een PAO-systeem, waarbij elk van de tweeënvijftig kaarten gekoppeld is aan een eigen persoon-actie-objectbeeld. Zo kun je iedere combinatie van drie kaarten tot één beeld terugbrengen en een heel spel samenpersen in slechts achttien unieke beelden (52 gedeeld door 3 is 17 plus één kaart).

Met hulp van Ed werkte ik hard aan mijn eigen PAO-systeem, waarvoor ik tweeënvijftig persoon-actie-objectbeelden moest bedenken. Om ze zo goed mogelijk te kunnen onthouden, moeten je beelden appelleren aan jouw persoonlijke idee van wat kleurrijk en interessant is. Wat betekent dat de voorraad PAO-beelden van een geheugenatleet een aardige indicatie geeft van wat er zoal rondspookt in zijn of haar onderbewustzijn: bij mij zijn dat televisie-iconen uit de jaren tachtig en begin jaren negentig, bij Ben Pridmore cartoonfiguren en bij Ed Engelse cricketers uit het tijdperk van de Grote Depressie en lingeriemodellen. De hartenkoning stelde ik me voor als Michael Jackson die moonwalkte met een witte handschoen, de klaverkoning was John Goodman die in een hamburger beet, en de ruitenkoning Bill Clinton die een trekje van een sigaar nam. Als ik de hartenkoning, klaverkoning en ruitenkoning in die volgorde moest onthouden, zou ik een beeld creëren van Michael Jackson die in een sigaar beet. Voor ik een spel kaarten kon memoriseren, moest ik eerst die tweeënvijftig beelden uit mijn hoofd leren. Geen eenvoudige opgave.

Maar mijn PAO-systeem verbleekt bij het systeem dat Ben Pridmore toepast om speelkaarten te onthouden. In de herfst van 2002 nam hij ontslag bij de vleesfabriek in Lincolnshire waar hij zesenhalf jaar als assistent-boekhouder had gewerkt, bracht een week in Las Vegas door met het tellen van kaarten, en eenmaal terug in Engeland hield hij zich zes maanden lang bezig met het kijken naar cartoons, het volgen van een opleiding tot docent Engels als tweede taal en het ontwikkelen van een compleet nieuw mnemonisch wapenarsenaal. In plaats van één persoon-actie-objectbeeld te creëren voor iedere speelkaart, wijdde Ben tientallen uren aan het verzinnen van een uniek beeld voor elke combinatie van twee kaarten. De hartenkoningin gevolgd door de ruitenaas is een uniek beeld. En de ruitenaas gevolgd door de hartenkoningin is weer een ander uniek beeld. Dat zijn 52 maal 52, oftewel 2704, mogelijke combinaties waarvoor Ben een beeld in zijn hoofd heeft zitten. En net als Ed zet hij drie beelden op een locus neer. Dat betekent dat hij in staat is een heel spel kaarten zodanig te comprimeren dat hij ze kan onderbrengen op slechts negen loci (52 gedeeld door 6), en zevenentwintig spellen kaarten – het grootste aantal dat hem ooit lukte binnen één uur te memoriseren – in tweehonderdvierendertig.

Het is moeilijk te zeggen wat het meest bewonderenswaardig is aan die prestatie: Bens mentale vermogen of zijn vingervlugheid. Hij is er bedreven in geraakt razendsnel twee kaarten tegelijk van de stapel te lichten, waarbij hij ze net genoeg spreidt om ook de kleur en het getal in de hoek van de achterste te zien. Als hij op topsnelheid gaat, kijkt hij minder dan een seconde naar elk kaartenpaar.

Ben heeft een al even gecompliceerd systeem bedacht voor het memoriseren van binaire getallen. Daarin correspondeert elke tiencijferige reeks van enen en nullen met een uniek beeld, wat neerkomt op 2^{10}, oftewel 1024, beelden die zijn gereserveerd voor binaire getallen. 1101001001 ziet hij onmiddellijk als één chunk, een beeld van een kaartspel. 0111011010 roept direct een beeld op van een bioscoop. Op internationale geheugentoernooien krijgen de deelnemers een blad papier uitgereikt met twaalfhonderd binaire getallen, dertig op een rij, veertig rijen op een blad. Ben vertaalt elke rij in één beeld. 110110100000111011010001011010 is bijvoorbeeld een bodybuilder die een vis in een blik stopt. Ben had destijds het wereldrecord in handen met het binnen een halfuur memoriseren van 3705 willekeurige nullen en enen.

Iedere geheugenatleet heeft een zwakke plek, een achilleshiel. Die van Ben is namen en gezichten. Met zijn score op dit onderdeel eindigt hij steevast bijna helemaal onderaan. ‘Wanneer ik met mensen praat, kijk ik meestal niet echt naar hun gezicht,’ vertelde hij me. ‘Van veel mensen die ik ken weet ik eigenlijk niet eens hoe ze eruitzien.’ Om het probleem te ondervangen is hij voor het onderdeel namen en gezichten een nieuw mnemonisch systeem aan het uitwerken, dat een numerieke code toekent aan de kleur van de ogen, de huidskleur, de haarkleur, de haarlengte, de vorm van de neus en de vorm van de mond. Als je iemands gezicht in een reeks cijfers kon veranderen, zou het volgens hem kinderspel worden het te onthouden.

Toen ik met mijn geheugentraining begon, vond ik het vooruitzicht die uitgebreide technieken te moeten leren buitengewoon ontmoedigend. Maar Anders Ericsson en ik sloten een deal. Hij wilde graag mijn consciëntieuze en gedetailleerde trainingsverslagen hebben, die hij kon gebruiken voor zijn onderzoek naar expertise. In ruil daarvoor zouden Tres en Katy, zijn promovendi, de gegevens analyseren om te zien hoe ik mijn prestaties zou kunnen verbeteren. Ik had beloofd dat ik na de geheugenkampioenschappen opnieuw een paar dagen naar Tallahassee zou komen om me te onderwerpen aan een serie tests, zodat ze een wetenschappelijk artikel zouden kunnen schrijven op basis van mijn onderneming.

Ericsson heeft het proces van vaardigheidsverwerving uit tientallen invalshoeken en in bijna evenveel specialismen bestudeerd. Als er universele geheimen schuilgaan achter de wording van een expert, is hij de aangewezen persoon om die te onthullen. Na uitvoerige gesprekken met hem, en na het lezen van bijna al zijn boeken en artikelen, wist ik dat hij op de vele domeinen die hij heeft onderzocht een aantal gemeenschappelijke methoden heeft aangetroffen die de meest getalenteerde individuen toepassen in hun ontplooiing tot expert – algemene principes van expertiseverwerving. Die principes zouden mijn geheime wapen zijn.

In de maanden daarop volgde Ericsson mijn ontwikkeling nauwlettend, terwijl ik op mijn PAO-systeem zwoegde in de kelder van mijn ouders. Ik hield hem op de hoogte van mijn gedachten over de naderende wedstrijd, die geleidelijk aan het verschuiven waren van argeloze nieuwsgierigheid naar een vurige drang om te winnen. Als ik vast kwam te zitten belde ik Ericsson en vroeg hem om raad. Hij liet me dan steevast op zoek gaan naar een of ander artikel dat me, zo verklaarde hij, zou helpen in te zien waar de schoen wrong. Op zeker moment, een paar maanden nadat ik mijn training was begonnen, ging mijn geheugen niet meer vooruit. Hoeveel ik ook oefende, het lukte me niet een spel kaarten sneller te memoriseren. Er was een drempel waar ik niet overheen kwam en ik kon maar niet ontdekken waarom. 'Mijn kaarttijden hebben een plafond bereikt,' klaagde ik tegen hem.

'Ik raad je aan je te verdiepen in de literatuur over sneltypen,' antwoordde hij.

Als mensen voor het eerst een toetsenbord leren gebruiken, maken ze snel vorderingen van onhandig met één vinger prikken naar nauwgezet met twee handen typen, tot op den duur de vingers zo moeiteloos over de toetsen bewegen dat het een onbewust proces wordt en het lijkt of de vingers een eigen leven leiden. Vanaf dat moment verbetert de typevaardigheid van de meeste mensen niet meer. Ze hebben een plafond bereikt. Als je er goed over nadenkt, is dat een vreemd fenomeen. 'Oefening baart kunst' hebben we tenslotte altijd gehoord, en hoeveel mensen zitten er niet uren per dag feitelijk hun typen te oefenen achter hun computer? Waarom worden ze dan niet voortdurend beter?

In de jaren zestig probeerden de psychologen Paul Fitts en Michael Posner deze vraag te beantwoorden door de drie stadia te beschrijven die ieder mens doorloopt bij het aanleren van een nieuwe vaardigheid. In het eerste stadium, de zogenoemde 'cognitieve fase', beraad je je op de taak en ontdek je nieuwe strategieën om die vakkundiger uit te voeren. In de tweede 'associatieve fase' concentreer je je minder, daalt het aantal grote fouten dat je maakt en word je in het algemeen efficiënter. Uiteindelijk bereik je wat Fitts de 'autonome fase' noemt, waarin je vindt dat je de taak voldoende beheerst en je min of meer op de automatische piloot draait. In de autonome fase heb je geen bewuste controle meer over wat je doet. Meestal is dat gunstig, want zo heeft je geest immers één ding minder om zich mee bezig te moeten houden. De autonome fase lijkt dan ook een van die handige evolutionaire aanpassingen te zijn. Hoe minder je je hoeft te focussen op de repeterende taken van het dagelijks leven, hoe meer je je kunt richten op dingen die echt belangrijk zijn, de dingen die je nog niet eerder hebt gezien. Dus als we eenmaal goed genoeg kunnen typen, verplaatsen we die actie naar het archief in ons achterhoofd en besteden er verder geen aandacht meer aan. Die verschuiving is ook zichtbaar op fMRI-scans van mensen die een nieuwe vaardigheid leren. Wanneer een taak geautomatiseerd raakt, daalt de activiteit in de hersendelen die betrokken zijn bij bewust redeneren en nemen andere delen van de hersenen het over. Je zou dit het 'okéniveau' kunnen noemen: het moment waarop je beslist dat je je prestaties op een bepaald gebied wel oké vindt, de automatische piloot inschakelt en geen vooruitgang meer boekt.

We bereiken een okéniveau bij de meeste dingen die we doen. Je kunt bijvoorbeeld leren autorijden, en als je dan eenmaal goed genoeg bent om boetes en grote ongelukken te vermijden, word je nog maar heel geleidelijk aan beter. Mijn vader speelt al veertig jaar golf en hij is nog steeds – al zal het hem aan het hart gaan dit te lezen – een kruk. In vier decennia is zijn handicap met nog geen punt afgenomen. Hoe dat kan? Hij heeft een okéniveau bereikt.

Vroeger dachten psychologen dat okéniveaus de bovengrens van ons natuurlijke kunnen markeerden. In zijn boek *Hereditary Genius* uit 1869 schreef sir Francis Galton dat een mens zich slechts zover kan bekwamen in lichamelijke en mentale activiteiten tot hij een bepaalde muur bereikt, waar 'geen enkele vorm van onderricht of mate van inspanning hem overheen kan helpen'. Volgens hem zijn we niet in staat boven onszelf uit te stijgen.

Maar Ericsson en zijn collega-onderzoekers van excellente prestaties hebben keer op keer geconstateerd dat dit, als er sprake is van de juiste aanpak en voldoende inzet, maar zelden het geval is. Zij denken dat Galtons muur vaak minder te maken heeft met onze aangeboren beperkingen dan met wat we nu eenmaal als een aanvaardbaar prestatieniveau beschouwen.

Experts onderscheiden zich van anderen door er een zeer gerichte trainingsroutine op na te houden die Ericsson *deliberate practice*, 'doelbewuste oefening', noemt. Door de besten van de besten in een groot aantal specialismen te bestuderen, ontdekte hij dat de ontwikkeling van toppresteerders meestal hetzelfde algemene patroon volgt. Ze bedienen zich van drie strategieën waarmee ze tijdens het oefenen de autonome fase bewust op afstand kunnen houden: ze concentreren zich op hun techniek, ze blijven op hun doel gefocust en ze voorzien zichzelf voortdurend van directe feedback op hun activiteiten. Met andere woorden: ze dwingen zichzelf in de 'cognitieve fase' te blijven.

Zo besteden amateurmusici hun oefentijd bij voorkeur aan het spelen van hele muziekstukken, daar waar profs zich eerder bezighouden met saaie oefeningen of met specifieke, lastige delen van een compositie. De beste kunstschaatsers wijden een groter deel van hun training aan het oefenen van sprongen die nog weleens misgaan, terwijl mindere schaatsers vaker aan sprongen werken die ze al onder de knie hebben. Doelbewuste oefening moet, vanwege de aard van het beestje, moeilijk zijn.

Als je ergens goed in wilt worden, is de manier waarop je oefent veel belangrijker dan de hoeveelheid tijd die je erin stopt. Op alle terreinen van expertise die diepgaand zijn onderzocht, van schaken tot vioolspelen tot basketballen, is gebleken dat het aantal jaren dat je iets doet slechts een lichte correlatie vertoont met je prestatieniveau. Mijn vader mag dan het in een blikken beker putten van een golfbal in zijn kelder als een goede oefening beschouwen, maar tenzij hij zichzelf bewust uitdaagt en de voortgang van zijn prestaties bewaakt – door ze te evalueren en zichzelf bij te sturen – zal hij nooit waarneembaar beter worden. Regelmatig oefenen is domweg niet genoeg. Om beter te worden moeten we onszelf zien falen en van onze fouten leren.

De beste manier om jezelf uit de autonome fase te halen en het okéniveau te overstijgen, ontdekte Ericsson, is zover te gaan dat je wel fouten moet maken. Dat kun je bijvoorbeeld doen door jezelf te verplaatsen in iemand die veel bekwamer is in de taak die jij onder de knie wilt krijgen en te achterhalen hoe die persoon problemen oplost. Benjamin Franklin schijnt een vroege beoefenaar van deze methode te zijn geweest. In zijn autobiografie vertelt hij dat hij regelmatig traktaten van de grote denkers las en de argumenten van de auteur probeerde te reconstrueren volgens zijn eigen logica. Daarna sloeg hij het traktaat open en vergeleek zijn reconstructie met de oorspronkelijke woorden om na te gaan hoe zijn gedachtegang zich verhield tot die van de meester. De beste schakers volgen een soortgelijke strategie. Ze brengen vaak meerdere uren per dag door met het naspelen van de partijen van grootmeesters en trachten bij iedere zet de redenering van de expert te doorgronden. Sterker nog, de belangrijkste indicator voor iemands schaakcapaciteiten is niet de hoeveelheid partijen die hij tegen anderen heeft gespeeld, maar het aantal uren dat hij in zijn eentje heeft besteed aan het naspelen van oude partijen.

Om ergens meer vaardigheid in te krijgen moet je er tijdens het oefenen een zekere mate van bewuste controle over houden, jezelf dwingen niet over te gaan op de automatische piloot. Met typen is het relatief makkelijk om voorbij het okéniveau te komen. Psychologen hebben ontdekt dat de efficiëntste manier om dat te bewerkstelligen sneller typen is dan comfortabel voelt en jezelf toe te staan fouten te maken. In een bekend experiment kregen typisten herhaaldelijk woorden tien tot vijftien procent sneller te zien dan hun vingers ze konden intikken op het toetsenbord. Eerst hielden ze het niet bij, maar na enkele dagen hadden ze door wat hen afremde en wisten ze die obstakels te boven te komen, waarna ze op de hogere snelheid bleven doortypen. Door het typen uit de autonome fase te halen en weer onder hun bewuste controle te brengen hadden ze het okéniveau achter zich gelaten.

Ericsson raadde me aan hetzelfde te doen met speelkaarten. Hij zei dat ik een metronoom op moest duikelen en proberen bij iedere tik daarvan een kaart te memoriseren. Als ik eenmaal had ontdekt waar mijn grenzen lagen, wilde hij dat ik de metronoom tien tot twintig procent sneller zette en probeerde het hogere tempo te blijven volgen, tot ik geen fouten meer maakte. Steeds als ik een lastige kaart tegenkwam, moest ik er een aantekening van maken en uit zien te vinden waarom die me problemen bezorgde. Het werkte, en binnen een paar dagen overwon ik het okéniveau en begonnen mijn kaarttijden weer gestaag te dalen.

Als ze niet doelbewust blijven oefenen, kunnen zelfs de vaardigheden van experts achteruitgaan. Ericsson gaf me daar een opmerkelijk voorbeeld van. Hoewel je geneigd zou zijn het advies van een grijsharige arts te vertrouwen boven dat van iemand die nog maar net is afgestudeerd in de geneeskunde, blijken in een aantal medische disciplines de vaardigheden van artsen niet meer te verbeteren naarmate ze langer werkzaam zijn in hun beroep. Zo worden de diagnoses van radiologen die mammogrammen moeten beoordelen in de loop der jaren vaak minder accuraat. Hoe zou dat komen?

Volgens Ericsson is voor de meeste mammaradiologen het werk dat ze doen geen doelbewuste oefening. Het heeft meer weg van het in een blikken beker putten van een golfbal dan van werken met een coach. Dat komt doordat mammaradiologen meestal pas weken of maanden later te horen krijgen of hun diagnose klopte, zo ze dat al te horen krijgen, en op dat moment zijn ze waarschijnlijk allang de details van het geval vergeten en kunnen ze niet langer leren van hun goede of foute beoordeling.

Een tak van de medische wetenschap waarin dat beslist niet het geval is, is de chirurgie. In tegenstelling tot mammaradiologen worden de meeste chirurgen in de loop der tijd steeds beter. Wat chirurgen onderscheidt van mammaradiologen, zegt Ericsson, is dat het resultaat van een operatie doorgaans onmiddellijk zichtbaar is – de ingreep is succesvol of niet –, wat betekent dat chirurgen continu feedback ontvangen op hun verrichtingen. Ze zijn altijd aan het leren wat wel en wat niet werkt, en gaan zo steeds vooruit. Deze bevinding levert een praktische toepassing van de expertisetheorie op: Ericsson stelt voor de mammaradiologen regelmatig gevallen te laten evalueren waarvan de uitslag al bekend is. Op die manier krijgen ze directe feedback op hun diagnose.

Door dit soort directe feedback ontdekken experts telkens nieuwe manieren om beter te presteren en onze collectieve okéniveaus verder omhoog te brengen. De mens zwemt al sinds het moment dat hij zich tot aan zijn kin in het water durfde te begeven. Je zou toch denken dat we als soort reeds lang het punt hebben bereikt waarop we niet meer sneller kunnen zwemmen. En toch worden er elk jaar nieuwe zwemrecords gevestigd. We worden sneller en sneller. 'Olympische zwemmers uit het begin van de vorige eeuw zouden zich nu niet eens meer kwalificeren voor het wedstrijdteam van een middelbare school,' schrijft Ericsson. Evenzo wordt 'de beste tijd op de oorspronkelijke olympische marathon regelmatig door amateurs gehaald die zich willen plaatsen voor de Boston Marathon'. Dit verschijnsel nemen we niet alleen waar bij atletische prestaties, maar bij praktisch iedere andere discipline. De dertiende-eeuwse filosoof Roger Bacon beweerde dat 'niemand vaardig in de wiskunde kan worden met de tot dusver bekende methode, tenzij hij er dertig à veertig jaar van studie aan wijdt'. Vandaag de dag leren scholieren alle wiskunde die Bacon kende in de eerste vijf jaar van de middelbare school.

Er is geen reden om aan te nemen dat de beste atleten van nu veel meer talent hebben dan de beste atleten van vroeger. Evenmin is er reden om aan te nemen dat verbeteringen in hardloopschoenen of zwemkleding – hoewel die zeker enig gewicht in de schaal zullen leggen – het grote verschil in prestaties kunnen verklaren. Wat wel is veranderd, zijn de kwaliteit en de kwantiteit van de training die atleten moeten ondergaan om de wereldtop te bereiken. Dat geldt niet alleen voor hardlopen en zwemmen, maar ook voor speerwerpen, schaatsen en alle andere sportieve activiteiten. Er is geen sport waarin records niet regelmatig gebroken worden. Als er plafonds bestaan, hebben we die als collectief nog niet bereikt.

Hoe komt het dat we onszelf blijven overtreffen? Een deel van Ericssons antwoord is dat de barrières die we gezamenlijk opwerpen net zozeer psychologisch zijn als aangeboren. Als een grens eenmaal als doorbreekbaar wordt beschouwd, duurt het meestal niet lang voor die ook in werkelijkheid doorbroken wordt. Heel lang is gedacht dat niemand de mijl onder de vier minuten zou kunnen lopen. Het werd beschouwd als een onneembare drempel, net als de lichtsnelheid. Toen in 1954 de twintigjarige Britse geneeskundestudent Roger Bannister ten slotte onder de vier minuten kwam, leidde dat wereldwijd tot vette koppen op de voorpagina van kranten en werd zijn prestatie gevierd als een van de grootste atletische wapenfeiten aller tijden. Maar de barrière bleek veeleer een sluisdeur te zijn. Nog geen zes weken later rende de Australiër John Landy de mijl anderhalve seconde sneller dan Bannister, en binnen een paar jaar was het heel gewoon voor atleten om de mijl onder de vier minuten te lopen. Inmiddels wordt van alle professionele middenafstandslopers verwacht dat ze onder de vier minuten klokken op de mijl, en het wereldrecord is gedaald naar 3.43,14. Op de wereldkampioenschappen geheugen wordt ieder jaar minstens de helft van de bestaande wereldrecords gebroken.

Ericsson moedigde me aan de verbetering van mijn geheugen niet te beschouwen als iets wat tot dezelfde categorie behoorde als het vergroten van mijn lengte of het corrigeren van mijn zicht of het sleutelen aan een andere fundamentele lichaamseigenschap, maar als het versterken van een vaardigheid, zoals het leren bespelen van een muziekinstrument.

We zien ons geheugen doorgaans als een ondeelbaar, monolitisch geheel. Maar dat is het niet. Het geheugen lijkt veel meer op een verzameling zelfstandige modules en systemen, die elk afhankelijk zijn van hun eigen netwerk van zenuwcellen. Sommige mensen hebben een goed geheugen voor getallen, maar vergeten altijd woorden; andere mensen herinneren zich namen, maar geen to-do-lijsten. SF, de student in het experiment van Ericsson die zijn geheugen voor cijfers vertienvoudigde, had geenszins zijn algemene geheugencapaciteit verhoogd, hij was alleen een expert geworden in het onthouden van cijfers. Als hij lijsten met willekeurige medeklinkers probeerde te memoriseren, kon hij er zich nog steeds maar ongeveer zeven herinneren.

Wat 's werelds beste geheugenatleten onderscheidt van de middenmoot, is dat ze memorisatie benaderen als een wetenschap. Ze vormen hypothesen over hun beperkingen, voeren experimenten uit en houden gegevens bij. 'Het is alsof je een nieuwe technologie ontwikkelt, of aan een wetenschappelijke theorie werkt,' vertelde tweevoudig wereldkampioen Andi Bell me. 'Je moet analyseren wat je doet.'

Als ik mezelf naar de top van het geheugensportcircuit wilde lanceren, zou ik gericht en doelbewust moeten oefenen. Dat betekende dat ik gegevens moest verzamelen en die analyseren voor feedback. En dat betekende weer dat de hele operatie een tandje opgevoerd ging worden.

Ik opende een spreadsheet op mijn laptop om mijn oefentijden in bij te houden en de problemen waar ik onderweg op stuitte. Ik maakte overal grafieken van en noteerde de gestage verbetering van mijn scores in een dagboek:

19 augustus: 28 kaarten gedaan in 2.57.

20 augustus: 28 kaarten gedaan in 2.39. Een degelijke tijd.

24 augustus: 38 kaarten gedaan in 4.40. Niet zo best.

8 september: Zit in Starbucks mijn tijd te verbeuzelen in plaats van aan een artikel te werken dat al af had moeten zijn. 46 cijfers in vijf minuten gememoriseerd... Triest. Daarna 48 kaarten in 3.32 gedaan. Heb eindelijk besloten dat ik mijn beelden voor de vieren ga veranderen. Vaarwel actrices, welkom geheugenatleten. Klaveren: Ed Cooke; ruiten: Gunther Karsten; harten: Ben Pridmore; schoppen: ik.

2 oktober: In een kwartier 70 willekeurige woorden gedaan. Slecht! Punten verloren omdat ik de woorden '*grow*' met '*growth*' en '*bicycle*' met '*bike*' heb verward. Als een woord meerdere variaties heeft die in klank of betekenis dicht bij elkaar liggen, maak dan voortaan een zorgvuldige mentale aantekening in het paleis naast het verwarrende beeld!

16 oktober: Zojuist 87 willekeurige woorden gedaan. Ik ben te veel bezig met op de klok letten en om me heen kijken in plaats van met memoriseren. Dat kost me tijd. Concentreer je, man, concentreer je!

Aandacht is uiteraard als eerste vereist wanneer je iets wilt onthouden. Als je de naam vergeet van iemand die zich aan je voorstelt, komt dat meestal doordat je te druk aan het nadenken bent over wat je wilt gaan zeggen en dus niet op zijn of haar naam let. Technieken als visuele voorstellingen en het geheugenpaleis werken ook daarom zo goed omdat ze een niveau van aandacht afdwingen dat gewoonlijk ontbreekt. Je kunt niet een beeld vormen van een woord, een getal of de naam van een persoon zonder je erop te concentreren. En alles waar je je op concentreert, onthoud je gemakkelijker. Het probleem waar ik tegen aanliep tijdens mijn training was dat ik me begon te vervelen en mijn geestesoog toestond af te dwalen. Hoe vulgair, kleurrijk en complex de beelden waarmee je je geheugenpaleizen decoreert ook zijn, je kunt maar zo lang naar pagina's met cijfers kijken tot je je begint af te vragen of er in een andere ruimte niet iets interessanters te beleven is. Zoals wanneer je het geluid van een rollende golfbal hoort.

Ed, die me was gaan aanspreken met 'knul', 'jongeman' en 'Herr Foer', beweerde dat de oplossing voor mijn concentratieproblemen in een upgrade van mijn uitrusting lag. Alle serieuze mnemonisten dragen een gehoorbeschermer. Een paar van de fanatiekste deelnemers hebben oogkleppen op tegen alles wat hen kan afleiden in de periferie van hun blikveld. 'Ik vind het er belachelijk uitzien, maar in jouw geval zou het weleens een goede investering kunnen zijn,' zei Ed tijdens een van de telefoongesprekken die we twee keer per week voerden om mijn vorderingen door te nemen. Die middag ging ik naar de ijzerhandel en kocht een industriële gehoorbeschermer en een plastic veiligheidsbril. Ik spoot de brillenglazen zwart en daarna boorde ik een kijkgaatje door elke lens. Vanaf dat moment deed ik steevast zowel de gehoorbeschermer als de bril op als ik ging oefenen.

Ik had er weinig moeite mee aan anderen uit te leggen dat ik bij mijn ouders woonde om een paar dollar uit te sparen terwijl ik mijn eerste schreden zette op het auteurspad. Maar wat ik daar in hun kelder deed, met blaadjes vol willekeurige getallen aan de muren en oude schooljaarboeken (gekocht op vlooienmarkten) opengeslagen op de vloer, was zo niet ronduit gênant, dan in elk geval iets om over te liegen.

Als mijn vader me opzocht in de kelder om te vragen of ik even een balletje met hem wilde slaan, verborg ik snel de pagina's met getallen die ik aan het memoriseren was en deed net of ik me ijverig met iets anders bezighield, zoals met een artikel dat een tijdschrift misschien zou honoreren met een cheque die op zijn beurt aan een huisbaas zou kunnen worden overhandigd. Ook gebeurde het weleens dat ik, als ik me omdraaide nadat ik mijn gehoorbeschermer en geheugenbril had afgedaan, mijn vader naar me zag staan kijken in de deuropening.

Als Ericsson mijn docent was, dan had Ed de rol op zich genomen van yogi en manager. Hij stelde een schema voor de komende vier maanden voor me op, met ijkpunten waaraan ik gaandeweg diende te voldoen, en een streng regime bestaande uit 's ochtends een halfuur oefenen en 's middags twee boostersessies van vijf minuten. Ik testte mezelf met behulp van een computerprogramma dat mijn fouten gedetailleerd bijhield, zodat we die later konden analyseren. Om de zo veel dagen mailde ik Ed mijn tijden door en dan schreef hij me terug met tips over hoe ik weer een stapje verder kon komen.

Uiteindelijk besloot ik dat ik terug moest naar Mill Farm voor nog een paar directe sessies met mijn coach. Ik plande mijn reis naar Oxford zo dat ik erbij zou zijn als Ed zijn vijfentwintigste verjaardag vierde, een epische gebeurtenis waarvan hij de mond al vol had sinds ik mijn eerste bezoek aan Engeland bracht ter gelegenheid van de wereldkampioenschappen geheugen.

Ed gaf zijn feest in de oude stenen schuur van de Milf. Het had hem bijna een week gekost om de schuur om te toveren in een proefopstelling voor zijn filosofie over feestjes. 'Ik probeer een kader te vinden voor het manipuleren van de ruimte, atmosfeer, conversaties, bewegingen en verwachtingen, om te kijken hoe die elkaar beïnvloeden,' vertelde hij me. 'Om al die parameters te kunnen volgen, behandel ik de mensen op het feest niet als entiteiten met een vrije wil, maar als robots – als deeltjes eigenlijk – die heen en weer kaatsen op het feest. En als gastheer vat ik mijn taak om ze op de best mogelijke manier heen en weer te laten kaatsen serieus op.'

De schuur was in een aantal kamertjes verdeeld door lappen glitterstof, die van de dakspanten tot de vloer hingen. De enige weg naar binnen of buiten was via een netwerk van tunnels, waar je alleen op je buik doorheen kon schuiven. De ruimte onder de vleugel was veranderd in een fort, en in een halve cirkel voor de open haard stond een verzameling haveloze banken boven op tafels.

'De mensen die zich door het tunnelnetwerk heen weten te worstelen, hebben een avontuur meegemaakt. Ze hebben een klein beetje inspanning moeten leveren en worden daarvoor bij aankomst beloond met een gevoel van dankbaarheid, opluchting en het idee iets te hebben gepresteerd, waardoor ze zich met de grootst mogelijke energie en fantasie zullen inzetten voor het hebben van een geweldige ervaring, wat uiteindelijk het doel van het project is. Ik denk dat het met je geheugentraining net zo is. "Wie mooi wil zijn moet pijn lijden", en hetzelfde geldt voor wie een goed geheugen wil bezitten. Je moet jezelf pijn doen, door een periode heen gaan van stress, van diepe twijfel aan jezelf, van verwarring. En uit die puinhoop worden de kostbaarste tapijten geweven.'

Ik kroop achter hem aan door een pikdonkere tunnel van drie meter lang en kwam in een kamer terecht die tot mijn hals gevuld was met ballonnen. Elke ruimte, zo legde Ed uit, moest fungeren als een kamer van een geheugenpaleis. Hij had alle voorwaarden geschapen om zijn feest zo memorabel mogelijk te maken.

'Maar al te vaak blijft er niet meer dan een wazig idee bij je hangen van wat er op een feest is gebeurd, omdat het één ongedifferentieerde ruimte is,' zei hij. 'Een voordeel van dit ontwerp is dat je ervaringen in elke kamer ook in die kamer blijven, en geïsoleerd zijn van andere ervaringen. Je verlaat het feest met een schitterend repertoire van gebeurtenissen waar je tot op je oude dag aan terug kunt denken.'

Om de sociale interactie te vergemakkelijken achtte Ed het van groot belang dat de feestgangers elkaar niet konden herkennen. Ben Pridmore, die er een vier uur durende treinreis vanuit Derby op had zitten, droeg een zwarte mantel en een angstaanjagend masker van een kannibaal met een hanenkam, genaamd Grunch. Lukas Amsüss (hersteld van zijn vuurspuwongelukje), die speciaal voor het feest uit Wenen was overgevlogen, arriveerde in een negentiende-eeuws Oostenrijks militair uniform, compleet met sjerp en medailles. Een van Eds oude vrienden van Oxford ging gekleed in een tijgerpak. Een andere vriend kwam opdagen met een zwart geschminkt gezicht en dreadlocks. Ed zelf droeg een krullenpruik, een jurk, een panty en een grote opgevulde beha. Om het feit te erkennen dat ik de enige yank op het feest was, had ik mijn gezicht laten beschilderen als Captain America.

Het hoogtepunt van de avond was het kaartenduel. Vlak voor middernacht riep Ed zijn stuk of vijftig gasten bij zich in de kelder van de schuur en kondigde aan dat ter ere van de kwarteeuw van zijn bestaan twee van de beste kaartenmemoriseerders aller tijden de strijd met elkaar zouden aanbinden. Ben, nog steeds in zijn zwarte mantel, maar niet langer met zijn Grunch-masker op, was neergestreken op een zitzak aan het hoofd van een lange tafel vol lege plastic sangriabekertjes en de afgekloven botten van een lam dat aan het spit boven een vuur in de achtertuin geroosterd was. Lukas in zijn Oostenrijkse militaire uniform nam plaats aan de andere kant van de tafel.

'Om te beginnen wil ik jullie iets vertellen over het vermogen van deze twee heren om speelkaarten te onthouden,' kondigde Ed aan. 'Lukas was een van de eersten in de wereld die een spel kaarten in minder dan veertig seconden wist te memoriseren. Lange tijd werd dit binnen de geheugengemeenschap, die elf mensen telt, als even onhaalbaar beschouwd als vroeger het onder de vier minuten lopen van de mijl. Hij heeft die grens doorbroken en nogmaals doorbroken en was ooit wereldkampioen kaartensprint. Daarnaast is hij medeoprichter van een gerenommeerd genootschap van mnemonisten, bekend als de KL7. Uiteraard zou zijn fabelachtige geheugen nog veel beter zijn als hij niet permanent beschonken was,' zei Ed, ietwat overdrijvend. Lukas hief zijn plastic bekertje in de lucht en knikte ermee naar Ed. 'Weten jullie, Lukas heeft me laten kennismaken met een amusant en nuttig toestel dat hij met zijn technische vriendjes in Wenen heeft gebouwd, waarmee je in minder dan drie seconden vier glazen bier kunt drinken. Het klepmechanisme ervan hebben ze van een ruimtevaartbedrijf betrokken. Helaas heeft Lukas het ding de laatste tijd een beetje te vaak gebruikt. Hij heeft bijna een jaar lang geen enkel spel kaarten gememoriseerd. De laatste keer dat hij dat deed, registreerde hij echter een tijd van 35,1 seconden.'

Ed keerde zich naar Ben. 'Pridmore hier heeft met 31,01 seconden het huidige wereldrecord in handen. En hij is een Brit.' Dit zorgde voor een luid gejuich onder het publiek. 'Daarnaast heeft Ben binnen een uur de volgorde van zevenentwintig spellen kaarten uit zijn hoofd geleerd, waar ik eerlijk gezegd de zin niet van begrijp.'

Ben haalde zijn armen van elkaar en zei: 'Lukas en ik hebben even met elkaar gepraat en we vonden dat aangezien Ed de nummer zeventien van de wereld is...'

'Jullie steken de draak met me,' protesteerde Ed. Hij wist niet dat een paar jonge Duitsers hem recentelijk waren gepasseerd op de wereldranglijst.

'We hebben besloten dat we het niet tegen elkaar opnemen, tenzij hij ons de naam kan geven van iedereen in dit vertrek.'

Weer klonk er luid gejuich, en Ed probeerde de menigte tot bedaren te brengen. Na ongeveer een kwart van de aanwezigen in de kelder te hebben afgewerkt bleef hij steken bij de vriend van een vriend die hij, zo beweerde hij, nog nooit eerder had gezien. Desondanks vroeg hij om stilte, nodigde twee gasten uit om de kaarten te schudden en overhandigde Lukas en Ben ieder een spel. Er werd een stopwatch gezet. Ze kregen ieder een minuut.

Ze hadden beiden amper vijf kaarten omgedraaid toen duidelijk werd dat Lukas, die slechts met de grootst mogelijke moeite zijn hoofd rechtop had weten te houden, niet in staat was zijn hogere cognitieve vermogens te gebruiken. Hij legde het spel terug op tafel en deelde schaapachtig mee: 'Ik sta tenminste nog altijd boven Ed op de wereldranglijst.'

Ed duwde Lukas met kracht opzij en nam zijn plaats in. 'Op de gelegenheid van mijn vijfentwintigste verjaardag schenkt het me grote vreugde te kunnen zeggen dat een van de deelnemers aan het spektakelstuk van de avond te dronken is om te spelen en dat ik het over zal moeten nemen!' De spellen werden nogmaals geschud en de stopwatch werd opnieuw gezet. 'Oké, Pridmore, wil je alsjeblieft een beetje rustig doen?'

Na een minuut in stilte te hebben gememoriseerd noemden Ben en Ed om beurten een kaart op, terwijl een zelfbenoemd jurylid controleerde of ze het goed hadden.

Ed: 'Klaverboer.' Gejuich.

Ben: 'Ruitentwee.' Boegeroep.

Ed: 'Klavernegen.' Gejuich.

Ben: 'Schoppenvier.' Boegeroep.

Ed: 'Schoppenvijf.' Gejuich.

Ben: 'Schoppenaas.' Boegeroep.

Na zo'n veertig kaarten schudde Ben zijn hoofd en legde zijn handen op de tafel. 'Ik heb het gehad.'

Ed sprong op, waarbij zijn borsten tegen zijn kin sloegen. 'Ik wist dat Ben Pridmore te snel zou gaan! Ik wist het! Hardlopers zijn doodlopers.'

'Hoe vaak heb jij het wereldkampioenschap gewonnen?' reageerde Ben met meer venijn in zijn stem dan ik ooit had gehoord.

'Zullen we het eens even hebben over onze één-op-éénwedstrijden, Ben?'

'Je beseft toch wel dat verliezen mijn verjaardagspresentje aan jou was?'

Terwijl Ed de kelder rondging om high fives uit te delen en zijn vrouwelijke gasten te omhelzen, leunde Ben achterover op zijn zitzak en streelde zijn mantel. Een van Eds benevelde maatjes van Oxford, die erg onder de indruk was van Bens prestatie ook al had hij verloren, liep naar Ben toe en gaf hem een stapeltje creditcards. Hij zei tegen Ben dat hij ze mocht gebruiken als hij de getallen kon onthouden.

Na het kaartenduel verplaatsten de feestgangers zich naar een kampvuur dat was aangelegd op een open plek tussen de bomen, die tot laat in de ochtend het toneel zou zijn van tribale dronkenmansdansen. Toen ik vlak voor zonsopgang eindelijk naar bed ging, zaten Ed en Ben nog aan de keukentafel de meest vermakelijke en bizarre binaire-getallencombinaties op te dreunen die ze konden bedenken.

Nadat we onze roes hadden uitgeslapen, brachten Ed en ik de middag aan de keukentafel door voor mijn training. Ik wilde zijn hulp bij drie specifieke problemen, waarvan het grootste was dat ik consequent mijn beelden door elkaar haalde. Bij het memoriseren van een spel kaarten heb je niet genoeg tijd om zulke gedetailleerde en kleurrijke beelden te vormen als wordt aanbevolen in *Ad Herennium*. Je gaat zo snel dat je er meestal niet meer dan een vluchtige blik op kunt werpen. Feitelijk bestaat de geheugenkunst, meer dan wat ook, uit ontdekken hoe weinig je van een beeld hoeft te zien om het je toch goed te herinneren. Pas na analyse van de gegevens die ik bijhield, realiseerde ik me dat ik consequent de ruitenzeven – 'Lance Armstrong die op zijn fiets rijdt' – had verward met de schoppenzeven – 'een jockey die op een renpaard rijdt'. Iets aan het werkwoord 'rijden' in die twee heel andersoortige contexten leidde bij mij tot een cognitieve hapering.

Ik vroeg Ed wat ik daaraan kon doen. 'Probeer niet het hele beeld te zien,' antwoordde hij. 'Dat is niet nodig. Richt je op één opvallend element van wat het ook is dat je probeert te visualiseren. Als het je vriendin is, zorg er dan bovenal voor dat je haar ziet lachen. Oefen je in het waarnemen van de witheid van haar tanden, de manier waarop haar lippen omkrullen. De andere details maken dat je haar nog beter onthoudt, maar de glimlach is de sleutel. Soms kan een veeg blauw die naar oesters ruikt het enige zijn wat in je herinnering naar boven komt van een bepaald beeld, maar als je je systeem goed kent zou je in staat moeten zijn dat terug te vertalen. Als je er echt vol voor gaat, zijn de enige sporen die achterblijven van een razendsnel doorgenomen pak kaarten dikwijls een reeks emoties zonder visuele inhoud. Je andere optie is de beelden te veranderen zodat ze minder op elkaar lijken, minder gewoontjes zijn.'

Ik deed mijn ogen dicht en probeerde Lance Armstrong te visualiseren die een steile helling op fietste. Ik besteedde speciale aandacht aan de manier waarop zijn reflecterende zonnebril blauw en groen kleurde terwijl hij door het zonlicht bewoog. Toen dacht ik aan de jockey en besloot dat hij veel beter te onderscheiden zou zijn als ik een dwerg van hem maakte die op een pony reed en een sombrero droeg. Die kleine aanpassing bracht mijn tijd waarschijnlijk met twee seconden omlaag.

'Met de kaarten gaat het super,' zei Ed toen ik hem mijn laatste spreadsheet liet zien. 'Het is nog maar een kwestie van een uur of vijf oefenen voordat de beelden helemaal automatisch komen. Ik twijfel er niet aan dat je het Amerikaanse record kaartensprint gaat kraken. Fluitje van een cent. Wat een heerlijkheid!'

Met al dat evalueren en aanpassen dat doelbewuste oefening doelbewust maakt, loop je in de geheugensport wel het gevaar, zo waarschuwde Ed me, dat je te veel heroverweegt. Iedere verandering in je mnemotechnische systeem laat een spoor achter dat zich in een wedstrijd opeens aan je kan opdringen, en als er één ding is dat een geheugenatleet koste wat kost wil vermijden, is het wel dat op het uur van de waarheid een kaart of een getal meerdere beelden oproept.

Een ander probleem waar ik tijdens mijn oefensessies tegen

aanliep, was dat mijn beelden te snel vervaagden. Wanneer ik het einde van een spel kaarten of een cijferreeks had bereikt, waren de eerste beelden alweer flauwe schimmen geworden. Ik vertelde dit aan Ed.

'Dan moet je je beelden beter leren kennen,' was zijn antwoord. 'Vanaf vanavond neem je steeds één kaartkleur tegelijk en ga je echt over ieder personage mediteren. Vraag je af hoe ze eruitzien, aanvoelen, ruiken, smaken en klinken; hoe ze lopen; het model van hun kleren; hun manier van doen; hun seksuele voorkeur; hun hang naar zinloos geweld. Als je daar eenmaal een gevoel bij hebt, probeer het dan allemaal in één klap op je af te laten komen. Ervaar de dikke, vette kracht van hun fysieke en sociale eigenschappen allemaal tegelijk over de volle bandbreedte, en stel je dan de personages voor in je eigen huis terwijl ze alledaagse dingen doen, zodat je eraan went hoe rijk en compact ze zelfs in een normale context zijn. Op het moment dat ze zich dan aandienen in een spel kaarten, moeten ze altijd wel één in het oog springend kenmerk hebben dat aan hun omgeving blijft kleven.'

Er was nog een laatste probleem waarbij ik Eds hulp nodig had. Gehoor gevend aan de aanbevelingen van Petrus van Ravenna en de auteur van *Ad Herennium* omvatte mijn verzameling PAO-beelden een aantal prikkelende handelingen die nog altijd illegaal zijn in een paar zuidelijke staten van Amerika, en daarnaast een handvol andere die dat misschien wel zouden moeten zijn. En aangezien het memoriseren van een spel kaarten met het PAO-systeem vereist dat je de beelden die je al in je hoofd hebt zitten hercombineert tot nieuwe, memorabele beelden, was het onvermijdelijk dat ik familieleden rollen toebedeelde in taferelen die zo schunnig waren dat ik vreesde dat de verbetering van mijn geheugen ten koste zou gaan van mijn gemoedsrust. De onfatsoenlijke handelingen die mijn eigen oma heeft moeten verrichten opdat ik de hartenacht onthield, zijn werkelijk onuitspreekbaar (hoewel niet onvoorstelbaar, zoals ik eerder misschien zou hebben gedacht).

Ik legde mijn dilemma aan Ed voor. Hij kende het maar al te goed. 'Ik heb uiteindelijk mijn moeder uit mijn spel moeten bannen,' zei hij. 'Ik raad je aan hetzelfde te doen.'

Ed was een strenge coach, die afgaf op het 'slappe karakter' van mijn training. Als ik te lang wachtte met het opsturen van mijn laatste tijden, of bekende dat ik niet een halfuur per dag oefende zoals hij me had opgedragen, kreeg ik per e-mail een vinnige reprimande.

'Je moet je trainingsintensiteit opvoeren, want op het toernooi zelf presteer je onvermijdelijk minder,' waarschuwde hij me. 'Misschien heb jij wel een geweldige wedstrijdmentaliteit en scoor je hoger, maar je moet er vooralsnog van uitgaan dat je tijdens het oefenen beter bent dan op het kampioenschap.'

Te mijner verdediging: 'slap' was niet helemaal het woord dat ikzelf gekozen zou hebben. Nu ik het okéniveau achter me had gelaten, gingen mijn scores bijna dagelijks omhoog. De blaadjes met willekeurige cijfers die ik had gememoriseerd, stapelden zich op in de la van mijn bureau. De beduimelde pagina's met poëzie die ik uit het hoofd had geleerd vermeerderden zich in mijn *Norton Anthology of Modern Poetry*. Ik begon te geloven dat ik, als ik in het huidige tempo vooruit bleef gaan, weleens hoge ogen zou kunnen gooien op het toernooi.

Ed stuurde me ter inspiratie een citaat van de eerbiedwaardige vechtkunstenaar Bruce Lee: 'Er zijn geen grenzen. Er zijn niveaus, maar daar moet je niet op blijven hangen, je moet verdergaan. Als het je dood wordt, dan is het maar zo.' Ik schreef de woorden over op een post-it en plakte het briefje aan de muur. Toen haalde ik het er weer af en leerde het uit mijn hoofd.

NEGEN

De Talented Tenth

Niet lang na mijn reisje naar Engeland zat ik op een dag om kwart voor zeven 's ochtends in mijn onderbroek op een klapstoel in de kelder van mijn ouders, met een gehoorbeschermer en een geheugenbril op. In mijn schoot lag een uitdraai van achthonderd willekeurige cijfers en voor mijn geestesoog zweefde een beeld van een in lingerie gestoken trol (5274145) die boven de keukentafel van mijn oma hing. Plotseling keek ik op en vroeg me af – vreemd genoeg voor de eerste keer – wat ik mezelf in godsnaam aandeed.

Ik realiseerde me dat ik gefixeerd was geraakt op de andere deelnemers. Met behulp van de gedetailleerde gegevens die op de statistiekenserver van het geheugencircuit werden bijgehouden, had ik hun sterke en zwakke punten leren kennen, en met obsessieve regelmaat mijn eigen scores afgezet tegen die van hen. De tegenstander die me het meest bezighield was niet de titelverdediger Ram Kolli, een vijfentwintigjarige businessconsultant uit Richmond in Virginia, maar Maurice Stoll, een dertigjarige importeur van schoonheidsproducten én getallensprintcrack uit de omgeving van Fort Worth in Texas, die was opgegroeid in Duitsland. Ik had hem op het vorige toernooi ontmoet. Hij had een kaalgeschoren hoofd en een sikje, sprak met een intimiderend Duits accent (alles wat Germaans is, is intimiderend bij een geheugenwedstrijd) en behoorde tot de weinige Amerikanen die ooit de Atlantische Oceaan waren overgestoken om deel te nemen aan een Europees geheugenevenement (hij eindigde in 2004 als vijftiende op de wereldkampioenschappen geheugen en als zevende bij de Memory World Cup van dat jaar). Hij was de Amerikaanse recordhouder op zowel de getallensprint (honderdvierenveertig cijfers in vijf minuten) als de kaartensprint (één spel in één minuut zesenvijftig). Zijn enige zwakke punten waren poëzie (waarmee hij negenennegentigste op de wereldranglijst stond) en slapeloosheid. Iedereen was het erover eens dat hij eigenlijk de laatste kampioenschappen had moeten winnen, maar hij was als vierde geëindigd omdat hij de nacht tevoren maar drie uur had geslapen. Ik ging ervan uit dat hij dit jaar, als het hem zou lukken op tijd naar bed te gaan, een belangrijke gegadigde was voor de titel. En ik investeerde nu een halfuur per dag om ervoor te zorgen dat hij die niet ging binnenhalen.

Terwijl ik me dieper onderdompelde in mijn geheugentraining, drong zich de vraag aan me op of de vorm van memoriseren waaraan geheugenatleten doen niet een beetje was als de staart van een pauw: niet indrukwekkend vanwege zijn nut, maar vanwege zijn totale gebrek daaraan. Waren die klassieke technieken wel iets meer dan 'intellectuele fossielen', zoals de historicus Paulo Rossi het ooit uitdrukte, fascinerend om wat ze ons vertellen over het denken in een vervlogen tijdperk, maar even weinig op hun plaats in onze moderne wereld als ganzenveren en papyrusrollen?

Dat is altijd de kritiek geweest op geheugentechnieken: ze zijn indrukwekkend, maar je hebt er uiteindelijk niets aan. De zeventiende-eeuwse filosoof Francis Bacon schreef: 'Ik hecht even weinig betekenis aan het kunnen herhalen van een groot aantal namen of woorden na ze slechts eenmaal te hebben aangehoord [...] als aan de kunsten van acrobaten, koorddansers en paljassen: wat het ene is voor de geest, is het andere voor het lichaam – curieuze aangelegenheden zonder waarde.' Hij beschouwde de geheugenkunst als fundamenteel 'onvruchtbaar'.

In de zestiende eeuw probeerde de jezuïtische missionaris Matteo Ricci geheugentechnieken te introduceren bij Chinese kandidaat-mandarijnen die voor het keizerlijk ambtenarenexamen studeerden. Hij wilde hen eerst winnen voor Europese studievaardigheden voor hij ging proberen hen te winnen voor de Europese god, maar hij stuitte op weerstand. De Chinezen wierpen tegen dat de methode van loci veel meer werk vereiste dan het mechanisch leren van de stof, en beweerden dat hun eigen memorisatiemethode zowel eenvoudiger als sneller was. Ik kan me daar wel iets bij voorstellen.

De demografie van een doorsnee geheugenwedstrijd is vrijwel identiek aan die van een concert van 'Weird Al' Yankovic (schoppenvijf). De deelnemers zijn voornamelijk jonge, blanke mannen die van jongleren houden. En daarom kun je onmogelijk het tiental scholieren over het hoofd zien dat ieder jaar in zondagspak op de Amerikaanse geheugenkampioenschappen verschijnt. Het zijn leerlingen van de Samuel Gompers Vocational High School in de South Bronx, en hun docent Amerikaanse geschiedenis, Raemon Matthews, is een volgeling van Tony Buzan.

Als ik van mening zou zijn dat de geheugenkunst niet meer dan een vorm van mentaal pronkgedrag inhield, dan was het Matthews' doel het tegendeel te bewijzen. Hij noemt de groep leerlingen die hij voor de Amerikaanse geheugenkampioenschappen traint de 'Talented Tenth', naar de gedachte van W.E.B. Du Bois dat een elitekorps van Afrikaanse Amerikanen het ras uit armoede zou verheffen. Toen ik Matthews voor het eerst ontmoette op de Amerikaanse geheugenkampioenschappen van 2005, liep hij achter in de zaal zenuwachtig te ijsberen, in afwachting van de scores van zijn leerlingen op het onderdeel willekeurige woorden. Een aantal van zijn leerlingen maakte kans op een notering bij de eerste tien, maar wat hem aanging zou hun geheugen pas tweeënhalve maand later aan de echte test onderworpen worden, op het New York State Regents Exam. Hij verwachtte dat zijn leerlingen tegen het einde van het schooljaar alle belangrijke feiten, data en begrippen uit het lesboek Amerikaanse geschiedenis gememoriseerd zouden hebben met dezelfde technieken die ze op de Amerikaanse geheugenkampioenschappen gebruikten. Hij nodigde me uit langs te komen in zijn klas en met eigen ogen te zien hoe geheugentechnieken 'in de echte wereld' werden toegepast.

Om op zijn aanbod in te kunnen gaan moest ik, alvorens ik toegelaten werd tot het Gompers-gebouw, door een metaaldetector lopen en mijn tas laten onderzoeken door een politieagent. Matthews is ervan overtuigd dat de geheugenkunst zijn leerlingen kan helpen zich aan een buurt te ontworstelen waar negen van de tien scholieren benedengemiddeld scoren op lezen en wiskunde, vier van de vijf in armoede leven en bijna de helft de middelbare school zonder diploma verlaat. 'Het memoriseren van citaten verleent iemand meer geloofwaardigheid,' vertelde hij zijn pupillen terwijl ik achter in de klas zat. 'Van wie ben je meer onder de indruk, van iemand die er alleen maar eigen meningen op na houdt, of van een historicus die kan putten uit het werk van de grote denkers die hem voorgingen?'

Ik luisterde naar een leerling die een hele alinea uit *Heart of Darkness* woordelijk citeerde om een vraag te beantwoorden over de negentiende-eeuwse wereldhandel. 'Straks op het AP-examen geschiedenis schudt hij een dergelijk citaat zo uit zijn mouw,' zei Matthews, een piekfijn geklede man met een sikje, kortgeknipt haar en een zwaar Bronx-accent. Elk opstel dat zijn leerlingen in de klas schrijven moet ten minste twee gememoriseerde citaten bevatten, als slechts een van de vele kleine geheugenprestaties die hij van hen verlangt. Zijn leerlingen komen na schooltijd terug voor extra lessen in geheugentechniek.

'Het is het verschil tussen een kind alleen vermenigvuldigen leren en het een rekenmachine geven,' zegt Matthews over de geheugenvaardigheden die hij hun bijbrengt. Het mag geen verrassing heten dat in de afgelopen vier jaar ieder lid van de Talented Tenth is geslaagd voor het Regents-examen en dat vijfentachtig procent van hen een score van negentig of hoger heeft gehaald. Matthews heeft tweemaal een New Yorkse prijs uitgereikt gekregen als Leraar van het Jaar.

Leerlingen van de Talented Tenth zijn verplicht een overhemd en een stropdas te dragen, en soms, op schoolbijeenkomsten, ook witte handschoenen. De muren van hun klaslokaal hangen vol affiches van Marcus Garvey en Malcom X. Als ze hun diploma halen, ontvangen ze een kleurige Ghanese doek met daarop in gouden letters de woorden 'Talented Tenth'. Aan het begin van de les staan de Talented Tenth achter hun tafels, die in twee dubbele rijen tegenover elkaar zijn opgesteld, en reciteren in koor een drie minuten durende verklaring die als volgt begint: 'Wij zijn het beste dat onze gemeenschap te bieden heeft. Wij scoren nooit lager dan vijfennegentig procent op een geschiedenisexamen. Wij zijn de voorhoede van ons volk. Neem deel aan onze glorie en stijg met ons op naar de top, of stap opzij. Want als we de top hebben bereikt, zullen we je de hand toesteken en je omhoogtrekken.'

De drieënveertig jongeren in de klas van Matthews zijn allemaal begaafde scholieren die aan hoge criteria hebben moeten voldoen om alleen nog maar gekozen te worden voor de Talented Tenth. En Matthews laat zijn leerlingen flink zweten. 'We hebben nooit vakantie,' klaagde een van hen tegen me, binnen gehoorsafstand van Matthews. 'Je werkt nu, zodat je later kunt uitrusten,' zei Matthews tegen de leerling. 'Je draagt nu je boeken, zodat later een ander die voor je kan dragen.'

Het succes van Matthews' leerlingen werpt vragen op over de doelen van het onderwijs die al zo oud zijn als de schoolgang zelf, en die nooit lijken weg te gaan. Wat betekent het om intelligent te zijn en wat worden scholen exact geacht te onderwijzen? Welke plaats moet het geheugen innemen in het hedendaagse onderricht, nu zijn rol in het leven van alledag is afgenomen? Waarom zou je het geheugen van kinderen belasten met feiten als je ze uiteindelijk voorbereidt op een wereld van externe herinneringen?

Van mijn eigen schooltijd, die ik zowel op openbare als op privéscholen heb doorgebracht, herinner ik me dat ik precies drie teksten uit mijn hoofd heb moeten leren: de Gettysburg Address in groep vijf, 'I Have a Dream' van Martin Luther King jr. in groep zes, en de monoloog 'Tomorrow and tomorrow and tomorrow' van Macbeth in de vierde klas van de middelbare school. Dat was het. De enige handeling die meer in strijd is met de idealen van het moderne onderwijs dan memorisatie, is lijfstraf.

De langzame verdwijning van het memoriseren uit de schoolklas vond haar filosofische oorsprong in *Emile of over de opvoeding*, een polemische roman uit 1762 van de Zwitserse filosoof Jean-Jacques Rousseau. Het boek gaat over een fictief kind dat een 'natuurlijke opvoeding' krijgt, dat wil zeggen: alleen leert door eigen ervaring. Rousseau verafschuwde memoriseren, evenals zo'n beetje alle restricties van het institutionele onderwijs. 'Lezen is de pest van de kindertijd,' schreef hij. Het traditionele leerplan was in zijn ogen weinig meer dan zinloze 'heraldiek, aardrijkskunde, chronologie en taal'.

De educatieve ideologie waartegen Rousseau zich afzette was ook werkelijk geestdodend, en was nodig aan herziening toe. Ruim een eeuw na de publicatie van *Emile* bezocht klokkenluider dr. Joseph Mayer Rice openbare scholen in zesendertig Amerikaanse steden, en was geschokt door wat hij zag. Eén school in New York noemde hij 'het meest dehumaniserende instituut dat ik ooit heb aanschouwd. Elk kind wordt daar behandeld alsof het een geheugen en het vermogen tot spraak heeft, maar geen persoonlijkheid, geen gevoeligheden, geen ziel.' Aan het begin van de twintigste eeuw was mechanisch leren nog steeds de favoriete methode om informatie, met name geschiedenis en aardrijkskunde, in het hoofd van kinderen te stoppen. Van leerlingen kon worden verwacht dat ze poëzie, belangrijke redevoeringen, historische jaartallen, de tafels van vermenigvuldiging, Latijnse woordjes, de hoofdsteden van alle staten van Amerika, de volgorde van de Amerikaanse presidenten en nog veel meer uit hun hoofd leerden.

Memorisatie-exercities waren niet alleen bedoeld om informatie van de leraar op de leerling over te brengen, maar er werd tevens een constructieve invloed op de hersenen van de kinderen aan toegedicht, waarvan ze hun hele leven zouden profiteren. Drillen, zo geloofde men, vergrootte het geheugenvermogen. Niet alleen wát er uit het hoofd werd geleerd was van belang, maar ook het blote feit dat het geheugen geoefend werd. Hetzelfde werd verondersteld te gelden voor Latijn, dat rond de overgang naar de twintigste eeuw aan bijna de helft van alle Amerikaanse middelbare scholieren werd onderwezen. Didactici waren ervan overtuigd dat het leren van deze dode taal, met zijn talloze grammaticale nuances en lastige vervoegingen, de hersenen oefende in logisch denken en hielp bij het opbouwen van 'mentale discipline'. Verveling werd in dat licht als een deugd gezien. En de docenten werden hierin ondersteund door de 'vermogenspsychologie', een populaire wetenschappelijke theorie volgens welke de geest uit een aantal specifieke mentale 'vermogens' bestaat die ieder apart, net als spieren, door middel van rigoureuze oefening versterkt konden worden.

Tegen het einde van de negentiende eeuw begon een aantal vooraanstaande psychologen de empirische basis van de 'vermogenspsychologie' in twijfel te trekken. In zijn boek *Principles of Psychology* uit 1890 vroeg William James zich af 'of een zekere mate van dagelijkse training in het uit het hoofd leren van poëzie de tijd bekort die het kost om weer andere poëzie te leren'. In een periode van acht dagen besteedde hij ruim twee uur aan het memoriseren van de eerste honderdachtenvijftig regels van Victor Hugo's gedicht 'Satyr', wat neerkwam op gemiddeld vijftig seconden per regel. Met dit als uitgangspunt begon James het hele eerste boek van *Paradise Lost* uit zijn hoofd te leren. Toen hij weer verder ging met het gedicht van Hugo, ontdekte hij dat zijn memorisatietijd was gestegen naar zevenenvijftig seconden per regel. Het oefenen van memoriseren had hem er slechter in gemaakt, niet beter. Dat was het resultaat van maar een enkele proef, maar in latere onderzoeken door psycholoog Edward Thorndike en zijn collega Robert S. Woodworth, die eveneens tot doel hadden vast te stellen of het oefenen van memoriseren invloed had op 'het algemene memorisatievermogen', werd uiteindelijk niet meer dan een kleine winst geconstateerd. Ze concludeerden dat de bijkomstige voordelen van 'mentale discipline' volkomen 'fictief' waren en dat een algemene vaardigheid als memoriseren lang niet zo goed van het ene op het andere domein over te dragen was als men voorheen had aangenomen. 'Pedagogen begonnen algauw in te zien dat de experimenten van Thorndike de bodem onder het traditionele leerplan hadden weggeslagen,' schrijft onderwijshistorica Diane Ravitch.

Het vacuüm werd binnen de kortste keren opgevuld door een groep progressieve didactici geleid door John Dewey, een Amerikaanse filosoof die zich sterk maakte voor een nieuwe vorm van onderwijs waarin radicaal gebroken zou worden met de methoden en het begrensde leerplan van het verleden. Als een echo van Rousseaus romantische idealen van de kindertijd legden ze de nadruk op 'kindgericht' onderwijs. Ze vervingen het mechanisch leren door een nieuwe manier van 'empirisch leren'. Scholieren zouden geen kennis opdoen van biologie door de anatomie van planten uit een lesboek in hun hoofd te stampen, maar door zaadjes te zaaien en een tuin te verzorgen. Ze zouden niet leren rekenen met behulp van de tafels van vermenigvuldiging, maar door recepten te bereiden. Dewey verklaarde: 'Ik wil dat een kind niet zegt: "Ik weet het," maar: "Ik heb het ervaren."'

De afgelopen eeuw was een slechte periode voor het geheugen. Honderd jaar progressieve onderwijshervormingen hebben memoriseren de naam bezorgd onderdrukkend en afstompend te zijn – niet alleen een verspilling van tijd, maar ook ronduit schadelijk voor het zich ontplooiende brein. Scholen zijn minder belang gaan hechten aan ruwe kennis (waarvan het grootste deel toch wordt vergeten) en in plaats daarvan de rol gaan benadrukken die ze spelen bij het stimuleren van het redeneringsvermogen, de creativiteit en het onafhankelijk denken van het kind.

Maar zou het niet zo kunnen zijn dat we een grote fout hebben gemaakt? De invloedrijke criticus E.D. Hirsch jr. mopperde in 1987: 'We mogen er niet van uitgaan dat de huidige jeugd dingen weet die vroeger bijna ieder geletterd mens in onze cultuur wist.' Hirsch betoogde dat scholieren op de wereld worden losgelaten zonder het basisniveau van culturele geletterdheid te hebben dat vereist is om een goede burger te kunnen zijn (wat wil het zeggen dat twee derde van de Amerikaanse zeventienjarigen er met gemak een halve eeuw naast zit als je ze vraagt wanneer de Burgeroorlog plaatshad?), en dat er behoefte is aan een onderwijskundige contrareformatie die opnieuw de nadruk legt op kennis van harde feiten. Hirsch' critici wierpen tegen dat het leerplan dat hij voorstaat vooral een cursus Dead White Males is. Maar als iemand dat argument onschadelijk kan maken is het Matthews, die ondanks het eurocentrisme van het leerplan volhoudt dat het een feit blijft dat feiten er nog steeds toe doen. Wanneer het een van de doelen van onderwijs is om leerlingen tot weetgierige en goedgeïnformeerde burgers te vormen, dan moet je ze de elementaire wegwijzers verschaffen die hen door een leven van leren kunnen leiden. En wanneer, zoals de twaalfde-eeuwse leraar Hugo van Sint-Victor het formuleerde, 'het hele nut van onderwijs uitsluitend in de herinnering eraan bestaat', kun je die leerlingen net zo goed de beste middelen die er voorhanden zijn geven om het onderwezene mee in hun geheugen op te slaan.

'Ik gebruik het woord "geheugen" niet in de klas, omdat het een slecht begrip is in het onderwijs,' zegt Matthews. 'Je leert een aap iets in zijn geheugen te prenten, terwijl onderwijs je vermogen ontwikkelt naar willekeur informatie op te roepen en te analyseren. Maar leren op hoger niveau is onmogelijk – je kunt niet analyseren – zonder informatie op te roepen.' En je kunt geen informatie oproepen zonder die informatie eerst te verwerven. De tweedeling tussen 'leren' en 'memoriseren' is verkeerd, beweert Matthews. Je kunt niet leren zonder te memoriseren, en als je het goed doet kun je niet memoriseren zonder te leren.

'Het geheugen moet als een vaardigheid worden bijgebracht, precies zoals je kinderen leert flexibiliteit en kracht en uithoudingsvermogen te ontwikkelen ter bevordering van hun fysieke gezondheid en welzijn,' verklaart Buzan, die bij herhaling als een pleitbezorger van de oude vermogenspsychologie klinkt. 'Scholieren weten niet uit zichzelf hoe ze moeten leren. Eerst leer je ze hóe ze moeten leren, daarna leer je ze wát ze moeten leren.'

Buzan vervolgt: 'Het formele onderwijssysteem is afkomstig uit het leger, waar de laagst geschoolde en minst kansrijke mensen heen werden gestuurd. Om te zorgen dat ze níet gingen nadenken, moesten ze bevelen opvolgen. Militaire training was extreem georganiseerd en lineair. Je ramde de informatie in hun hoofd tot ze op een pavloviaanse manier reageerden, zonder hun hersens te gebruiken. Werkte het? Ja. Hadden ze er plezier in? Nee, dat hadden ze niet. Vanaf het begin van de industriële revolutie waren er soldaten nodig om de machines te bedienen, en dus namen de scholen de militaire benadering over. Het werkte. Maar het werkt niet op de lange termijn.'

Net als veel van Buzans dogmatische uitspraken bevat ook deze een kern van waarheid onder een dikke laag propaganda. Mechanisch leren – de '*drill and kill*'-methode waartegen onderwijshervormers zich de afgelopen eeuw hebben afgezet – is, wat Buzan ook beweren mag, zeker zo oud als het leren zelf, maar hij heeft gelijk als hij zegt dat de geheugenkunst, die eens het middelpunt vormde van de klassieke opleiding, aan het eind van de achttiende eeuw bijna verdwenen was.

Buzans betoog dat scholen het geheugen op een volkomen verkeerde manier benaderen gaat lijnrecht in tegen de heersende denkbeelden in het onderwijs, en is niet zelden vervat in revolutionaire taal. Maar Buzans ideeën zijn in wezen, ook al lijkt hij dat zelf heel anders te zien, niet revolutionair maar juist uitermate conservatief. Hij wil de klok terugdraaien naar een tijd waarin een goed geheugen nog iets betekende.

Een interview met Tony Buzan regelen valt niet mee. Hij is zo'n negen maanden per jaar van huis om lezingen te geven en laat zich erop voorstaan dat hij genoeg *frequent flyer miles* heeft verzameld om acht keer heen en weer naar de maan te kunnen vliegen. Bovendien lijkt hij de aura van terughoudendheid en ontoegankelijkheid te cultiveren die een eerste vereiste zijn voor iedere zichzelf respecterende goeroe. Toen ik hem tijdens de wereldkampioenschappen geheugen eindelijk in de fuik had, achter een bureau, om de mogelijkheid te bespreken dat hij me een paar uur te woord zou staan, sloeg hij een grote drieringsband open en ontvouwde een kleurige panoramische kaart van misschien wel een meter lang. Het was Buzans agenda van het voorgaande jaar, gevuld met brede, doorlopende balken van zijn reizen – Spanje, China, drie keer Mexico, Australië, Amerika. Er was één periode van drie maanden waarin hij geen stap op Britse bodem had gezet. Hij vertelde me dat hij de komende drie à vier weken geen tijd had om met me te praten (en daarna zat ik alweer in Amerika), maar stelde voor dat ik in zijn afwezigheid zijn landgoed aan de Theems, halverwege de weg naar Oxford, zou bezoeken om daar wat foto's te nemen.

Ik antwoordde dat ik niet verwachtte veel te kunnen leren van een leeg huis.

'O, daar kun je juist heel veel van leren,' antwoordde hij.

Uiteindelijk lukte het me, via zijn assistent, een afspraak te maken. Ik kon met Buzan mee naar huis rijden in zijn limousine, nadat hij in de BBC-studio's een televisie-interview had gegeven. Ik kreeg de instructie naar een straathoek in het Londense Whitehall te gaan en daar te wachten. 'Je kunt meneer Buzans auto niet missen.'

Dat klopte inderdaad. De auto, die een halfuur later dan afgesproken voor het trottoir tot stilstand kwam, was een ivoorkleurige voormalige taxi uit de jaren dertig die zo van een BBC-set leek te zijn weggereden. De deur zwaaide open. 'Stap in,' zei Buzan met een wenkend gebaar. 'Welkom in mijn kleine maar fijne reislounge.'

Het eerste onderwerp waarover we het hadden, omdat ik het eenvoudig móest vragen, was zijn unieke garderobe.

'Die heb ik zelf ontworpen,' zei hij. Hij droeg hetzelfde aparte donkerblauwe pak met de grote gouden knopen waarin ik hem maanden eerder op de Amerikaanse geheugenkampioenschappen had gezien. 'Vroeger gaf ik altijd lezingen in een confectiepak, maar dat trok bij de oksels als ik een weids armgebaar maakte, wat ik nogal veel pleeg te doen,' vertelde hij. 'Toen ben ik degenvechters uit de vijftiende, zestiende, zeventiende, achttiende en negentiende eeuw gaan bestuderen en heb gezien dat hun armen geen enkele weerstand ondervonden van hun kleding. Die ruches en wijde mouwen waren niet alleen voor de sier. Ze dienden om te kunnen stoten en pareren. Ik ontwerp mijn overhemden zo dat ook ik me vrij kan bewegen.'

Alles aan Buzan maakt sterk de indruk dat hij iemand is die een sterke indruk wil maken. Hij slikt nooit een lettergreep in en laat nooit zijn schouders hangen. Zijn vingernagels onderhoudt hij even goed als het leer van zijn Italiaanse schoenen. Hij draagt altijd een keurig opgevouwen pochet in zijn borstzak. Hij geeft zijn brieven het motto *Floreant dendritae!* mee – 'mogen je hersencellen gedijen!' – en hij sluit zijn telefonische berichten af met 'Tony Buzan, over en uit!'

Toen ik hem naar de bron van zijn bovenmatige zelfvertrouwen vroeg, vertelde hij me dat hij dat voor een groot deel te danken heeft aan zijn uitvoerige training in de vechtkunst. Hij heeft de zwarte band in aikido en heeft driekwart van de weg naar de zwarte band in karate afgelegd. Op de achterbank van zijn limo demonstreerde hij een serie schokkerige bewegingen, een slag in de lucht en een schijnstoot. 'Ik gebruik die technieken door ze niet te gebruiken,' zei hij. 'Wat heeft het voor zin te vechten als je weet dat je de ander – dat wil zeggen: een mens – kunt doden, of dat je zijn oog kunt uitsteken of zijn tong uit zijn mond kunt rukken?'

Buzan is – zoals hij meer dan eens onder mijn aandacht wist te brengen – een moderne renaissanceman: een kenner van dans ('ballroom, modern, jazz'), componist (invloeden: 'Philip Glass, Beethoven, Elgar'), auteur van korte dierenverhalen (onder het pseudoniem Mowgli, naar het jongetje uit *The Jungle Book*), dichter (zijn laatste poëziebundel, *Concordea*, bestaat volledig uit gedichten die hij tijdens, en over, zijn achtendertig trans-Atlantische vluchten met de supersonische Concorde schreef) en ontwerper (niet alleen van zijn kleding, maar ook van zijn woning en een groot deel van de meubels daarin).

Op zo'n drie kwartier van Londen reed onze ivoorkleurige triomfwagen Buzans landgoed aan de Theems op. Hij vroeg me de locatie ervan niet in druk weer te geven. 'Noem het maar *Wind in de Wilgen*-land.'

In zijn huis, dat de naam 'Gates of Dawn' draagt, trokken we onze schoenen uit en liepen behoedzaam om een verzameling tekeningen op de vloer heen, die deel uitmaakte van een kinderboek in wording over 'een jongetje dat niet goed kan leren, maar wel heel goed kan fantaseren'. Er was een grote televisie, waar zeker honderd videobanden omheen verspreid lagen, en in de hal stond een boekenkast met de complete *Encyclopaedia Britannica Great Books of the Western World*, diverse exemplaren van de sciencefictionthriller *Dune*, drie korans, een grote verzameling boeken van Buzan zelf, en dat was het verder wel zo'n beetje.

'Is dit uw boekenverzameling?' vroeg ik.

'Ik ben hier maar drie maanden per jaar. Ik heb boeken op verschillende andere plekken in de wereld,' antwoordde hij.

Buzan geniet van het reizen, en van het idee een man van de wereld te zijn. Toen ik hem vroeg waar hij de concentratie vandaan haalt om er twee of drie boeken per jaar uit te persen, antwoordde hij dat hij op bijna elk continent rustige oorden heeft gevonden om te werken. 'In Australië schrijf ik bij het Great Barrier Reef. In Europa schrijf ik overal waar oceanen zijn. Ik schrijf in Mexico. Ik schrijf aan het Westelijke Meer in China.' Buzan reist al sinds jonge leeftijd. Hij werd in 1942 in Londen geboren, maar verhuisde op zijn elfde met zijn ouders – zijn moeder was gerechtelijk stenograaf, zijn vader elektrotechnicus – en broertje naar Vancouver. Hij was, zo zegt hij, 'in principe een normaal joch dat het normale kattenkwaad uithaalde en op normale scholen zat'.

We zaten op zijn patio, Buzan met zijn roze overhemd losgeknoopt en op zijn neus een grote *wrap-around*-bril om zijn ogen te beschermen tegen de zon. 'Mijn boezemvriend in mijn kinderjaren was Barry,' herinnerde hij zich. 'Hij zat in 1D en ik in 1A. 1A was voor de slimmeriken, D voor de domkoppen. Maar als we de natuur in gingen herkende Barry een vogel aan de manier waarop hij langs de horizon vloog. Hij kon zelfs het verschil zien tussen een vliegende spreeuw, lijster en merel, die toch erg veel op elkaar lijken. Voor mij bewees hij daarmee zijn genie. Maar ik kreeg een tien voor een repetitie over de natuur waarin ik vragen had moeten beantwoorden als: "Kun je twee vissen opnoemen die in Engelse beken leven?" Er zijn er honderddrie. Toen ik die tien kreeg schoot door me heen dat het kind dat een paar lokalen verderop zat in de domme klas, mijn boezemvriend Barry, meer wist dan ik, veel meer wist dan ik, van het onderwerp waarin ik zogenaamd de nummer één was. En daarom was hij de nummer één, en niet ik.

En opeens realiseerde ik me dat het systeem waartoe ik behoorde niet wist wat intelligentie was, niet wist hoe het slim en niet slim moest identificeren. Ze bestempelden mij als de beste, terwijl ik wist dat ik dat niet was, en hem als de slechtste, terwijl hij eigenlijk de beste was. Ik bedoel, een meer tegenstrijdige omgeving kun je niet hebben. Dus begon ik me af te vragen: wat is intelligentie? En wie maakt dat uit? Wie zegt dat jij slim bent? Wie zegt dat jij niet slim bent? En wat wordt daarmee bedoeld?' Die vragen bleven Buzan, in elk geval volgens zijn gelikte persoonlijke verhaal, achtervolgen tot hij ging studeren.

Buzans kennismaking met de geheugenkunst, het moment dat de verdere loop van zijn leven bepaalde, geschiedde in de eerste minuten van het eerste college op de eerste dag van zijn eerste jaar aan de University of British Columbia. Zijn docent Engels, een stugge man 'met het postuur van een kleine worstelaar en met een paar rossige haarplukjes op een verder kaal hoofd', kwam de collegezaal binnen en begon met zijn handen op zijn rug de namen van de studenten af te roepen. 'Van iedere afwezige student somde hij de naam van de vader, de naam van de moeder, de geboortedatum en het adres op,' vertelde Buzan. 'Toen hij de lijst afgewerkt had keek hij ons met een spottend lachje aan. Dat was het begin van mijn liefdesrelatie met het geheugen.'

Na het college holde Buzan zijn docent achterna door de gang. 'Ik vroeg: "Meneer, hoe deed u dat net?" Hij keek me aan en antwoordde: "Knul, ik ben briljant." Waarop ik zei: "Dat is duidelijk, meneer. Maar daarom wil ik nog wel weten hoe u het deed." Hij reageerde met één woord: "Nee." Elke dag dat we Engels hadden in de volgende drie maanden, viel ik hem lastig. Naar mijn gevoel was hij in het bezit van de heilige graal, die hij niet met ons wilde delen. Hij verachtte zijn studenten. Hij vond ze een verspilling van zijn tijd. Maar op een dag zei hij plotseling: "Aan het begin van onze miserabele relatie heb ik jullie de superbe kracht van het menselijk geheugen gedemonstreerd, en jullie hebben dat niet eens opgemerkt. Daarom ga ik nu de code op het bord zetten waarmee ik die buitengewone prestatie heb kunnen leveren, en ik ben er honderd procent van overtuigd dat geen van jullie zelfs maar zal inzien welke schatten ik aan jullie voeten leg – deze parels voor de zwijnen." Hij knipoogde naar mij en schreef de code op. Het was het Major System. Op dat moment wist ik dat ik alles uit mijn hoofd kon leren wat ik wilde.'

Die dag verliet Buzan het lokaal in een trance. Voor het eerst besefte hij dat hij niet het minste idee had hoe de complexe machinerie van zijn geest werkte. En dat vond hij vreemd. Als een simpele geheugentruc je in staat stelde de hoeveelheid informatie die je kon onthouden drastisch te vergroten, en niemand ooit de moeite had genomen Buzan die truc vóór zijn twintigste jaar te leren, wat was er dan nog meer dat hij nooit had geleerd?

'Ik ging naar de bibliotheek en zei: "Ik wil een boek waarin staat hoe ik mijn hersenen kan gebruiken." De bibliothecaresse stuurde me naar de afdeling medische boeken. Even later vervoegde ik me weer bij haar en legde uit: "Ik wil niet een boek over hóe mijn hersenen werken, maar over hoe ik erméé kan werken. Dat is net iets anders." Ze antwoordde: "O, daar hebben we geen boeken over." Ik dacht, er zit een handleiding bij je auto, je radio en je televisie, maar voor het menselijk brein is geen handleiding geschreven?' Op zoek naar iets wat licht kon werpen op de geheugenprestatie van zijn docent belandde Buzan op de afdeling klassieke oudheid, waar hij volgens diezelfde docent mogelijkerwijs een paar van de oorspronkelijke ideeën over geheugenverbetering zou kunnen vinden. Hij las over Griekse en Romeinse mnemotechniek, en begon in zijn vrije tijd de methoden te oefenen. Al snel paste hij het advies uit *Ad Herennium* over loci en beelden toe bij het leren voor zijn tentamens, zelfs voor het memoriseren van zijn aantekeningen van complete vakken.

Na de universiteit had Buzan een reeks van losse baantjes in Canada, eerst in het boerenbedrijf ('Het leek me leuk om "stront scheppen" boven aan mijn cv te kunnen zetten') en vervolgens in de bouw. In 1966, het jaar waarin *The Art of Memory* van Frances Yates verscheen, het eerste grote hedendaagse academische werk waarin de rijke geschiedenis van de mnemotechniek wordt besproken, keerde Buzan terug naar Londen. Daar werd hij hoofdredacteur van *Intelligence*, het internationale tijdschrift van Mensa, de vereniging voor hoogbegaafden waarvan hij op de universiteit lid was geworden. Rond dezelfde tijd stelde de gemeente hem aan als invalkracht op probleemscholen in Oost-Londen. 'Ik was een ambulant huurbrein,' zei hij. 'Als een leraar in elkaar geslagen werd, was ik de volgende die de klas in werd gestuurd.'

Meestal stond Buzan hooguit een paar dagen voor zo'n klas, amper genoeg voor zelfs de meest gemotiveerde leraar om te geloven dat hij een verschil kon maken. Op zoek naar een manier om zijn met zichzelf worstelende leerlingen te helpen, en hopelijk een beetje van zijn eigen overvloedige zelfvertrouwen op hen over te dragen, nam Buzan zijn toevlucht tot de oude geheugentechnieken die hij voor het eerst op de universiteit had geleerd. 'Ik ging de klas binnen en vroeg de leerlingen of ze dom waren, want iedereen had ze dom genoemd, en helaas waren ze er zelf ook van overtuigd dat ze dom waren,' vertelde Buzan. 'Ze hadden goed ingepeperd gekregen dat ze niks wisten. Ik zei: "Oké. Laten we maar eens de proef op de som nemen." Ik onderwierp ze aan een geheugentest, waarvoor ze zakten. Ik zei: "Volgens mij zijn jullie inderdaad dom." Daarna bracht ik ze een geheugentechniek bij en liet ze opnieuw een test maken. Dit keer hadden ze alle vragen goed. Mijn reactie was: "Jullie zeiden dat jullie dom zijn, jullie hebben bewezen dat jullie dom zijn, en dan halen jullie een tien voor een toets." Ik liet ze daar eens goed over nadenken. Voor een aantal leerlingen die nog nooit ergens een tien voor hadden gehaald, was het echt een openbaring.'

Nu Buzan in de gelegenheid was de geheugenkunst niet alleen te oefenen maar die ook te onderwijzen, begon hij de oude technieken in nieuwe richtingen te ontwikkelen, met name voor het maken van aantekeningen. In de loop der jaren schiep hij wat hij beschouwde als een compleet nieuw aantekeningensysteem, dat geïnspireerd was op de oude wijsheid van *Ad Herennium*.

'Ik probeerde tot de kwintessens – de magische kern – te komen van waar het bij het maken van aantekeningen om gaat,' zei hij. 'Zo kwam ik uit bij codes en symbolen, beelden en pijlen, onderstrepingen en kleuren.' Buzan noemde zijn nieuwe systeem Mind Mapping, een term die hij later als handelsmerk deponeerde. In een Mind Map worden lijnen getrokken van hoofdpunten naar secundaire punten, en van daaruit weer naar tertiaire punten enzovoorts. Begrippen worden zo bondig mogelijk samengevat en waar het kan geïllustreerd met beelden. Een Mind Map is een soort schema dat straalsgewijs in een regenboog van kleuren over het papier uitwaaiert, een web van associaties dat eruitziet als een doornstruik, of de zich vertakkende dendrieten van een zenuwcel. En omdat hij rijk is aan kleurige beelden die in volgorde op de pagina gerangschikt zijn, fungeert de Mind Map als een soort geheugenpaleis op papier.

'In ons groteske onbegrip van de werking van het geheugen dachten we dat je dingen voornamelijk onthield door ze mechanisch te leren. Met andere woorden, je beulde net zo lang door tot je hoofd gevuld was met feiten. Waaraan voorbij werd gegaan, is dat het geheugen in de eerste plaats een proces van verbeelding is. Leren, het geheugen en creativiteit zijn in feite onderdelen van hetzelfde proces, maar dan elk met een andere focus,' zegt Buzan. 'In de kunst en wetenschap van het onthouden gaat het om de ontwikkeling van het vermogen snel beelden te vormen die uiteenlopende ideeën met elkaar verbinden. Creativiteit is het vermogen soortgelijke verbindingen tussen uiteenlopende beelden te vormen en iets nieuws te creëren en dat de toekomst in te slingeren, zodat het daar een gedicht, of een gebouw, of een dans, of een roman kan worden. Creativiteit is, in zekere zin, het toekomstige geheugen.' Als de essentie van creativiteit het met elkaar verbinden van uiteenlopende feiten en ideeën is, dan betekent dit dat hoe makkelijker je associaties maakt en hoe meer feiten en ideeën je tot je beschikking hebt, hoe beter je bent in het verzinnen van nieuwe ideeën. Buzan wijst er graag op dat Mnemosyne, de godin van het geheugen, de moeder van de muzen was.

De opvatting dat geheugen en creativiteit twee zijden van dezelfde medaille zijn, strookt niet met onze intuïtie. Onthouden en creativiteit lijken tegengestelde en niet elkaar aanvullende processen. Maar het idee dat ze één en hetzelfde zijn is eigenlijk al vrij oud, en werd ooit zelfs als vanzelfsprekend gezien. Het Latijnse zelfstandig naamwoord *inventio* vormt de basis voor de woorden 'inventaris' en 'inventiviteit'. Voor de beoefenaar van de geheugenkunst waren die twee begrippen nauw met elkaar verbonden. Inventiviteit was een product van inventariseren. Waaruit ontstaan nieuwe ideeën anders dan uit een alchemistische vermenging van oude ideeën? Om inventief te kunnen zijn had je eerst een goede inventaris nodig, een voorraad bestaande ideeën om uit te putten. En niet zomaar een inventaris, maar eentje met een register. Je had een manier nodig om de juiste informatie op het juiste moment te vinden.

En hier bewees de geheugenkunst uiteindelijk haar grootste nut. Ze was niet alleen een instrument om dingen mee vast te leggen, maar ook een instrument om nieuwe ideeën mee uit te denken en werken mee te scheppen. 'In de klassieke oudheid vormde het besef dat het scheppen van werken afhankelijk was van een welvoorzien en immer beschikbaar geheugen, de basis van het retorisch onderwijs,' schrijft Mary Carruthers. Het brein was even georganiseerd als een archiefkast, met belangrijke feiten, citaten en denkbeelden die keurig opgeborgen lagen in mnemotechnische vakjes, waar ze nooit zoek zouden raken, en die moeiteloos gerecombineerd en aan elkaar geregen konden worden. Het doel van geheugentraining was het vermogen te ontwikkelen van onderwerp naar onderwerp te springen en nieuwe verbindingen te leggen tussen oude ideeën. 'Als kunst was het geheugen in de middeleeuwen vooral ook verbonden met het creëren van werken, niet alleen met onthouden,' betoogt Carruthers. 'Zij die geheugentechnieken toepasten deden dat – zoals ambachtslieden hun vakkennis gebruiken – om nieuwe dingen te *maken*: gebeden, meditaties, preken, afbeeldingen, hymnen, verhalen en gedichten.'

In 1973 kreeg de BBC lucht van Buzans werk, en het hoofd educatie van de omroep nodigde hem uit voor een gesprek over Mind Mapping en mnemotechniek. De daaruit voortvloeiende tiendelige BBC-serie en een begeleidend boek, beide *Use Your Head* getiteld, leverden Buzan enige roem op in Groot-Brittannië en deden hem beseffen dat de geheugentechnieken die hij promootte een groot commercieel potentieel hadden. Hij begon zijn ideeën, waarvan vele rechtstreeks ontleend waren aan klassieke en middeleeuwse geheugentraktaten, te verpakken in een gestage stroom zelfhulpboeken. Hij heeft tot op heden ruim honderdtwintig titels gepubliceerd, waaronder *Use Your Perfect Memory*, *Make the Most of Your Mind*, *Use Both Sides of Your Brain*, *Use Your Memory* en *Master Your Memory*. (Op een gegeven moment was ik lang genoeg alleen met Buzans chauffeur om zijn mening te vragen over de boeken van zijn werkgever. 'Oude wijn in nieuwe zakken' was zijn privémening over Buzans oeuvre.)

Buzan is een marketinggenie, dat moet hem nagegeven worden. Hij heeft over de hele wereld filialen opgericht met Buzan-gelicentieerde instructeurs die een opleiding hebben gevolgd om zijn cursussen geheugenverbetering, snellezen en Mind Mapping te mogen geven. Op dit moment zijn er driehonderd Buzan-gelicentieerde instructeurs in ruim zestig landen. En wereldwijd geven duizend docenten officieel les in door Buzan geautoriseerde geheugensystemen. Hij schat dat in de loop van zijn carrière de bruto-omzet van alle Buzanproducten, waaronder boeken, videobanden, televisieprogramma's, trainingscursussen, hersenspelletjes en lezingen, de driehonderd miljoen dollar heeft overschreden.

De geheugensportgemeenschap valt precies in twee kampen uiteen: in hen die in Tony Buzan de wedergeboorte van Jezus Christus zien en in hen die vinden dat hij rijk is geworden met de verkoop van door de media opgeklopte en soms onwetenschappelijke ideeën over de hersenen. Ze wijzen erop, niet geheel ten onrechte, dat Buzan weliswaar een 'wereldwijde onderwijsrevolutie' predikt, maar dat hij veel meer succes heeft gehad met het creëren van een wereldwijd commercieel imperium dan met de daadwerkelijke introductie van zijn methodes op scholen.

Met name frustrerend voor mensen als Ed, die de geheugenkunst serieus nemen en die geloven in Tony Buzans elementaire boodschap dat de geheugenkunst nog steeds bestaansrecht heeft in het moderne klaslokaal, zijn de vaak gênante uitlatingen van de boodschapper.

Buzan heeft de vervelende gewoonte zich te verliezen in pseudowetenschap en overdrijving als hij beschrijft hoe geweldig revolutionair geheugentraining kan zijn, of hoe hij 'het leven van miljoenen mensen heeft veranderd'. Hij heeft absurde dingen beweerd zoals: 'Heel jonge kinderen gebruiken achtennegentig procent van al hun denkinstrumenten. Op hun twaalfde gebruiken ze ongeveer vijfenzeventig procent daarvan. Een paar jaar later is het percentage gedaald naar vijftig procent. Tegen de tijd dat ze op de universiteit zitten is het minder dan vijfentwintig procent en als ze eenmaal aan het werk gaan is het nog geen vijftien procent.'

Het feit dat Buzan zulke krankzinnige dingen over de hersenen kan beweren en niet alleen wijd en zijd geloofd wordt maar zelfs geroemd, bewijst hoe onontgonnen de wereld van de hersenwetenschap nog is en hoe graag mensen willen denken dat ze hun geheugen kunnen verbeteren. De waarheid is dat de hersenhandleiding die Buzan in de universiteitsbibliotheek probeerde te vinden nog steeds niet geschreven is.

Maar ondanks alle pseudowetenschap en overdrijving waarvan Buzan zich bij het promoten van Mind Mapping bedient, is er wel degelijk wetenschappelijk bewijs dat zijn systemen werken. Onlangs gaven onderzoekers van de University of London een groep studenten een tekst van zeshonderd woorden te lezen, nadat ze de helft van de groep hadden geleerd hoe je aantekeningen maakt met een Mind Map. De andere helft kreeg de opdracht aantekeningen te maken zoals ze dat gewend waren. Toen ze een week later getest werden, bleek dat de studenten die Mind Maps hadden gemaakt zo'n tien procent meer feitenkennis was bijgebleven dan de studenten die conventionele aantekenmethoden hadden gebruikt. De winst is bescheiden, maar zeker niet onbeduidend.

Ik probeerde zelf de techniek uit door er een paar delen van dit boek mee samen te vatten, en mijn indruk van Mind Mapping was dat een groot deel van de effectiviteit ervan berust op de aandacht die je nodig hebt om de kaart te tekenen.

Anders dan bij het maken van normale aantekeningen, kun je een Mind Map niet op de automatische piloot creëren. Naar mijn gevoel is het een redelijk efficiënt middel om te brainstormen en informatie te organiseren, maar amper het 'ultieme *mindpower*-instrument' of het 'revolutionaire systeem' dat Buzan ervan maakt.

Raemon Matthews twijfelt niet aan de effectiviteit van Mind Maps of van geheugentraining. Aan het einde van het jaar maken al zijn leerlingen een gedetailleerde Mind Map van het hele lesboek Amerikaanse geschiedenis. De meeste kaarten hebben een omvang van ruim een vierkante meter en bevatten pijlen die alle woorden en beelden met elkaar verbinden, van Plymouth Rock in de ene hoek tot Monica Lewinsky in de andere. 'Als ze op hun AP-examen een essay moeten schrijven over de oorzaken van de Eerste Wereldoorlog, kijken ze in hun geest gewoon naar dat deel van de kaart en zien daar de oorzaken staan,' zei Matthews. Er zou een zwarte hand getekend kunnen zijn, die voor de Servische nationalistische organisatie staat waar de moordenaar van aartshertog Franz Ferdinand toe behoorde, naast een machinegeweer op hardloopschoenen, dat de wapenwedloop symboliseert die zich in het begin van de twintigste eeuw in Europa voordeed, en daar weer naast twee triangels die de Triple Alliantie en de Triple Entente moeten voorstellen.

Matthews neemt iedere gelegenheid te baat om feiten in beelden om te zetten. 'Mijn leerlingen hadden moeite de verschillen tussen het economische systeem van Lenin en dat van Stalin te onthouden,' vertelde hij. 'Ik zei tegen ze: "Moet je horen, Lenin zit op de wc en hij heeft last van constipatie vanwege zijn gemengde economie. Stalin komt het hokje binnen gestormd en vraagt wat hij daar doet, waarop Lenin antwoordt: 'Land, vrede en brood.'" Dat beeld zijn ze nooit vergeten.'

Een gegrond bezwaar tegen dergelijke vormen van mnemotechniek is dat de kennis gedecontextualiseerd wordt. Ze zijn oppervlakkig, het toppunt van leren zonder begrip. Het heeft de diepgang van PowerPoint, of erger nog, van uittrekselboeken. Wat kan een beeld van Lenin en Stalin op de wc je nu echt vertellen over de communistische economie? Maar Matthews' punt is dat je toch ergens moet beginnen, en dat je dan net zo goed kunt beginnen met leerlingen herinneringen bij te brengen die ze minder snel vergeten.

Als informatie 'je ene oor in en je andere oor uit' gaat, komt dat vaak doordat er niets is waaraan ze zich kan hechten. Dat heb ik kort geleden nog persoonlijk ondervonden toen ik drie dagen in Shanghai was voor een artikel. Op de een of andere manier was ik erin geslaagd twintig jaar onderwijs te doorlopen zonder ook maar enige kennis op te doen over de geschiedenis van China. Ik had nooit het verschil geleerd tussen Ming en Qing, of zelfs maar dat Koeblai Khan echt had bestaan. Zoals iedere goede toerist bracht ik mijn tijd in Shanghai door met het bezichtigen van de stad en het bezoeken van musea, waarbij ik iets van inzicht probeerde te krijgen in de geschiedenis en cultuur van China. Maar mijn beleving van de stad had veel rijker kunnen zijn. Er waren zo veel dingen die ik niet in me opnam, zo veel dingen die ik niet op waarde kon schatten, omdat het me aan de basale feiten ontbrak waaraan ik andere feiten kon hechten. Het ging er niet alleen om dat ik niets *wist*, maar ook dat het me niet mogelijk was iets te *leren*.

Deze paradox, namelijk dat het kennis vergt om kennis te verwerven, is zichtbaar gemaakt in een onderzoek waarbij wetenschappers een halve inning van een honkbalwedstrijd weergaven in een verslag, dat ze aan een groep honkbalfanaten ('experts' is de term die Ericsson zou gebruiken) en een groep gelegenheidsfans voorlegden. Naderhand beoordeelden ze hoe goed de proefpersonen zich de halve inning konden herinneren. De honkbalfanaten structureerden hun herinneringen rond belangrijke gebeurtenissen in de wedstrijd, zoals lopers die naar een volgend honk opschuiven en gescoorde punten. Ze waren in staat de halve inning tot in zijn kleinste bijzonderheden te reconstrueren. Je kreeg bijna de indruk dat ze een inwendige scorekaart aan het voorlezen waren. De gelegenheidsfans herinnerden zich een geringer aantal belangrijke wedstrijdfeiten en noemden vaker oppervlakkige details, zoals de weersomstandigheden. Omdat het ze aan een uitgebreide innerlijke voorstelling van het spel ontbrak, konden ze de informatie die ze in zich opnamen niet adequaat verwerken. Ze wisten niet wat belangrijk was en wat niet. Ze konden zich niet herinneren wat er werkelijk toe deed. Zonder conceptuele structuur om datgene in te verankeren wat ze lazen, leden ze in feite aan amnesie.

Gaat niet hetzelfde op voor het twee derde deel van de Amerikaanse tieners die geen idee heeft wanneer de Burgeroorlog zich afspeelde? Of voor de twintig procent die niet weet tegen wie de Verenigde Staten in de Tweede Wereldoorlog vochten? Of voor de vierenveertig procent die denkt dat het onderwerp van Nathaniel Hawthornes *The Scarlet Letter* een heksenproces of een brief was? Progressieve onderwijshervorming heeft veel goeds gebracht. Het heeft de school een stuk aangenamer gemaakt, en een stuk interessanter. Maar er kleeft ook een prijs aan voor ons als individuen en als burgers. Het is via het geheugen dat we deugden en waarden overdragen en deelnemen aan een gemeenschappelijke cultuur.

Uiteraard is het niet louter het doel van onderwijs om een rits feiten te proppen in het hoofd van scholieren; het is ook de bedoeling dat ze leren van die feiten. De eerste die dat beaamt is Raemon Matthews. 'Ik wil denkers, niet alleen maar mensen die kunnen herhalen wat ik ze vertel,' zegt hij. Maar hoewel feiten zelf niet tot inzicht leiden, kan er geen inzicht zijn zonder feiten. Bovendien: hoe meer kennis je hebt, hoe makkelijker het is om nog meer kennis op te doen. Het geheugen is als een spinnenweb dat nieuwe informatie vangt. Hoe meer het vangt, hoe groter het wordt. En hoe groter het wordt, hoe meer het vangt.

De mensen wier intellect ik het meest bewonder, lijken altijd een passende anekdote of een relevant gegeven paraat te hebben. Ze zijn in staat gebruik te maken van het hele terrein van hun kennis en van de verst verwijderde velden informatie te plukken. Het mag duidelijk zijn dat intelligentie heel veel meer is dan alleen geheugen (er zijn *idiots savants* die zich veel herinneren maar weinig begrijpen, en er zijn vergeetachtige oude professoren die zich weinig herinneren maar veel begrijpen), maar geheugen en intelligentie lijken wel degelijk hand in hand te gaan, zoals een gespierde lichaamsbouw en een sportieve inslag. Er bestaat een feedbacklus tussen die twee. Hoe strakker nieuwe kennis kan worden verweven met het web van kennis dat je al hebt, hoe groter de kans dat je die onthoudt. Mensen die meer associaties hebben om hun herinneringen aan op te hangen, zullen eerder nieuwe dingen onthouden, wat weer betekent dat ze meer zullen weten, en in staat zijn meer te leren. Hoe meer je je herinnert, hoe beter je de informatie uit de wereld kunt verwerken. En hoe beter je de informatie uit de wereld kunt verwerken, hoe meer je je ervan kunt herinneren.

TIEN

De kleine Rain Man in ons allen

In februari, een maand voor de Amerikaanse geheugenkampioenschappen, begonnen mijn oefenscores mijn vermoeden te bevestigen dat ik best weleens hoog zou kunnen eindigen op het toernooi. Bij alle onderdelen behalve het gedicht en de getallensprint naderden mijn beste oefenscores het niveau van eerdere Amerikaanse kampioenen. Ed zei dat ik daar niet te veel belang aan moest hechten. 'Je presteert altijd minstens twintig procent slechter op het wedstrijdpodium,' zei hij, een waarschuwing die hij me steeds weer gaf. Toch stond ik versteld van mijn vorderingen. Bij één training was ik er zelfs in geslaagd een geschud spel kaarten in één minuut en vijfenvijftig seconden te memoriseren, een seconde sneller dan het Amerikaanse record. In het trainingsverslag van die dag vind ik deze aantekening terug: 'Misschien kan ik dit echt winnen?!' (En ook deze raadselachtige opmerking: 'Let op het overgebleven haar van DeVito!!')

Wat als een oefening in participerende journalistiek begon, was een obsessie geworden. Aanvankelijk was het me er alleen om te doen geweest de vreemde wereld van het geheugencircuit te doorgronden en uit te vinden of ik mijn geheugen inderdaad kon verbeteren. Dat ik in een positie zou kunnen komen daadwerkelijk de Amerikaanse kampioenschappen te winnen leek even waarschijnlijk als dat George Plimpton Archie Moore knock-out geslagen zou hebben toen hij met hem in de boksring stapte.

Alles wat me was verteld – door Ed, door Tony Buzan, door Anders Ericsson – wees erop dat het saaie trainingsregime dat ik volgde de enige manier was om mijn geheugen te perfectioneren. Niemand wordt geboren met het vermogen in één oogopslag grote hoeveelheden cijfers of poëzie te onthouden, of foto's te maken met zijn geest.

En toch, als je de literatuur doorvlooit, stuit je hier en daar op voorbeelden – misschien nog geen honderd in de afgelopen eeuw – van savants met een wonderbaarlijk geheugen die zich niet aan de regels lijken te houden. Het opvallendst aan deze mensen is dat hun fenomenale geheugen – dat ook wel omschreven wordt als *memory without reckoning*, 'geheugen zonder rekenen' – bijna altijd gepaard gaat met een ernstige handicap. Sommigen van hen zijn muzikale wonderen, zoals de blinde Leslie Lemke, die aan hersenverlamming lijdt en tot zijn vijftiende niet kon lopen, maar niettemin een gecompliceerd pianoconcert kan naspelen na het maar één keer gehoord te hebben. Anderen zijn artistieke wonderen, zoals Alonzo Clemons, die een IQ heeft van veertig, maar een levensechte sculptuur kan maken van een dier waar hij niet meer dan een korte blik op heeft geworpen. Weer anderen geven blijk van ongekende mechanische vaardigheden, zoals James Henry Pullen, de negentiende-eeuwse 'Genius of Earlswood Asylum', die doof was en zo goed als stom, maar verbluffend gedetailleerde modelschepen bouwde.

Op een dag zat ik, nadat ik tijdens een van mijn vijfminutensessies honderdachtentwintig cijfers had gememoriseerd, voor de televisie terwijl ik een spel kaarten doornam, zoals ik wel vaker deed om de tijd te verdrijven. Ik keek naar de klaverkoningin, denkend aan Roseanne Barr, en wilde net een onsmakelijke herinnering creëren, toen ik een trailer zag van een nieuwe documentaire, *Brainman* geheten, over een van die wondermensen. De hoofdpersoon van de film, die op Science Channel werd uitgezonden, was de zesentwintigjarige Britse savant Daniel Tammet, wiens hersenen ingrijpend waren veranderd door een epileptische aanval in zijn kleutertijd. Daniel kon schijnbaar moeiteloos ingewikkelde vermenigvuldigingen en delingen in zijn hoofd uitvoeren. Hij wist je van elk getal tot tienduizend te vertellen of het een priemgetal was. De meeste savants bezitten op maar één terrein een uitzonderlijk talent, een eenzaam 'eiland van begaafdheid', maar bij Daniel was er sprake van een ware archipel. Behalve dat hij in staat was bliksemsnel rekensommen te maken was hij een hyperpolyglot – een term waarmee het bescheiden aantal mensen dat meer dan zes talen spreekt wordt aangeduid. Daniel beweerde dat hij er tien sprak, en dat hij in een weekend Spaans had geleerd. Hij had zelfs een eigen taal bedacht: Mänti. Om zijn linguïstische vaardigheden te toetsen, boekten de producers van *Brainman* een vlucht voor Daniel naar IJsland en gaven hem een week om IJslands te leren spreken, dat een van de moeilijkste talen ter wereld schijnt te zijn. De presentator van de televisietalkshow die aan het eind van de week het IJslands van Daniel aan een test onderwierp, zei 'paf' te staan. Daniels leraar in die week noemde hem 'briljant' en 'bovenmenselijk'.

De producers van *Brainman* vroegen ook twee van 's werelds meest vooraanstaande hersenwetenschappers, V.S. Ramachandran van de University of California in San Diego, en Simon Baron-Cohen van Cambridge University, om los van elkaar Daniel een daglang aan tests te onderwerpen. Beiden concludeerden dat hij letterlijk een uniek fenomeen was. In tegenstelling tot bijna alle andere savants die ooit waren bestudeerd, kon hij uitleggen wat er in zijn hoofd gebeurde –

vaak in levendige details. Shai Azoulai, een promovendus in Ramachandrans laboratorium, verklaarde dat Daniel 'mogelijk de spil zou worden van een nieuwe onderzoeksrichting'. Dr. Darold Treffert, expert in het savantsyndroom, noemde Daniel een van de vijftig mensen in de wereld die geclassificeerd kunnen worden als een 'wondersavant'.

Hoewel savantisme als een syndroom wordt omschreven, is het geen erkende medische aandoening en bestaan er geen diagnostische criteria voor. Desondanks deelt Treffert savants in drie officieuze categorieën in. Allereerst zijn er de 'savants met een splintervaardigheid', die één compleet corpus van esoterische trivia hebben gememoriseerd, zoals Trefferts jonge patiënt die je het model en fabricagejaar van een stofzuiger kan vertellen aan de hand van zijn gezoem. Een tweede groep, die Treffert 'begaafde savants' noemt, heeft een gangbaarder vaardigheid ontwikkeld, bijvoorbeeld op het gebied van tekenen of muziek, die alleen opmerkelijk is vanwege het sterke contrast met hun handicap. De derde groep, de 'wondersavants', bezit gaven die naar ieders maatstaven spectaculair zijn, ook als ze niet gepaard zouden gaan met afwijkingen op andere terreinen. Het is een subjectieve schaal, maar volgens Treffert wel een belangrijke, omdat wondersavants een uitermate zeldzaam slag mensen zijn. Als er een nieuwe wondersavant wordt ontdekt, zoals Daniel, dan is dat nogal wat.

De media verslonden Daniels verhaal. In Engelse en Amerikaanse kranten verschenen enthousiaste profielen van de quotes rondstrooiende 'Boy with the Incredible Brain'. Hij was te gast in *The Late Show with David Letterman*, waar hij de dag waarop David geboren was (zaterdag) berekende, en bij *Richard and Judy*, de Britse tegenhanger van de *Oprah Show*. Daniels autobiografie, *Op een blauwe dag geboren*, werd een *New York Times*-bestseller en steeg snel naar de eerste plaats op de ranglijst van Amazon UK. Daniel groeide uit tot misschien wel de beroemdste levende savant van de wereld.

Wat me het meest aan Daniel interesseerde was zijn buitengewone geheugen. In 2003 vestigde hij een nieuw Europees record met het opsommen van de eerste 22.514 cijfers achter de komma van pi. Hij deed er, zittend in de kelder van het Science Museum van Oxford University, vijf uur en negen minuten over, en hij beweert dat hij het uitsluitend met zijn krachtige, ongetrainde geheugen heeft gedaan, zonder ook maar één enkele mnemonische techniek te gebruiken. Schijnbaar hadden we hier iemand met dezelfde verbazende vaardigheden als de geheugenatleten, maar hem waren ze komen aanwaaien. Het was bijna niet te geloven. Ondertussen martelde ik me urenlang af met het maken van mentale wandelingen door elk huis waar ik ooit op bezoek was geweest, elke school waar ik ooit op had gezeten en elke bibliotheek waar ik ooit in had gestudeerd, om er geheugenpaleizen van te maken. Ik vroeg me af waarom een savant als Daniel niet meedeed aan geheugenwedstrijden. Het leek me dat hij de vloer zou aanvegen met de getrainde mnemonisten.

Hoe meer ik te weten kwam over Daniel, hoe geboeider ik raakte door de verschillen tussen hem en de geheugenatleten die ik had leren kennen – en de geheugenatleet die ik in rap tempo zelf aan het worden was. Ik wist hoe mnemonisten het klaarspeelden: ze verbeterden hun geheugen door middel van rigide training, met gebruikmaking van oude technieken. Ik was daar zelf ook mee bezig. Maar ik begreep niet waar Daniels geheugenvaardigheden vandaan kwamen. Daniel, zoals de journalist S vóór hem, leek te beschikken over een aangeboren talent om dingen te onthouden. Op welke manier verschilde zijn brein van het mijne? En kende hij trucs die me een voorsprong konden opleveren op de Amerikaanse kampioenschappen?

Ik besloot contact te zoeken met Daniel voor een afspraak. Hij nodigde me uit in het huis dat hij met zijn partner Neil deelde aan het einde van een lommerrijke, doodlopende straat in een pittoresk kuststadje in het Engelse Kent. Uiteindelijk hebben we twee volle middagen in zijn woonkamer zitten praten, onder het genot van thee en *fish and chips*. Daniel was een magere man met kort donkerblond haar, een brilletje en scherpe gelaatstrekken. Hij was zachtmoedig, charmant, had een zachte stem en kon zich zeer goed uitdrukken – iemand die met evenveel gemak over zijn bizarre geheugen vertelde als uitlegde waarom in zijn ogen *The West Wing* de diepzinnigste Amerikaanse televisieserie was. Ik had waarschijnlijk verwacht een of andere zonderling te ontmoeten, dus verraste het me hoe normaal Daniel overkwam, normaler zelfs dan een aantal van de geheugenatleten die ik had leren kennen. Sterker nog, als hij het me niet had verteld, weet ik niet of ik ooit had geraden dat hem iets mankeerde. Maar Daniel verzekerde me dat schijn bedriegt en dat hij allesbehalve een gewoon mens was. 'Je had me vijftien jaar geleden moeten zien. Dan had je gezegd: "Mijn god, wat is die jongen autistisch!"'

Daniel is de oudste van negen kinderen. Hij groeide op in een sociale huurwoning in Oost-Londen en had, zoals hij het omschreef, een 'heel moeilijke' jeugd die 'door Dickens verzonnen had kunnen zijn'. In *Op een blauwe dag geboren* beschrijft hij de zware epileptische aanval die hem op zijn vierde trof: het was 'een onvergelijkelijke ervaring, alsof de muren van de kamer naar achteren weken en het licht wegvloeide en de stroom van de tijd zelf stolde en zich uitrekte tot één lang moment'. Als zijn vader niet samen met hem per taxi naar de eerste hulp was geracet, had Daniel de aanval hoogstwaarschijnlijk niet overleefd. Het is het moment waarop Daniel, naar hijzelf vermoedt, een savant werd.

Volgens Baron-Cohen komen Daniels savanteigenschappen mogelijk voort uit een combinatie van twee zeldzame aandoeningen. De eerste is synesthesie, de perceptuele stoornis die bij de journalist S was geconstateerd, waarin de zintuigen met elkaar vervlochten zijn. Naar één schatting zijn er meer dan honderd varianten van de stoornis. Bij S riepen klanken visuele voorstellingen op. In Daniels geval nemen getallen een aparte vorm, kleur, textuur en emotionele 'toonhoogte' aan. Het getal 9 is bijvoorbeeld lang, donkerblauw en onheilspellend, terwijl 37 'klonterig als pap' is en 89 op vallende sneeuw lijkt. Daniel beweert dat hij een unieke synesthetische reactie heeft op elk getal tot tienduizend, en dat het op deze manier ervaren van getallen hem in staat stelt snelle berekeningen te maken zonder pen en papier. Als hij twee getallen vermenigvuldigt, ziet hij de vorm van elk getal voor zijn geestesoog zweven. Intuïtief en zonder dat het hem enige moeite kost, zegt hij, ontstaat er dan een derde vorm, het antwoord, in de negatieve ruimte ertussen. 'Het lijkt op een kristallisatie. Het lijkt op het ontwikkelen van een foto,' vertelde Daniel. 'Delen is precies het omgekeerde van vermenigvuldigen. Ik zie het getal en trek het in mijn hoofd uit elkaar. Het zijn net bladeren die uit een boom vallen.' Daniel denkt dat zijn synesthetische vormen impliciet belangrijke informatie coderen over de eigenschappen van getallen. Priemgetallen hebben bijvoorbeeld iets 'kiezelsteenachtigs'. Ze zijn zacht en rond, zonder de scherpe kanten van getallen die in factoren ontbonden kunnen worden.

Daniels andere zeldzame aandoening is het syndroom van Asperger, een vorm van hoogfunctionerend autisme. Autisme werd in 1943 voor het eerst geïdentificeerd door de kinderpsychiater Leo Kanner. Hij omschreef het als een sociale stoornis, een handicap waarbij patiënten, zoals Kanner het formuleerde, 'andere mensen behandelen alsof het dingen zijn'. Naast dit onvermogen tot empathie zijn de kenmerken van autisme onder andere een taalstoornis, een extreem beperkt scala aan interesses en een 'angstig en obsessief verlangen naar het behoud van de dingen zoals ze zijn'. Een jaar nadat Kanner voor het eerst over autisme schreef, maakte de Oostenrijkse kinderarts Hans Asperger gewag van een bijna identieke aandoening, met dat verschil dat Aspergers patiënten beschikten over goede taalkundige vaardigheden en minder intellectuele afwijkingen te zien gaven. Hij noemde zijn voorlijke jonge patiënten, met hun onuitputtelijke bronnen van arcane weetjes, 'kleine professoren'. Pas in 1981 werd asperger als een apart syndroom erkend.

De man die bij Daniel de diagnose van asperger stelde was Baron-Cohen, hoofd van het Cambridge Autism Research Centre en een van 's werelds grootste autoriteiten op het gebied van synesthesie. 'Als je hem tegenwoordig meemaakt, zou je niet per se denken dat hij aan een vorm van autisme lijdt,' vertelde Baron-Cohen me op een middag bij de thee in zijn werkkamer in Trinity College. 'Het is alleen af te leiden uit zijn ontwikkelingsgeschiedenis. Ik zei tegen hem: "Je ontwikkeling wijst erop dat je als kind asperger had, maar je hebt je inmiddels zo goed aangepast en je functioneert zo goed dat het niet echt meer nodig is je een etiket op te plakken. Jij mag zeggen of je dat toch wilt of niet." Hij antwoordde: "Ik heb het liever wel." Het bood hem een nieuwe manier om naar zichzelf te kijken. Dat is prima. Het past in zijn profiel.'

In zijn autobiografie schrijft Daniel uitgebreid over de gevolgen van het opgroeien met niet-gediagnosticeerde asperger. 'Wat zullen de andere kinderen van me hebben gedacht? Ik weet het niet, want ik heb geen enkele herinnering aan hen. Voor mij vormden ze de achtergrond voor mijn visuele en tactiele ervaringen.' Zijn hele kindertijd lang was Daniel behept met een passie voor trivia. Hij verzamelde foldertjes en telde alles wat er te tellen viel, en verwierf een obsessieve, encyclopedische kennis van de Carpenters, het gevierde popduo uit de jaren zeventig. Hij werkte zich regelmatig in de nesten omdat hij dingen veel te letterlijk opvatte. Toen hij zijn middelvinger opstak naar een schoolkameraad was hij verbaasd over de uitbrander die hij kreeg. Hoe kan een vinger schelden, vroeg hij zich af. Hij had moeite zich te verplaatsen in anderen. 'Ik wist niet wat bedrog was,' vertelt hij. 'Ik heb er enorm hard voor gewerkt om zo normaal te worden als ik nu ben, om een gesprek te kunnen voeren en te weten wanneer ik moet praten en wanneer ik mijn mond moet houden, en eraan te denken oogcontact te maken.' Hoewel hij ogenschijnlijk zijn grootste sociale handicaps heeft overwonnen, zegt Daniel dat hij zich nog steeds niet kan scheren en dat hij ook niet kan autorijden. Hij wordt gek van het raspende geluid van de tandenborstel tegen zijn tanden. Hij zegt dat hij openbare ruimtes mijdt en obsessief is over kleine dingen. Voor zijn ontbijt meet hij precies vijfenveertig gram havermout af op een elektronische keukenweegschaal.

Ik begon over *Brainman* tegen Ben Pridmore. Ik was benieuwd of hij de documentaire had gezien en of hij bang was dat Daniel, een man met natuurlijke gaven die Bens aangeleerde vaardigheden leken te evenaren, zo niet te overtreffen, op een dag zijn opwachting zou maken in het geheugencircuit.

'Ik ben er vrij zeker van dat die jongen al eens een paar keer heeft deelgenomen aan de kampioenschappen,' vertelde Ben me nonchalant. 'Maar volgens mij had hij toen een andere achternaam. Indertijd heette hij nog Daniel Corney. Ik meen me te herinneren dat hij het één jaar vrij goed heeft gedaan.'

Ik vroeg een paar andere geheugenatleten wat ze van Daniel vonden. Bijna iedereen had *Brainman* gezien en bijna iedereen had er wel een mening over. Een flink aantal twijfelde aan zijn bewering dat hij een savant was en dacht dat hij basale mnemonische technieken gebruikte om informatie te memoriseren. 'Iedereen van ons kan wat hij heeft gedaan,' vertelde achtvoudig wereldkampioen Dominic O'Brien me. 'Als je het mij vraagt, realiseerde hij zich gewoon dat hij als geheugenatleet nooit de beste zou zijn.' O'Brien heeft zich in dezelfde bewoordingen uitgelaten voor de camera toen hij werd gefilmd voor *Brainman*, maar het interview met hem is in de eindmontage gesneuveld.

De geheugenatleten hadden alle reden jaloers te zijn op Daniel. Hun geheugenvaardigheden waren vergelijkbaar met die van Daniel en toch had het verschil tussen hun en zijn plaats aan het culturele firmament niet groter kunnen zijn. Terwijl de overige mnemonisten ploeterden in eenzaamheid, had Daniels aandoening de belangstelling getrokken van het grote publiek.

De eerstvolgende keer dat ik voor een computer zat, logde ik in op de statistiekenserver van het geheugencircuit en vond zowaar een Daniel Corney die tweemaal had meegedaan aan de wereldkampioenschappen geheugen, en in 2000 maar liefst als vierde was geëindigd. Het was dezelfde Daniel, maar met een andere achternaam; die had hij in 2001 officieel laten veranderen. Ik vond het vreemd dat hij in zijn memoires over zijn indrukwekkende geheugen niet zijn vierde plaats op het wereldkampioenschap had vermeld.

Ik tikte een zoekopdracht in voor Daniels naam op de Worldwide Brain Club, het internetforum voor geheugenatleten. Daniel bleek niet alleen te hebben meegedaan aan het wereldkampioenschap, maar was er ook uitgesproken kritisch over geweest. Hij had zelfs een programma van acht punten opgesteld om de geheugensport meer erkenning, meer populariteit, te bezorgen en er meer media-aandacht voor te genereren. Ik was met name verbaasd over een van de Daniels *posts* op de Worldwide Brain Club, een advertentie uit het jaar 2001 waarin hij beloofde de 'geheimen' van zijn 'Mindpowerformule' in zijn 'unieke e-mailcursus Mindpower en hogere geheugenvaardigheden' uit de doeken te doen. Ik vroeg me af wat voor geheimen dat waren. En waarom had hij me er tijdens onze gesprekken niets over verteld?

Wat ons fascineert aan savants – de reden waarom Daniel al die aandacht krijgt van zowel wetenschappers als het publiek – is hun anders-zijn en hun vermogen met ogenschijnlijk gemak het schijnbaar onmogelijke te doen. Ze zijn een soort *aliens* in ons midden, levende uitzonderingen op de natuurlijke orde van het universum. Hoe verbijsterend de trucs van geheugenatleten ook mogen zijn, het blijven trucs. En ook hier gaat op wat voor iedere goocheltruc geldt: als je eenmaal weet hoe hij in elkaar steekt, en jij hem dus ook zou kunnen, verliest het effect ervan een groot deel van zijn glans. Maar savants bedienen zich niet van trucs; voor hen is het geheugen een talent.

Ik begon me nu echter af te vragen of de kloof tussen Daniel en mij – tussen Daniel en wie dan ook – wel zo groot was als hij leek. Stel dat, zoals Dominic O'Brien scheen te denken, de beroemdste savant van de wereld geen uitzonderlijk individu is met schier mystieke gaven, maar een gewone man die savantachtige trucs uitvoert op basis van methodische training? Wat zou dan het verschil zijn tussen hem en mij?

Waar het op het savantgeheugen aankomt is er waarschijnlijk maar één ander mens van het portuur van Brainman en dat is Kim Peek, alias Rain Man, een in 1951 geboren wondersavant die de inspiratiebron vormde voor Dustin Hoffmans personage in de bekende Hollywoodfilm. Hij heeft misschien wel het beste geheugen ter wereld. Nu ik wat tijd met Daniel had doorgebracht besloot ik Kim op te zoeken in Utah, waar hij woont, om te kijken wat de twee beroemde wondermensen gemeen hadden en wat ze me konden leren over de aard van het savantsyndroom.

Ik ontmoette Kim tijdens een etappe van wat is uitgegroeid tot een eindeloze tour van spreekbeurten, waarvoor hij nooit een vergoeding vraagt en waarop hij steevast wordt vergezeld door zijn vader en verzorger Fran. Hij stond voor een groep van zo'n dertig bejaarde vrouwen in de activiteitenruimte van een verzorgingstehuis in zijn woonplaats Salt Lake City. Het publiek werd uitgenodigd zijn kennis te testen van niet-alledaagse weetjes (alles behalve 'logische of redeneervragen', waarschuwde Fran) en vooral te proberen het hem zo moeilijk mogelijk te maken. Een vrouw met een slangetje in haar neus dat naar een zuurstofapparaat liep, vroeg hem wat de hoogste berg van Zuid-Amerika was. Hij gaf het juiste antwoord – de Aconcagua, iets wat iedere ook maar enigszins competente quizfanaat je kan vertellen – en noemde ook de hoogte ervan: 6803 meter (waarmee hij er, zoals ik later ontdekte, 159 meter naast zat). Een rolstoelgebruikster met een geamputeerd been vroeg hoe vaak Pasen in de jaren dertig in maart was gevallen. Hij antwoordde vrijwel meteen: '27 maart 1932 en 28 maart 1937.' Zijn antwoorden eindigden met een versnelling van zijn stem die klonk alsof hij het volgende moment in wild gelach zou uitbarsten. De activiteitencoördinator van het verzorgingstehuis vroeg hem welke boeken waren samengevat in het vierde deel van *Reader's Digest Condensed Books* uit 1964. Hij noemde ze alle vijf. De naam van Harry Trumans dochter? Margaret. Het aantal keer dat de Steelers de Super Bowl hebben gewonnen? Vier. De laatste regel van Shakespeares toneelstuk *Coriolanus*? '*Which to this hour bewail the injury / Yet he shall have a noble memory. Assist.*'

'Hij onthoudt alles,' vertelde Fran me, en tot dat 'alles' behoorde elk feit uit de ruim negenduizend boeken die Kim met een snelheid van tien seconden per pagina heeft gelezen. (Beide ogen scannen onafhankelijk van elkaar een pagina.) Hij heeft de werken van Shakespeare en de partituur van alle grote klassieke muziekstukken gememoriseerd. Bij een recente voorstelling van *Twelfth Night* verwisselde een acteur per ongeluk twee regels, waarop Kim zo woedend werd dat de zaallichten moesten worden aangedaan en de opvoering even werd stilgelegd. Hij mag sindsdien geen toneelvoorstellingen meer bijwonen.

Anders dan bij Daniel is het onmogelijk een blik op Kim te werpen zonder onmiddellijk te weten dat hij uniek is. Hij heeft grijs haar, het postuur van een beer en kijkt met halfgeloken ogen door een bril met een dik bruin plastic montuur. Zijn hoofd staat bijna altijd vijfenveertig graden naar opzij gekanteld. Hij omklemt zijn ene hand met de andere en stoot die naar zich toe en van zich af als iets hem van de wijs brengt. Het brein van deze misschien wel meest associatieve prater op aarde loopt zo over van de feiten en getallen dat ze soms naar buiten komen in een waterval van schijnbare *non sequiturs*. Toen een Argentijnse vrouw uit het verzorgingstehuis Kim vertelde dat ze in Córdoba ter wereld was gekomen, noemde hij onmiddellijk alle grote toegangswegen tot haar geboorteplaats op en begon vervolgens het refrein van *Don't Cry for Me, Argentina* te brullen, wat me een gevoel van plaatsvervangende schaamte bezorgde. En toen riep hij opeens: 'Je bent ontslagen!' Fran hielp hem het verband uit te leggen: de sterbasketballer Dennis Rodman, die een relatie had met Madonna, die de Argentijnse presidentsvrouw Eva Perón speelde in de filmversie van de musical *Evita*, werd in 1999 door de Los Angeles Lakers ontslagen.

Kim lijkt een pavloviaans verband te hebben ontdekt tussen

zijn verbijsterend letterlijke interpretaties en het gelach van toeschouwers. Bij een recente spreekbeurt antwoordde hij op een vraag om de Gettysburg Address weer te geven: 'Northwest Front Street 227. Maar Lincoln verbleef daar maar één nacht. De volgende dag hield hij zijn toespraak.' Hij herhaalt die grap nu vaak.

Kim laat zich graag de 'Kimputer' noemen, maar voluit heet hij Laurence Kim Peek. 'We hebben hem naar Laurence Olivier en de Kim van Rudyard Kipling genoemd,' zei Fran. Toen Kim na een moeilijke zwangerschap geboren werd, was meteen duidelijk dat hem iets mankeerde. Zijn hoofd was een derde groter dan normaal en op zijn achterhoofd zat een vuistgrote blaar die de artsen niet durfden te verwijderen. De eerste drie jaar van zijn leven kroop Kim met zijn hoofd slepend over de vloer, alsof het loodzwaar was. Hij liep pas op zijn vierde. Zijn ouders werd aangeraden een lobotomie op hem te laten uitvoeren. Dat wilden ze niet en in plaats daarvan kreeg Kim tot zijn veertiende zware kalmeringsmiddelen toegediend. Fran herinnert zich dat Kim pas toen deze medicatie werd gestopt belangstelling kreeg voor boeken. Sindsdien leert hij ze uit zijn hoofd.

Maar al bezit Kim waarschijnlijk een grotere voorraad kennis dan welk ander mens ook, hij kan daar geen doel aan geven dat verder gaat dan alleen het bezitten ervan. Hij heeft een IQ van zevenentachtig. En hoeveel etiquetteboeken hij ook mag hebben gememoriseerd, het heeft niet kunnen verhinderen dat zijn idee van gepast gedrag, laten we zeggen, enigszins afwijkend is. Midden in de hal van de openbare bibliotheek van Salt Lake City sloeg Kim zijn zware armen om mijn schouders, trok me stevig naar zich toe en bewoog zijn buikje met krachtige draaiende bewegingen tegen me aan. 'Joshua Foer, je bent een fijne, fijne man,' zei hij luid genoeg om een voorbijganger aan het schrikken te maken. 'Je bent een knappe man. Je bent een man van je generatie.' En toen slaakte hij een diepe brul.

Wetenschappers zijn er nog steeds niet achter hoe Kim erin slaagt te doen wat hij doet. In tegenstelling tot het personage van Dustin Hoffman in *Rain Man* is Kim niet autistisch. Hij is veel te sociaal voor die diagnose. Hij is iets compleet anders. In januari 1989, de week waarin *Rain Man* uitkwam, bleek uit een CT-scan van Kims hersenen dat zijn cerebellum, een orgaan dat een cruciale rol speelt bij zintuiglijke waarneming en motorische functies, ernstig gezwollen was. Ook had een eerdere scan aangetoond dat het Kim ontbreekt aan een corpus callosum, de dikke bundel zenuwcellen die de linker- en rechterhersenhelft met elkaar verbindt en in staat stelt met elkaar te communiceren. Het is een uitermate zeldzame aandoening, maar op welke manier die zou bijdragen aan zijn savantisme is niet echt duidelijk.

Kim en ik zaten het grootste deel van onze middag samen aan een tafel in een hoekje op de derde verdieping van de openbare bibliotheek, waar hij de afgelopen tien jaar bijna iedere doordeweekse dag heeft doorgebracht met lezen en met het memoriseren van telefoongidsen. Hij zette zijn bril af en legde die op tafel. 'Ik ga nu even wat bladzijden doornemen,' kondigde hij aan. Ik keek over zijn schouder mee terwijl hij een telefoongids van Bellingham in Washington doorbladerde. Ik probeerde hem bij te houden. Ik deed wat Ed me zou hebben aanbevolen als hij erbij was geweest: ik zocht een geheugenpaleis uit en veranderde het telefoonnummer van iedere abonnee in een beeld, deed hetzelfde met de voor- en achternaam en probeerde toen snel die beelden zodanig met elkaar te verbinden dat ik ze makkelijk zou onthouden. Het was hard werken geblazen. Toen ik dat aan Kim probeerde uit te leggen leek hij me niet te begrijpen. Iedere keer als ik bij de vierde of vijfde naam van de eerste kolom aankwam was hij alweer klaar om de bladzijde om te slaan. Ik vroeg hem hoe hij dat zo snel deed. Hij keek op van het boek en tuurde over zijn bril heen, geagiteerd omdat ik hem had gestoord. 'Ik onthoud het gewoon!' schreeuwde hij. En toen begroef hij zijn hoofd weer in de kolom met telefoonnummers en negeerde me het volgende halfuur.

Een van de obstakels bij de vorming van een theorie die het savantsyndroom kan verklaren, is dat het syndroom zich van individu tot individu zo verschillend uit. Niettemin is er één neuroanatomische anomalie die steeds weer opduikt bij savants, Kim inbegrepen: een beschadiging in de linkerhersenhelft. Interessant genoeg zijn de extreme gaven van savants vrijwel altijd verbonden met processen van de rechterhersenhelft, zoals visuele en ruimtelijke vaardigheden, en daarnaast hebben savants vrijwel altijd moeite met taken die hoofdzakelijk tot het domein van de linkerhersenhelft behoren, bijvoorbeeld taal. Spraakstoornissen komen zeer frequent voor onder savants, wat deels de reden is waarom we de praatgrage en welsprekende Daniel zo bijzonder vinden.

Enkele onderzoekers veronderstellen dat de uitschakeling van bepaalde activiteiten in de linkerhersenhelft ruimte geeft aan latente vaardigheden van de rechterhersenhelft om zich te manifesteren. Er blijken inderdaad mensen te zijn die, na later in hun leven traumatisch letsel te hebben opgelopen aan de linkerhersenhelft, plotseling savantachtige talenten ontwikkelen. In 1979 kreeg het tienjarige jongetje Orlando Serrell een honkbal tegen de linkerkant van zijn hoofd, en stond weer op – zoals later zou blijken – met een opmerkelijk vermogen tot kalenderrekenen en het onthouden van de weersomstandigheden op elke dag in zijn leven sinds het ongeluk. Bruce Miller, neuroloog aan de University of California in San Francisco, bestudeert oudere patiënten die lijden aan een relatief veel voorkomende hersenaandoening die bekendstaat als frontotemporale dementie, of kortweg FTD. Hij ontdekte dat bij gevallen waarin de FTD in de linkerhersenhelft is gelokaliseerd, het soms voorkomt dat mensen die nooit eerder een schilderspenseel of een muziekinstrument hebben vastgehouden aan het eind van hun leven bijzondere artistieke en muzikale vaardigheden ontwikkelen. Naarmate hun andere cognitieve vaardigheden afnemen gaan ze steeds meer op savants lijken.

Het feit dat mensen zo spontaan in savants kunnen veranderen wijst erop dat die uitzonderlijke gaven, tot op zekere hoogte, moeten sluimeren in ons allemaal. Er zit misschien, zoals Treffert het graag uitdrukt, 'een kleine Rain Man' verborgen in ieder brein. Hij wordt alleen achter slot en grendel gehouden door de remmende 'tirannie van de dominante linkerhersenhelft'.

Treffert vermoedt dat savants met een fenomenaal geheugen de taak van het vasthouden van declaratieve herinneringen, zoals feiten en getallen, op de een of andere manier overdragen aan de primitievere non-declaratieve geheugensystemen, die je bijvoorbeeld ook helpen te herinneren hoe je moet fietsen of een hooggeslagen honkbal moet vangen zonder er bewust bij na te denken (dezelfde systemen die de amnestische patiënt HM in staat stellen om te tekenen terwijl hij in de spiegel kijkt, en EP om in zijn eigen buurt rond te wandelen zonder zijn adres te weten). Bedenk hoeveel hersenactiviteit het alleen al vergt om je hand zo op te steken dat je een hoge honkbal vangt – de vliegensvlugge berekening van afstand, traject en snelheid –, of om het verschil te herkennen tussen een hond en een kat. Onze hersenen zijn onmiskenbaar in staat ongelooflijk snelle en complexe berekeningen uit te voeren op onbewust niveau. We kunnen ze niet uitleggen omdat we ons doorgaans amper realiseren dat we ermee bezig zijn.

Maar als je er genoeg moeite voor doet, lukt het soms toegang te krijgen tot die lagere cognitieniveaus. Tekenleerlingen krijgen bijvoorbeeld vaak als allereerste opdracht negatieve ruimte en contourlijnen te schetsen. Het doel van die oefeningen is het bewuste proces op het hogere niveau af te sluiten, waarop een stoel als niets anders kan worden gezien dan als een stoel, en het latente, perceptuele proces op het lagere niveau te activeren, waarop diezelfde stoel slechts als een verzameling abstracte vormen en lijnen wordt gezien. Het kost een hoop oefening voor een kunstenaar om het bewuste proces te deactiveren; Treffert denkt dat savants dat misschien wel van nature doen.

Als de rest van ons dat proces op het hogere niveau zou kunnen uitschakelen, zouden we dan savants worden? Er bestaat een techniek die selectief, en tijdelijk, hersengebieden stil kan leggen. De techniek heet transcraniële magnetische stimulatie, of TMS, en werkt door een spoel tegen het hoofd te houden die in het onderliggende hersendeel een magnetisch veld opwekt dat het vuren van de zenuwcellen in dat hersendeel verstoort. Het verlammende effect kan tot meer dan een uur aanhouden. Hoewel TMS een relatief nieuwe techniek is, is ze al met succes toegepast als non-invasief middel tegen uiteenlopende aandoeningen als depressie, posttraumatische-stressstoornis en migraine. Maar in veel opzichten is het experimentele potentieel van TMS nog fascinerender dan haar therapeutische toepassingen. Er kleven ontegenzeglijk ethische bezwaren aan het experimenteren met menselijke hersenen. Je kunt niet gaan rommelen met een levend brein (dat heeft HM ons wel geleerd), en een groot deel van wat neurowetenschappers over de hersenen hebben geleerd is dan ook het resultaat van een paar 'natuurlijke experimenten', die voortkomen uit exceptionele vormen van hersenbeschadiging (zoals die van EP). Doordat TMS neurowetenschappers in staat stelt hersengebieden naar believen in en uit te schakelen, kan de techniek gebruikt worden om herhaalbare experimenten uit te voeren en hoeven ze niet te wachten tot iemand hun spreekkamer binnen komt met een zeldzame laesie die toevallig net dat hersengebied beïnvloedt dat ze willen bestuderen. Allan Snyder, een Australische neurowetenschapper die brede bekendheid heeft gegeven aan TMS als experimenteel instrument, past de techniek toe om kortstondig savantachtige artistieke vaardigheden op te wekken bij verder normale mensen. Hij doet dat door een magnetisch veld te richten op de linkerfrontaalkwab (het gebied dat vaak beschadigd is bij savants). Nadat de werking van hun linkertemporaalkwab is onderdrukt kunnen proefpersonen nauwkeuriger afbeeldingen uit het geheugen natekenen en sneller het aantal stippen schatten dat ze kort op een scherm te zien krijgen. Snyder noemt zijn apparaat een 'creativiteitverhogende machine'. Hij had het net zo goed de savantenhoed kunnen noemen.

In de documentaire *Brainman* had ik gezien hoe Daniel dertien door zevenennegentig deelde en de uitkomst in zo veel decimalen gaf dat het antwoord niet op een rekenmachine paste. Er moest een computer bij worden gehaald om het te verifiëren. Driecijferige getallen vermenigvuldigde hij in een paar seconden en hij had al snel uitgeknobbeld dat zevenendertig tot de vierde macht 1.874.161 was. In mijn ogen waren de berekeningen die Daniel uit zijn hoofd maakte veel indrukwekkender dan zijn geheugen.

Toen ik in het complexe onderwerp van het hoofdrekenen dook kwam ik erachter dat het gebied, net als de mnemotechniek, zijn eigen uitgebreide literatuur heeft, en ook zijn eigen wereldkampioenschap. Sterker nog, met een beetje googelen en een hele hoop oefening kan iedereen zichzelf leren driecijferige getallen zonder pen en papier te vermenigvuldigen. Het is zeker niet eenvoudig – neem dat maar van me aan, ik heb het geprobeerd –, maar het is wel degelijk een vaardigheid die kan worden aangeleerd.

Hoewel ik het hem bij verschillende gelegenheden heb gevraagd, weigerde Daniel in mijn aanwezigheid ook maar één berekening uit zijn hoofd te doen. 'Een van de grote angsten van mijn ouders was dat ik een freakshow zou worden,' antwoordde hij toen ik bleef aandringen. 'Ik heb ze moeten beloven dat ik geen rekensommen zou maken voor mensen die het me vragen. Ik maak ze alleen voor wetenschappers.' Maar in *Brainman* had hij het wel voor de camera gedaan.

Het viel me op dat Daniel tijdens die berekeningen iets aparts met zijn wijsvinger deed. Terwijl hij zogenaamd het antwoord voor zijn geestesoog ziet uitkristalliseren, filmt de camera zijn vinger die over het bureaublad glijdt. Gezien zijn eerdere beschrijving van versmeltende vormen in zijn hoofd vond ik die vingerbeweging eigenaardig.

Uit gesprekken met een aantal deskundigen begreep ik dat die glijdende vinger naar alle waarschijnlijkheid iedereen die uit het hoofd vermenigvuldigd heeft argwanend zou maken. Een van de meest toegepaste methoden om het product van twee grote getallen te berekenen is de kruislingse vermenigvuldiging, waarbij je een reeks afzonderlijke vermenigvuldigingen uitvoert met de cijfers van die getallen en de uitkomsten samenvoegt. Naar mijn idee zou dat het kunnen zijn wat Daniel met zijn wijsvinger op de tafel deed. Daniel ontkent dat. Hij zegt dat het puur een gebaar is dat hem helpt zich te concentreren.

'Er zijn massa's mensen in de wereld die dat soort dingen kunnen, maar het blijft indrukwekkend,' zei Ben Pridmore tegen me. Ben strijdt niet alleen mee in het geheugencircuit maar neemt ook deel aan de Mental Calculation World Cup, een tweejaarlijks toernooi waarin deelnemers nog veel extremere berekeningen uit het hoofd maken dan Daniel in *Brainman* deed, zoals het vermenigvuldigen van achtcijferige getallen. Geen van die briljante rekenaars beweert in zijn hoofd numerieke vormen te zien die samenvloeien en zich splitsen. Ze geven allemaal onmiddellijk toe dat ze methoden gebruiken die in talloze boeken en op evenveel websites worden beschreven. Ik vroeg Ronald Doerfler, auteur van het boek *Dead Reckoning: Calculating Without Instruments*, om naar *Brainman* te kijken en me te vertellen wat hij ervan vond. 'Ik ben niet erg onder de indruk van wat hij laat zien,' zei hij over Daniels rekenkundige talenten, om meteen daarna op te merken: 'De folklore van het hoofdrekenen is rijk aan misleiding.'

Hoe zit het dan met het feit dat Daniel alle priemgetallen tot tienduizend uit zijn hoofd kent? Ook dat zegt Ben Pridmore niet zoveel. 'Gewoon een kwestie van leren,' zegt hij. Er zijn maar 1229 priemgetallen onder de tienduizend. Dat is aardig wat om in je geheugen op te slaan, maar nog niets vergeleken bij het leren van tweeëntwintigduizend cijfers achter de komma van pi.

Kalenderrekenen, de enige savantvaardigheid die Daniel bereid was me te demonstreren, blijkt zo eenvoudig te zijn dat het eigenlijk niemand zou moeten imponeren. Savants als Kim, die je de datum van iedere Pasen in de afgelopen duizend jaar kan vertellen, lijken zich het ritme en de regels van de kalender eigen te hebben gemaakt zonder ze expliciet te begrijpen. Maar iedereen kan het leren. Op internet zijn diverse simpele formules voor het berekenen van een datum te vinden. Met een uurtje oefenen heb je ze onder de knie.

Hoe langer ik met Daniel praatte, hoe meer ik door zijn eigen beweringen aan zijn verhaal ging twijfelen. Toen ik hem twee keer, met een tussenperiode van twee weken, dezelfde vraag stelde, namelijk om het getal 9412 voor me te beschrijven, gaf hij verschillende antwoorden. De eerste keer antwoordde hij: 'Er zit blauw in, want het begint met een negen, en ook een zwevende beweging, en het loopt ook schuin.' Twee weken later zei hij na lang nadenken: 'Het is een vlekkerig getal. Het heeft vlekken, en ook krommingen. Het is een heel complex getal.' Hij voegde eraan toe: 'Hoe groter een getal is, hoe moeilijker ik het in woorden kan uitdrukken. Daarom concentreer ik me in interviews meestal op kleinere getallen.' Synestheten zijn inderdaad nooit helemaal consequent en ik moet Daniel nageven dat hij tijdens onze ontmoetingen wel steeds dezelfde beschrijving gaf van kleinere getallen.

Maar wat te denken van die cursussen 'Mindpower en hogere geheugenvaardigheden' waar Daniel reclame voor had gemaakt op de Worldwide Brain Club? Bij hem thuis in Engeland reikte ik hem een uitgeprinte versie aan van zijn advertentie uit 2001 en vroeg hem wat die te betekenen had. Als zijn uitzonderlijke geheugen een geschenk van de natuur was en hij geen geheugentechnieken hoefde toe te passen, waarom verkocht hij dan een cursus over dat onderwerp? Hij trok zijn benen onder zich vandaan en plantte zijn voeten op de grond. 'Moet je luisteren, ik was tweeëntwintig,' zei hij. 'Ik had geen geld. Het enige waarmee ik ervaring had was dat geheugenkampioenschap. Dus heb ik een cursus geschreven over hoe je je geheugen kunt verbeteren. Toen ik meedeed aan de wereldkampioenschappen, ontdekte ik dat de andere deelnemers zichzelf aanleerden dingen te onthouden. Geen van die mensen had een goed geheugen. Indertijd dacht ik dat ze leugens verkochten, maar het bracht me wel op het idee dat dit iets was wat je iemand kon bijbrengen. Ik verkeerde in een situatie waarin ik mezelf moest verkopen. Het enige van mezelf wat ik verkoopbaar achtte waren mijn hersenen. Dus nam ik mijn toevlucht tot Tony Buzan-achtige dingen. Ik riep: "Ontwikkel je hersenen," en meer van die dingen, maar echt leuk vond ik het niet.'

'Pas je geen geheugentechnieken toe?' vroeg ik hem.

'Nee,' verzekerde hij me.

Als Daniel het verhaal dat hij een natuurlijke savant was had verzonnen, zou dat een mate van leugenachtigheid veronderstellen waarvan ik eigenlijk niet wilde geloven dat hij die in zich had. Als hij niet meer dan een geoefende mnemonist was die zich voordeed als een savant, waarom zou hij zich dan zo gewillig onderwerpen aan wetenschappelijke tests?

Hoe zou je er ooit achter kunnen komen of Daniel is wat hij beweert te zijn? Lange tijd waren wetenschappers er niet eens van overtuigd dat synesthesie wel echt bestond. Ze wuifden het verschijnsel weg als bedriegerij, of als niet meer dan in de kindertijd gevormde, blijvende associaties tussen getallen en kleuren. Ondanks alle *case reports* in de literatuur kon op geen enkele manier bewezen worden dat iets wat schijnbaar zo vergezocht was zich werkelijk in iemands hersenen afspeelde. In 1987 ontwikkelde Baron-Cohen de 'Test of Genuineness for Synesthesia', de eerste serieuze wetenschappelijke methode voor het vaststellen van synesthesie. De test meet hoe consequent de woord-kleurassociaties van mogelijke synestheten door de tijd heen zijn. Toen Baron-Cohen een versie van de test aan Daniel voorlegde, doorstond hij die met gemak. Toch vroeg ik me onwillekeurig af of een geoefende mnemonist dit niet ook had gekund. De resultaten van andere tests die bij Daniel werden uitgevoerd, troffen me als merkwaardig. Toen Baron-Cohen Daniels vermogen gezichten te onthouden peilde, scoorde hij belabberd, waaruit Baron-Cohen concludeerde dat 'zijn geheugen voor gezichten beschadigd lijkt'. Dat lijkt ook precies iets waar een savant slecht in zou kunnen zijn. Maar toen Daniel Corney deelnam aan de wereldkampioenschappen geheugen won hij de gouden medaille op het onderdeel namen en gezichten. Het klopte gewoon niet.

Daniels synesthesie zou wellicht overtuigender aangetoond kunnen worden met een fMRI-scan. Bij veel getal-kleursynestheten lichten de hersengebieden die betrokken zijn bij de kleurverwerking op als de proefpersoon gevraagd wordt een getal te lezen. Toen Baron-Cohen in samenwerking met fMRI-experts Daniels hersenen bekeek, zagen ze dat dit bij hem niet het geval was. Hun proefpersoon 'activeerde geen extrastriate gebieden die normaliter geassocieerd zijn met synesthesie, wat erop duidt dat hij een ongebruikelijke, meer abstracte en conceptuele vorm van synesthesie heeft', concludeerden de onderzoekers. Ware het niet voor het feit dat hij geslaagd was voor de Test of Genuineness for Synesthesia, dan zou een andere plausibele conclusie zijn dat Daniel helemaal geen synestheet is.

'Soms vragen mensen me of ik het vervelend vind een proefkonijn te zijn voor de wetenschap. Ik heb er geen problemen mee, want ik weet dat ik hen help meer inzicht te verkrijgen in het menselijk brein, iets waar iedereen baat bij heeft,' schrijft Daniel in zijn autobiografie. 'Het is ook bevredigend voor mij om meer over mezelf te weten te komen, en over de manier waarop mijn geest werkt.' Toen Anders Ericsson Daniel uitnodigde naar de Florida State University te komen om hem naar Ericssons eigen hoge maatstaven te testen, zei Daniel dat hij het te druk had om de trip te maken.

Het probleem met de onderzoeken waaraan Daniel wordt onderworpen is hun nulhypothese (de aanname die waar zou zijn als de alternatieve hypothese niet op blijkt te gaan): als Daniel geen savant is, moet hij een gewone man zijn. Maar wat eigenlijk onderzocht zou moeten worden, met name in het licht van zijn onconventionele persoonlijke geschiedenis, is de mogelijkheid dat 's werelds beroemdste savant misschien wel een geoefende mnemonist is.

Ongeveer een jaar na mijn eerste ontmoeting met Daniel e-mailde zijn publiciteitsagent me om te vragen of ik zin had weer met hem af te spreken, dit keer aan het ontbijt in het chique hotel in het centrum van New York waar hij logeerde. Hij was in de stad voor een gastoptreden in *Good Morning America* en om zijn boek *Op een blauwe dag geboren* te promoten, dat op de derde plaats was binnengekomen op de non-fictiebestsellerlijst van de *New York Times*.

Na een kop koffie en een genoeglijk babbeltje over zijn leven in de schijnwerpers besloot ik hem – voor de derde keer – te vragen hoe het getal 9412 er voor hem uitzag. Ik nam een flits van herkenning waar in zijn ogen voor hij ze sloot. Hij wist dat die cijfers me niet spontaan waren ingevallen. Hij stak zijn vingers in zijn oren en hield ze daar gedurende twee eindeloze, ongemakkelijke minuten van stilte. 'Ik zie het in mijn hoofd. Maar ik kan het niet opsplitsen,' zei hij ten slotte.

'De vorige keer dat ik het vroeg, kon je het vrijwel meteen beschrijven.'

Hij dacht nog wat langer na. 'Het is donkerblauw, en het is puntig, en het glanst, en er zit een zwevende beweging in. Of ik zou het kunnen zien als vierennegentig en twaalf, en in dat geval ziet het eruit als een triangel en zo'n vorm.' Hij maakte een soort vierhoek met zijn armen. Zijn gezicht was vuurrood. 'Het hangt van allerlei dingen af, of ik het getal bijvoorbeeld goed heb gehoord en op wat voor manier ik besluit het op te breken. Het hangt ervan af of ik moe ben. Soms vergis ik me. Ik zie het verkeerde getal. Ik verwar het met een getal dat erop lijkt. Daarom doe ik het liefst tests met echte wetenschappers. Dan voel ik die stress niet.'

Ik las hem de beschrijvingen van het getal 9412 voor die hij me de andere twee keren had gegeven. Het verschil was niet mis te verstaan. Ik vertelde hem mijn theorie, waarvan ik besefte dat die heel lastig te bewijzen zou zijn, namelijk dat hij dezelfde basismethoden toepaste als andere geheugenatleten, en dat hij die bizarre synesthestische beschrijvingen van getallen verzon om het feit te maskeren dat hij een simpel beeld had gememoriseerd voor alle tweecijferige combinaties van 00 tot 99 – een basistechniek die iedere mnemonist gebruikt. Het was een van de pijnlijkste opmerkingen die ik ooit tegen iemand heb gemaakt.

Ik heb een tijdlang met de vraag geworsteld of ik Daniel moest opvoeren in dit boek. Maar laat op een avond, vlak voordat ik verondersteld werd een proefversie van dit hoofdstuk in te leveren, besloot ik voor de laatste maal zijn naam te googelen, om te kijken of ik misschien iets over het hoofd had gezien, maar ook om mijn geheugen op te frissen over een verhaal dat ik al ruim een jaar in een map in mijn archiefkast bewaarde. Op de een of andere manier – en ik snap niet hoe het me eerder is ontgaan – vond ik een cache-versie van danieltammet.com, een website uit het jaar 2000 die al zeker drie of vier jaar niet meer online was. De zeven jaar oude *About*-pagina bevatte een verrassend openhartig stukje autobiografie van Daniel dat niet is opgenomen in *Op een blauwe dag geboren*.

> Mijn eigen interesse voor het geheugen en geheugensport werd op mijn vijftiende gewekt toen ik toevallig een jeugdboek in handen kreeg over brede geheugenconcepten die tot betere examenprestaties leidden. Het volgende jaar haalde ik mijn GCSE's met voor een paar vakken de beste cijfers van dat jaar en deed het daarna goed op *A-level*. Zo leerde ik Frans en Duits aan de hand van die beproefde methoden [...] Mijn obsessie voor de geheugensport groeide en na maanden van zware training en hard werken klom ik naar de top vijf van de wereldranglijst.

En daarvoor had ik ook al iets anders gevonden: een reeks berichten die een aantal jaar geleden waren gepost vanaf het e-mailadres dat Daniel Corney gebruikte, maar verstuurd waren door ene Daniel Andersson, die naar zijn zeggen 'een gerespecteerd en begaafd medium [was] met meer dan twintig jaar ervaring in het helpen en ondersteunen van anderen'. In de berichten stond dat Daniel Andersson zijn paranormale gaven had ontvangen tijdens een reeks epileptische aanvallen in zijn kindertijd. Er was een link naar een website waar je een telefoonreading kon aanvragen met Daniel voor 'advies over allerhande onderwerpen, waaronder relatieproblemen, gezondheid, financiële kwesties, liefdesverdriet en contact met dierbaren die naar gene zijde zijn overgegaan'.

Ik vroeg Daniel waar die e-mails op sloegen. Zes jaar geleden had hij lopen beweren dat hij paranormale gaven had overgehouden aan zijn epileptische aanvallen. Nu beweerde hij dat ze een savant van hem hadden gemaakt. 'Begrijp je dat dat iemand achterdochtig zou kunnen maken?' vroeg ik.

Hij zweeg even om zichzelf weer onder controle te krijgen. 'Jezus, wat is dit gênant,' zei hij. 'Ik had mezelf als privéleraar aangeboden en toen dat niks werd, las ik een advertentie van iemand die paranormale readings deed. Je kon vanuit huis werken via de telefoon. Dat leek me ideaal. Ik was geen medium. Ik heb het ongeveer een jaar gedaan, omdat ik verder geen inkomen had. Ik werd regelmatig uitgefoeterd omdat ik geen advies gaf. Ik luisterde voornamelijk. Ik heb het van a tot z alleen maar als een mogelijkheid beschouwd om naar mensen te luisteren. Achteraf wou ik dat ik dat werk niet had gedaan. Maar ik was wanhopig. Hoor eens, het leven zit ingewikkeld in elkaar. Ik had nooit gedacht dat ik in de belangstelling zou komen te staan. Ik kan je verzekeren dat ik aan consistentietests ben onderworpen door wetenschappers die gekwalificeerd zijn om vast te stellen of ik de boel belazer, en naar hun mening – let wel, ik heb het niet over de mening van maar één wetenschapper – ben ik helemaal echt.'

Tegen het einde van onze laatste ontmoeting somde ik alle redenen op die maakten dat het me moeite kostte te geloven dat hij, 's werelds beroemdste savant, werkelijk een savant was. 'Ik wil overtuigd worden,' zei ik tegen hem, 'maar je overtuigt me niet.'

'Als ik je wou foppen, als ik je een rad voor ogen wou draaien, zou ik enorm veel oefenen,' antwoordde hij onomwonden. 'Ik zou er al mijn energie in steken. Ik zou me in allerlei bochten wringen. Maar het kan me totaal niet schelen wat je van me vindt. Dat moet je niet persoonlijk opvatten. Ik bedoel dat het me niet kan schelen wat andere mensen van me vinden. Ik ken mezelf. Ik weet wat er in mijn hoofd gebeurt als ik mijn ogen dichtdoe. Ik weet wat getallen voor me betekenen. Die dingen zijn lastig uit te leggen en lastig in termen uit te drukken die je zomaar even kunt analyseren. Als ik er zo goed in zou zijn om mezelf te verdedigen, dan zou ik flink nadenken en vervolgens diepe indruk maken op jou en alle anderen.'

'Je hébt diepe indruk op alle anderen gemaakt.'

'Mensen hebben vertrouwen in wetenschappers en ik ben door wetenschappers onderzocht – en ik heb vertrouwen in wetenschappers. Ze zijn neutraal. Ze zijn niet de media. Het gaat ze er niet om een stukje te schrijven vanuit een vooropgezet idee. Het gaat ze alleen om de waarheid. Tegenover persmensen ben ik gewoon wie ik ben. Soms kom ik goed over, andere keren ben ik nerveuzer en maak ik een minder goede indruk. Ik ben ook maar een mens. Ik ben inconsequent omdat ik een mens ben. Van alle interviewers heb jij me nog het meest als een gewoon mens behandeld. Jij hebt me niet geïdoliseerd. Je hebt me als een gelijke behandeld. Dat respecteer ik. Het voelt prettiger een mens te zijn dan een engel.'

'Misschien komt dat omdat ik denk dat je inderdaad maar

een gewoon mens bent,' zei ik. De woorden waren nog niet over mijn lippen of ik besefte dat ik ze niet echt meende. Wat me zo aan Daniel frustreerde was dat ik wist dat hij níet gewoon was. Sterker nog, het enige wat ik met zekerheid over hem kan zeggen is dat hij uitermate slim is. Ik weet hoeveel inspanning het kost je geheugen te trainen. Iedereen kan het, maar niet iedereen kan het in de mate waarin ik vermoedde dat Daniel dat had gedaan. Ik was ervan overtuigd dat Daniel bijzonder was. Ik betwijfelde alleen of hij bijzonder was op de manier die hij beweerde.

Ik vroeg Daniel of hij, als hij eerlijk naar zichzelf in de spiegel keek, echt een savant zag.

'Ben ik een savant?' Hij zette zijn koffie neer en boog zich naar me toe. 'Het hangt er maar van af hoe je het woord definieert, toch? Je kunt "savant" zo definiëren dat ik buiten de definitie val. Je kunt het zo definiëren dat Kim Peek buiten de definitie valt. En je kunt het zo definiëren dat er helemaal geen savants meer op de wereld zijn.'

Alles draait om definities. In zijn boek *Een scherf van genialiteit* omschrijft Treffert het savantsyndroom als 'een uiterst zeldzame aandoening, waarbij mensen met een ernstige verstandelijke beperking [...] spectaculaire eilandjes van begaafdheid of genialiteit bezitten die in schril en onlogisch contrast staan met hun handicap'. Volgens deze definitie zou de vraag of Daniel gebruikmaakt van geheugentechnieken irrelevant zijn voor de beoordeling of hij een savant is. Het enige wat ertoe doet, is dat hij aan een ontwikkelingsstoornis heeft geleden en dat hij weergaloze mentale kunststukjes kan uitvoeren. Op grond van Trefferts definitie zou Daniel inderdaad een wondersavant zijn, zij het een met een minder uitgesproken handicap. Wat Treffert echter niet in zijn definitie vangt, is het onmiskenbare verschil tussen iemand als Kim Peek, die zijn fenomenale gaven ogenschijnlijk onbewust en misschien zelfs automatisch gebruikt, en iemand die dezelfde vaardigheden verwerft door middel van saaie en methodische training.

Nog in de negentiende eeuw had het woord 'savant' een compleet andere connotatie dan tegenwoordig. Het was de meest eervolle benaming voor een geleerde. Een savant was iemand die meerdere vakgebieden beheerste, die in abstracte ideeën handelde, die 'zijn energie wijdt aan de zoektocht naar de waarheid', aldus Charles Richet in zijn boek *Le Savant* uit 1927. De term had niets te maken met buitengewone gaven of een wonderbaarlijk geheugen. En toch is in de afgelopen eeuw de betekenis van het woord veranderd. In 1887 muntte John Langdon Down, bekend van de chromosomale afwijking die naar hem is vernoemd, de term *idiot savant*. Het woord 'idiot', dat als politiek incorrect werd beschouwd, kwam uiteindelijk te vervallen. In een wereld waarin onze dagelijkse herinneringen zijn geatrofieerd en we vervreemd zijn geraakt van het idee van een gedisciplineerd geheugen, heeft 'savant' zich ontwikkeld van een woord voor kennis en een symbool van intellectuele bekwaamheid tot een bizarre aandoening, een syndroom. Vandaag de dag zal een polyhistor als Oliver Sacks nooit als een savant aangeduid worden, hoewel hij zeker aan de woordenboekdefinitie ervan voldoet. Tegenwoordig is de term gereserveerd voor mensen als de beroemde autistische tweeling waarover diezelfde Sacks schreef, die toen er lucifers op de grond vielen onmiddellijk zag dat het er honderdelf waren.

Hoe zit het dan met iemand als Daniel? Een van de oudste mythen over savants is dat ze voorbestemd waren om ter wereld te komen als genieën, maar dat een verschrikkelijke speling van het lot hen beroofd heeft van al hun talenten op één na. Ik heb vragen over Daniel. Ik vraag me af wat we over hem zouden zeggen als hij niet meer was dan een man die zichzelf heeft getraind tweeëntwintigduizend cijfers achter de komma van pi te onthouden en uit zijn hoofd driecijferige getallen te vermenigvuldigen. Ik vraag me af wat we zouden zeggen als hij die dingen slechts door strikte discipline en grote inspanning had bereikt. Zou hem dat indrukwekkender maken dan Kim Peek, of minder indrukwekkend? We willen graag geloven dat er Daniel Tammets in ons midden zijn, mensen die op de wereld zijn gezet met uitzonderlijke talenten ondanks hun uitzonderlijke beperkingen. Het is een van de meest inspirerende ideeën over de menselijke geest. Maar misschien illustreert Daniel een idee dat nog meer inspireert: dat er in ons allen buitengewone vaardigheden slapen. We nemen alleen niet de moeite ze wakker te maken.

ELF

De Amerikaanse geheugenkampioenschappen

Er was een spiksplinternieuw onderdeel toegevoegd aan de Amerikaanse geheugenkampioenschappen van 2006. Het droeg de nogal sullige naam 'Three Strikes and You're Out of the Tea Party', en was speciaal bedacht om de producers van HDNet te plezieren, de kabelzender die het toernooi voor het eerst in de geschiedenis op de landelijke televisie zou uitzenden. Vijf onbekenden, die zich voordeden als gasten op een theevisite, zouden het podium op komen en de deelnemers tien dingen over zichzelf vertellen – hun adres, telefoonnummer, hobby's, verjaardag, lievelingsgerecht, de naam van hun huisdier, het merk en model van hun auto et cetera. Een test die dichter bij de eisen van het echte leven kwam, heeft nog nooit op het programma van een geheugentoernooi gestaan. Ik had geen idee hoe ik mezelf erop moest voorbereiden, en eerlijk gezegd hield ik me er ook amper mee bezig tot Ed en ik er een maand of anderhalf voor de wedstrijd twee avonden lang een trans-Atlantisch telefoongesprek aan wijdden. We verzonnen een systeem waarmee ik de persoonlijke informatie snel en eenvoudig zou kunnen opslaan, in een apart geheugenpaleis voor ieder van de onbekenden.

Ik ontwierp vijf denkbeeldige gebouwen, een voor iedere gast die op 'theevisite' kwam. Elk paleis was in een andere stijl gebouwd, maar had eenzelfde indeling met een centraal atrium en kamers die daaraan grensden. Het eerste paleis was een modernistische glazen kubus à la het Glass House van Philip Johnson; het tweede een Queen Anne-huis, van het soort dat je overal in San Francisco ziet, met torentjes en veel krullen en tierelantijnen; het derde was Frank Gehry-achtig, met golvende titanium wanden en scheve ramen; en het vierde was gebaseerd op Monticello, het uit rode baksteen opgetrokken huis van Thomas Jefferson. Het vijfde had niets bijzonders, behalve dat alle muren felblauw waren geschilderd. De keuken van elke woning zou dienen als bewaarplaats voor een adres, iedere studeerkamer zou een telefoonnummer bevatten, de grote slaapkamer was voor hobby's, de badkamer voor verjaardagen en ga zo maar door.

Drie weken voor de wedstrijd, nadat hij de scores die ik hem regelmatig stuurde had beoordeeld, belde Ed om te zeggen dat ik me volledig moest gaan concentreren op de theevisite en ophouden met het oefenen van de andere onderdelen. Ik schakelde vrienden en familieleden in en liet hen biografieën voor me verzinnen die ik in mijn zorgvuldig ingerichte nieuwe paleizen kon onderbrengen. Tijdens een stuk of wat onromantische etentjes met mijn vriendin kroop ze in de huid van gefingeerde personages en diste verhalen op over haar leven als boer in Nebraska, of als huisvrouw in een buitenwijk, of als Parijse naaister, die ik dan bij het nagerecht tegenover haar herhaalde.

Precies op het moment dat ik op mijn hardst zou moeten oefenen, een week voor de kampioenschappen, zei Ed tegen me dat ik moest stoppen. Geheugenatleten breken een week voor de wedstrijd hun training af om grote schoonmaak te houden in hun geheugenpaleizen. Ze wandelen er in gedachten doorheen en halen alle beelden weg die er zijn blijven hangen, want in het vuur van de wedstrijd wil je je beslist niet per ongeluk iets herinneren wat je in de voorafgaande week hebt gememoriseerd. 'Sommige deelnemers die op een heel hoog niveau zitten, praten vanaf drie dagen voor de wedstrijd niet meer met anderen,' vertelde Tony Buzan me. 'Ze zijn bang dat de associaties die ze mogelijk opdoen gaan interfereren met de associaties die ze tijdens de wedstrijd vormen.'

Het was steeds de bedoeling geweest dat Ed me vanaf de zijlijn zou steunen op de Amerikaanse kampioenschappen. Maar vlak voor het toernooi ging hij naar Australië, waar de Universiteit van Sydney hem de unieke kans had geboden filosofisch onderzoek te doen naar de fenomenologische vraagstukken rond cricket (hij is van mening dat deze sport zijn hypothese dat onze directe waarneming van de wereld sterk door het geheugen wordt gedetermineerd, nog beter illustreert dan het voorbeeld van de kippenseksers of de schaakgrootmeesters). Opeens was het niet zeker of hij in staat zou zijn de veel langere en duurdere reis vanaf de andere kant van de wereld te maken.

'Is er een manier waarop ik je ergernis over het feit dat ik misschien verstek moet laten gaan kan wegnemen?' vroeg hij me een paar dagen voor het toernooi in een e-mail. De emotie die ik voelde was niet zozeer ergernis als wel paniek. Hoewel ik iedereen die ik kende had verteld dat ik het evenement als weinig meer dan een bevlieging zag – 'een beetje rare manier om je zaterdagochtend door te brengen' zoals ik het formuleerde tegenover een vriend –, verhulden de grapjes die ik soms over die 'maffe wedstrijd' maakte de waarheid dat ik er fel op was gebrand te winnen.

Eds uiteindelijke besluit in Australië te blijven, betekende dat ik me in mijn eentje zorgen kon gaan zitten maken over de andere deelnemers, erover speculeren hoe intensief ze het laatste jaar hadden getraind en me afvragen of een van hen van plan was ons te verrassen met een nieuwe techniek, die de sport naar een niveau zou tillen dat voor mij niet haalbaar was. Je had Ram Kolli, de vrolijke en nonchalante titelverdediger, en het meest natuurlijke talent van de groep. Als hij net zo hard had getraind als de Europeanen, zou de rest van het deelnemersveld geen kans maken. Maar om de een of andere reden betwijfelde ik dat hij dat in zich had. Ik zat vooral in over Maurice Stoll. Als íemand de tijd had genomen een Millennium PAO-systeem zoals dat van Ed te ontwikkelen, of een kaartsysteem met 2704 beelden, moest dat Maurice zijn.

De avond voor het toernooi mailde Ed me een laatste raad: 'Het enige wat je hoeft te doen is de beelden te proeven, en er echt van te genieten. Zolang je jezelf blijft verrassen met hun dynamiek, zul je het prima doen. Maak je in geen enkel stadium zorgen. Doe kalm aan, negeer je tegenstanders, vermaak je. Ik ben nu al trots op je. En denk eraan, *girls dig scars and glory lasts forever*.'

Die nacht lag ik in bed obsessief door elk van mijn geheugenpaleizen te marcheren – eerst heen en daarna terug – en me druk te maken over Maurice. Ik kon niet slapen, en voor een geheugenatleet is dat, zoals Maurice zelf tijdens de vorige Amerikaanse kampioenschappen opmerkte, 'hetzelfde als je been breken vlak voor een voetbalwedstrijd'.

Toen ik eindelijk ergens rond drieën in slaap viel, met behulp van een paar Tylenol PM, had ik een angstaanjagende droom waarin Danny DeVito en Rhea Perlman, mijn schoppenkoning en -koningin, urenlang in een parkeergarage rondreden op een pony, de schoppenzeven, tevergeefs zoekend naar de plek waar ze hun Lamborghini Countach, de hartenboer, hadden geparkeerd. Uiteindelijk smolten zij en hun pony weg in het asfalt, terwijl Maurice Stoll toekeek met een sinister dr. Mengele-lachje. Vier uur later stond ik op, moe en duf, en waste mijn haar per ongeluk twee keer – wat ik als een onheilspellend voorteken zag.

De eerste die ik tegenkwam toen ik op de achttiende verdieping van het Con Edison-gebouw uit de lift stapte, was Ben Pridmore. Hij was speciaal voor het weekend uit Engeland overgekomen om het Amerikaanse deelnemersveld te observeren. Op het vliegveld van Manchester was hij zich te buiten gegaan aan een lastminute-upgrade naar de eerste klas. 'Waar anders kan ik mijn geld aan verbrassen?' vroeg hij me. Ik keek naar zijn halfvergane leren schoenen, waarvan de zolen nu bijna helemaal hadden losgelaten. 'Ik zou het ook niet weten,' antwoordde ik.

'Het toernooi is nog niet begonnen of ik heb al verloren,' zei ik tegen Ben. Ik vertelde hem dat ik niet in slaap had kunnen komen en dat ik mijn haar tweemaal een wasbeurt had gegeven, en hij was ervan overtuigd dat ik mezelf geen dienst had bewezen met die slaappillen, waarvan de stofjes, zo zei hij, waarschijnlijk nog steeds rondzwommen in mijn bloed.

Ik sloeg twee grote bekers koffie achterover en voelde me eerlijk gezegd eerder zenuwachtig dan moe. En ik voelde me vooral heel erg dom dat ik het belangrijkste wat ik had moeten doen om een kans te maken, zo volkomen had versjteerd. Ondertussen kwam Maurice binnengewandeld. Hij droeg een Texas A&M Aggies-honkbalpet en een paisley overhemd en oogde een stuk kwieker dan vorig jaar. En beangstigend zelfverzekerd. Hij herkende me vanaf de andere kant van de zaal en beende recht op me af om mijn hand te schudden en zichzelf voor te stellen aan de legendarische Ben Pridmore.

'Je bent terug,' zei Maurice tegen me. Het was een mededeling, geen vraag. Als ik al een strategie had gehad, was het om Maurice steels te benaderen en hem te verrassen. Maar hij was blijkbaar al ingelicht over mij. Iemand moest hem verteld hebben dat ik met Ed Cooke had getraind.

'Ja, ik wou er dit jaar ook maar eens een gooi naar doen,' zei ik achteloos, en ik wees naar mijn naamspeldje, waarop stond: 'Joshua Foer, geheugenatleet'. 'Het is eigenlijk een soort journalistiek experiment.' Toen vroeg ik hem: 'Hoe gaat het dit jaar met je getallen?' Ik wilde te weten komen of hij zijn systeem had verbeterd.

'Goed. En met de jouwe?'

'Ook goed. En met de kaarten?'

'Niet slecht. En jij?'

'Met de kaarten zou het wel moeten lukken,' antwoordde ik. 'Gebruik je nog steeds dezelfde systemen als vorig jaar?'

Hij haalde neutraal zijn schouders op en vroeg: 'Hoe heb je vannacht geslapen?'

'Wat?'

'Hoe je hebt geslapen.'

Waarom stelde hij me die vraag? Hoe wist hij dat ik niet in slaap had kunnen komen? Wat voor psychologisch spelletje probeerde Maurice met me te spelen? 'Vorig jaar heb ík zo beroerd geslapen, weet je nog wel,' voegde hij eraan toe.

'Dat weet ik nog wel, ja. En dit jaar?'

'Dit jaar heb ik prima geslapen.'

'Josh moest slaappillen nemen,' liet Ben zich behulpzaam ontvallen.

'Ja, nou ja, het zijn in feite placebo's, hè?'

'Ik heb ook een keer slaappillen geprobeerd tijdens mijn training, en toen viel ik de volgende ochtend in slaap terwijl ik cijfers aan het memoriseren was,' zei Maurice. 'Ik kan je vertellen, slaapgebrek is de vijand van het geheugen.'

'O.'

'Maar goed, veel succes vandaag.'

'Ja, jij ook veel succes.'

Nieuw dit jaar was de zwik televisiecamera's die door het auditorium zoemden, en de voor het podium geplaatste regisseursstoelen van waaraf de bokscommentator Kenny Rice, bijgestaan door viervoudig Amerikaans kampioen Scott Hagwood, de wedstrijd versloeg. Hun aanwezigheid verleende het toernooi de surreële kwaliteit van een nepdocumentaire. Had ik Rice echt zojuist over de deelnemers horen zeggen dat ze 'mentaal meesterschap naar een compleet nieuw niveau hadden getild'?

Anders dan de internationale toernooien die ik had bezocht, waar de deelnemers de laatste momenten voor de wedstrijd geïsoleerd doorbrachten tussen de twee schelpen van een gehoorbeschermer of jongleerden om hun brein op te warmen, liepen de Amerikaanse deelnemers wat in het rond en kletsten met elkaar, alsof ze op het punt stonden een proef af te leggen die niet meer om het lijf had dan een ogentest. Ik zonderde mezelf af in een hoekje, deed mijn oordoppen in en probeerde mijn hoofd leeg te maken als een echte Europese mnemonist.

Tony Dottino, een slanke, achtenvijftigjarige managementconsultant met grijs haar en een snor, stond voor in de zaal om de wedstrijd in te leiden. Dottino richtte in 1997 de Amerikaanse geheugenkampioenschappen op en heeft er sindsdien dertien georganiseerd. Hij is een van Tony Buzans Amerikaanse volgelingen. Dottino verdient zijn brood met het adviseren van bedrijven als IBM, British Airways en Con Edison (vandaar de onwaarschijnlijke locatie van het toernooi) over geheugentechnieken die de arbeidsproductiviteit van hun werknemers kunnen verhogen.

'Jullie zijn de mensen die onze landgenoten laten zien dat het geheugen niet voor nerds is,' kondigde hij aan. 'Jullie zijn het voorbeeld dat de mensen zullen volgen. De geschiedenis van deze evenementen moet nog grotendeels geschreven worden. Het is aan jullie,' – hij wees met beide wijsvingers naar ons – 'om de geschiedenisboeken te schrijven.' De rest van zijn toespraak hield ik voor gezien. Ik deed mijn oordoppen weer in en maakte een laatste wandeling door mijn paleizen. Ik controleerde, zoals Ed me had geleerd, of de ramen openstonden en er helder middagzonlicht naar binnen stroomde, opdat mijn beelden zo duidelijk mogelijk zichtbaar zouden zijn.

De groep die straks zou beginnen 'de geschiedenisboeken te schrijven', bestond uit een stuk of dertig geheugenatleten uit tien staten, onder wie ene T. Michael Harty, een lutherse dominee uit Wisconsin; een vijftal jongeren van Raemon Matthews' Talented Tenth; en een zevenenveertigjarige geheugentrainer uit Richmond in Virginia, Paul Mellor, die een marathon had gelopen in alle vijftig staten van Amerika en de voorgaande week in New Jersey politieagenten had geleerd hoe ze snel een kentekenplaat konden memoriseren.

De kopstukken werden allemaal aan een tafel op de achterste rij geplaatst. Dat waren de lui van wie Dottino had voorspeld dat ze kans maakten op de titel. Ik was gevleid dat ik bij hen mocht plaatsnemen, zij het op de laatste stoel aan het eind van de rij. (Ik had Dottino diverse keren gesproken in het afgelopen jaar en hem op de hoogte gehouden van mijn oefenscores, dus hij wist dat ik een redelijke kans maakte.) Op deze rij zat ook een stevige, dertigjarige softwaremaker uit San Francisco, Chester Santos alias 'Ice Man', een pseudoniem dat niet erg past bij zijn zachte stem en schuchtere uitstraling. Hij was het jaar daarvoor op de derde plaats geëindigd. Ik had het sterke vermoeden dat Chester me niet erg mocht. Nadat ik voor het internetmagazine *Slate* mijn artikel over de laatste Amerikaanse kampioenschappen had geschreven, stuurde Tony Dottino me een e-mail van Chester door. In de e-mail klaagde Chester dat mijn stuk 'AFGRIJSELIJK' was, omdat ik Lukas en Ed had doen overkomen als 'supergeweldig', terwijl de Amerikaanse deelnemers als 'complete amateurs en luilakken' waren afgeschilderd. Dat ik nu de onbeschaamdheid had om na niet meer dan een jaar training de confrontatie met hem aan te gaan, moet hij als de ultieme belediging hebben ervaren.

Vanaf de zijlijn hoorde ik Kenny Rice zeggen: 'Het moet intimiderend zijn, zoiets als een amateurbasketballer die het tegen LeBron James wil opnemen in een potje één-tegen-één.' Ik vermoedde dat hij het over mij had.

Terwijl nationale geheugenkampioenschappen in de rest van de wereld zijn opgebouwd uit een ongeveer gelijke serie standaardonderdelen, waarvoor dezelfde standaardregels gelden die door de World Memory Sport Council zijn vastgesteld, pakken de Verenigde Staten het allemaal net iets anders aan. Bij internationale evenementen worden de scores van elke deelnemer aan het eind van het toernooi bij elkaar opgeteld om de uiteindelijke winnaar te bepalen, maar de Amerikaanse kampioenschappen zijn een beetje gecompliceerder. 's Ochtends is er een voorronde met vier klassieke schriftelijke disciplines – namen en gezichten, de getallensprint, de kaartensprint en het gedicht –, waaruit zes finalisten voortkomen. Deze zes strijden 's middags tegen elkaar in drie unieke, televisievriendelijke 'eliminatie'-onderdelen: 'Words to Remember', 'Three Strikes and You're Out of the Tea Party' en 'Double Deck 'r Bust', tot er uiteindelijk één Amerikaanse geheugenkampioen overblijft.

De ochtend begon met namen en gezichten, een onderdeel dat me tijdens de training altijd redelijk goed was afgegaan. Het draait daarbij om het memoriseren van de voor- en achternamen die bij negenennegentig portretfoto's horen. Dat doe je door een onvergetelijk beeld te verzinnen dat het gezicht aan de naam koppelt. Neem bijvoorbeeld Edward Bedford, een van de negenennegentig namen die we moesten onthouden. Hij was een zwarte man met een sikje, een wijkende haargrens, een zonnebril en een ringetje in zijn linkeroor. Om zijn gezicht met zijn naam te verbinden, probeerde ik Edward Bedford te visualiseren die op een bed in de achterbak van een Ford pick-up lag, maar omdat ik dat niet duidelijk genoeg vond, zag ik hem daarna met zijn Ford een beddenwinkel binnen rijden. Om te onthouden dat zijn voornaam Edward was zette ik Edward Scissorhands op de passagiersstoel, die met zijn scharen maniakaal op de claxon drukte.

Ik gebruikte een andere truc om Sean Kirk te onthouden, een blanke man met een matje, bakkebaarden en de scheve glimlach van iemand die een beroerte heeft gehad. Ik koppelde hem aan Sean Hannity, anchorman bij Fox News, en Captain Kirk van de Starship Enterprise, en creëerde een beeld van de drie mannen die een menselijke piramide vormden.

Nadat de deelnemers een kwartier naar de namen en gezichten hadden gestaard, kwam er een jurylid langs, haalde ons pakket foto's weg en overhandigde ons een nieuwe stapel aan elkaar geniete blaadjes, met dezelfde gezichten erop maar in een andere volgorde en dit keer zonder de namen erbij. We kregen nogmaals een kwartier om er zo veel mogelijk van in onze herinnering op te roepen.

Toen ik mijn pen neerlegde en mijn antwoorden overhandigde, nam ik aan dat ik met mijn score ergens in de middenmoot zou zitten. De namen van Sean Kirk en Edward Bedford waren meteen naar boven gekomen, maar mijn geest was leeg gebleven bij de knappe blondine en de peuter met de Frans klinkende naam, en nog een meute anderen, dus ik kon me amper voorstellen dat ik het heel goed had gedaan. Tot mijn verrassing bezorgden de honderdzeven voor- en achternamen die ik had onthouden me een derde plaats, vlak achter Ram Kolli, met honderdvijftien correcte namen en vlak voor Maurice Stoll, met honderdvier. De winnares van het onderdeel was Erin Hope Luley, een zeventienjarige wedstrijdzwemster uit Mechanicsburg in Pennsylvania, die het tot een indrukwekkende honderdvierentwintig namen had weten te brengen, een nieuw Amerikaans record en een score die zelfs aan de beste Europeanen een respectvol knikje zou hebben ontlokt. Toen haar aantal werd omgeroepen stond ze op en zwaaide schaapachtig. Ik keek naar Ram, die ook net in mijn richting keek. Hij trok zijn wenkbrauwen op alsof hij wilde zeggen: 'Waar komt die opeens vandaan?'

De tweede discipline van de ochtend was de getallensprint, steevast mijn zwakste punt. Dit was het enige onderdeel waarop ik weinig aan Eds aanwijzingen had gehad, omdat ik die grotendeels had genegeerd. Maandenlang had hij me aangespoord een complexer systeem voor getallen te ontwikkelen, niet per se het Millennium PAO-systeem – het 'slagschip met vierenzestig kanonnen' – waaraan hijzelf maanden had gewerkt, maar wel iets wat geavanceerder was dan het eenvoudige Major System dat de meeste andere Amerikanen toepasten. Ik had hem zijn zin gegeven en een PAO-systeem bedacht voor alle tweeënvijftig speelkaarten, maar ik was er niet aan toegekomen dat ook te doen voor alle tweecijferige combinaties van 00 tot 99.

Gebruikmakend van hetzelfde Major System als de rest van de geheugenatleten benutte ik mijn vijf minuten memorisatietijd om te mikken op wat me een veilige vierennegentig cijfers leek – zelfs naar Amerikaanse maatstaven een middelmatige score. En toch slaagde ik er nog in me te vergissen in het achtentachtigste cijfer (in plaats van Bill Cosby had ik een gezin moeten zien dat een bovenmaatse versie van Milton Bradleys bordspel Levensweg speelde). Ik schreef mijn magere resultaat aan Maurice toe, die ik zelfs door mijn gehoorbeschermer heen bruusk tegen een rondlopende persfotograaf had horen roepen: 'Kappen nu met die foto's!' Toch leverden mijn zevenentachtig cijfers me de vijfde plaats op. Maurice had met honderdachtenveertig cijfers een nieuw Amerikaans record gevestigd, en Ram was als tweede geëindigd met honderdvierentwintig. Erin belandde een stuk lager op de elfde plaats, nadat ze maar tweeënvijftig cijfers had onthouden. Ik kwam overeind, rekte me uit en nam een derde kop koffie. 'Ze noemen zich geheugenatleten,' hoorde ik Kenny Rice dodernstig tegen de camera zeggen. 'De vraag op dit punt van het toernooi is wie van hen het meest atletische geheugen heeft en of er al blessures zijn.'

Op het getallenonderdeel had ik met een inferieure geheugentechniek gewerkt, maar bij de kaartensprint, de volgende discipline, was ik de enige deelnemer die was uitgerust met wat Ed 'het nieuwste Europese wapentuig' noemde. De meeste Amerikanen plaatsten nog steeds maar één kaart op iedere locus, en ook de mensen die al jaren meededen, zoals Ram en 'Ice Man' Chester, veranderden op z'n hoogst twee kaarten in één beeld. Een paar jaar geleden had niemand zich zelfs maar kunnen indenken dat een deelnemer aan de Amerikaanse kampioenschappen in staat zou zijn een heel spel kaarten te memoriseren. Dankzij Ed had ik een PAO-systeem dat drie kaarten in één beeld samenvatte, en dat dus minstens vijftig procent efficiënter was dan de technieken die de andere Amerikanen gebruikten. Het gaf me een gigantische voorsprong. Ook als Maurice, Chester en Ram me zouden wegvagen op de andere onderdelen, zou het me misschien lukken mijn totaalscore flink op te vijzelen met de kaartensprint.

Elke deelnemer had zijn of haar eigen jurylid met stopwatch, die aan de andere kant van de tafel plaatsnam. Mijn jurylid was een vrouw van middelbare leeftijd, die glimlachte toen ze ging zitten en iets zei wat ik niet kon horen door mijn oordoppen en gehoorbeschermer heen. Ik had voor de kaartensprint mijn zwart gesprayde geheugenbril meegenomen, en tot aan het moment waarop er een geschud spel op de tafel werd gelegd had ik nog zitten dubben of ik hem zou opzetten of niet. Ik had al weken niet zonder mijn bril geoefend en het auditorium van het Con Edison-gebouw was uitgesproken rijk aan afleidingen. Maar er circuleerden ook drie camera's in de zaal. Terwijl een daarvan inzoomde op mijn gezicht dacht ik aan alle mensen die me misschien wel op de televisie zouden zien: oude klasgenoten die ik al jaren uit het oog was verloren, vrienden die geen idee hadden van mijn geheugenobsessie, de ouders van mijn vriendin. Wat moesten die wel niet denken als ze de televisie aanzetten en me zagen zitten terwijl ik een spel kaarten doornam met een enorme zwarte veiligheidsbril en een gehoorbeschermer op? Uiteindelijk won mijn angst om in het openbaar voor schut te staan het van mijn wil om te winnen, en ik liet de bril naast mijn voeten op de vloer liggen.

Voor in de zaal riep het hoofdjurylid, een voormalige drilsergeant van het korps mariniers: '*Go!*' Mijn jurylid drukte haar stopwatch in en ik begon zo snel als ik kon het spel door te lopen, waarbij ik steeds drie kaarten tegelijk van de bovenkant van de stapel in mijn rechterhand nam. Ik sloeg de beelden op in het geheugenpaleis dat ik het best kende van allemaal, het huis in Washington waar ik sinds mijn vierde had gewoond – hetzelfde huis dat ik op de rots in Central Park had gebruikt om Eds to-do-lijst te onthouden. Bij de voordeur zag ik mijn vriendin Liz een varken ontleden (hartentwee, ruitentwee en hartendrie). In de hal fietste de Incredible Hulk op een hometrainer met een paar enorme ringen in zijn oren die zijn oorlellen omlaag trokken (klaverdrie, ruitenzeven, schoppenboer). Naast de spiegel onder aan de trap balanceerde Terry Bradshaw op een rolstoel (hartenzeven, ruitennegen, hartenacht) en vlak achter hem sprong een dwergjockey met een sombrero op aan een paraplu uit een vliegtuig (schoppenzeven, ruitenacht, klavervier). Halverwege het spel drong wederom het Teutoonse gejammer van Maurice door mijn gehoorbeschermer heen: 'Niet lopen!' hoorde ik hem, vermoedelijk tegen een andere fotograaf, roepen. Dit keer liet ik er mijn concentratie niet door verstoren.

Ik zag mijn vriend Ben urineren op het pauselijke kalotje van Benedictus XVI in de slaapkamer van mijn broer (ruitentien, klavertwee, ruitenzes), Jerry Seinfeld bloedend op de motorkap van een Lamborghini liggen in de gang (hartenvijf, ruitenaas, hartenboer) en mezelf moonwalken met Einstein voor de slaapkamerdeur van mijn ouders (schoppenvier, hartenkoning, ruitendrie).

De kunst van de kaartensprint ligt in het vinden van de perfecte balans tussen snelheid en de vorming van gedetailleerde beelden. Je moet net voldoende van je beelden zien om ze later te kunnen reconstrueren, zonder kostbare tijd te verliezen met het oproepen van meer kleur dan nodig is. Toen ik mijn handpalmen op de tafel legde om de tijd stop te zetten, wist ik met zoete zekerheid dat ik een mooie balans had gevonden. Hoe mooi wist ik nog niet.

Mijn jurylid liet me de tijd op haar stopwatch zien: één minuut en veertig seconden. Niet alleen was dat beter dan mijn laagste oefentijd, maar ik realiseerde me ook dat ik er het oude Amerikaanse record van één minuut en vijfenvijftig seconden mee zou kunnen verpletteren. Ik sloot mijn ogen, vlijde mijn hoofd op de tafel, fluisterde een krachtterm in mezelf en nam even de tijd om erbij stil te staan dat ik zojuist misschien iets had gedaan – hoe nerderig of triviaal ook – wat in de hele geschiedenis van de Verenigde Staten nog niemand had klaargespeeld.

Ik tilde mijn hoofd op en wierp een snelle blik naar Maurice Stoll, die over zijn sikje streek en een gejaagde indruk maakte, en ik schiep een ongepast behagen in de problemen die hij met dit onderdeel leek te hebben. Toen keek ik naar Chester en werd zenuwachtig. Hij zat zelfverzekerd te grijnzen. Daar had hij geen enkele reden toe. Hij had geklokt op een lethargische twee minuten en vijftien seconden.

Naar de maatstaven van het internationale geheugencircuit,

waarin dertig seconden de beste tijd is, zou mijn tijd van één minuut en veertig seconden als middelmatig zijn beschouwd – voor de serieuze Europeanen het equivalent van de mijl in vijf minuten lopen. Maar we waren niet in Europa.

Toen het nieuws van mijn tijd de zaal rondging, begonnen zich camera's en toeschouwers rond mijn tafel te verzamelen. Het jurylid haalde een ongeschud spel kaarten tevoorschijn en schoof het over de tafel naar me toe. Mijn opdracht was nu de kaarten op de volgorde te leggen die ik net had gememoriseerd.

Ik waaierde de kaarten uit op de tafel, haalde diep adem en ging nog een laatste maal door mijn paleis. Ik zag alle beelden precies op de plek waar ik ze had achtergelaten, op één na. Het had zich in de douche moeten bevinden, kletsnat, maar ik kon alleen maar beige tegels ontwaren.

Ik zie het niet, fluisterde ik panisch in mezelf. *Ik zie het niet*. Ik liep zo snel mogelijk al mijn beelden na. Was ik een paar reuzentenen vergeten? Een fat met een halsdoekje om? Pamela Andersons voorgevel? De kabouter van Lucky Charms cereals? Een leger sikhs met tulbanden op? Nee, nee, nee, nee.

Ik begon de kaarten die ik me wel herinnerde met mijn wijsvinger te verschuiven. In de linkerbovenhoek van de tafel kwam mijn vriendin Liz met haar dode varken te liggen. Naast haar de Hulk op zijn hometrainer en daarnaast Terry Bradshaw met zijn rolstoel. Toen mijn vijf minuten nadenktijd bijna om waren, had ik nog drie kaarten over. Het was het trio dat uit de douche was verdwenen: de ruitenkoning, de hartenvier en de klavervier. Bill Clinton die met een basketbal copuleerde. Hoe had ik dat over het hoofd kunnen zien?

Ik stapelde de kaarten vlug op, schoof ze over de tafel terug naar het jurylid en ontdeed me van mijn gehoorbeschermer en oordoppen. Ik had het 'm geflikt. Ik voelde geen spoortje van twijfel.

Na even te hebben gewacht tot een van de televisiecamera's een betere hoek gevonden had om vanuit te filmen, begon het jurylid de kaarten één voor één om te draaien, terwijl ik, voor het dramatische effect, hetzelfde deed met het spel dat ik had gememoriseerd.

Hartentwee.

Hartentwee.

Ruitentwee.

Ruitentwee.

Hartendrie.

Hartendrie...

Kaart voor kaart kwam overeen. Toen we de laatste kaart hadden bereikt, wierp ik de mijne op tafel en keek op met een brede, domme grijns die ik tevergeefs had proberen te onderdrukken. Ik was de nieuwe Amerikaanse recordhouder kaartensprint. De menigte om mijn tafel applaudisseerde luid. Eén persoon joelde. Ben Pridmore maakte pompende bewegingen met zijn vuist. Een jongen van een jaar of twaalf liep naar voren, reikte me een pen aan en vroeg om mijn handtekening.

Om redenen die nooit zijn toegelicht, was besloten dat de drie deelnemers die na de eerste drie onderdelen bovenaan stonden door waren naar de volgende ronde en niet meer hoefden mee te doen aan de laatste discipline van die ochtend, het gedicht. Ondanks mijn lage score op de getallensprint was mijn recordprestatie op de kaartensprint genoeg om me de tweede plaats op te leveren in het algemeen klassement, achter Maurice en vóór 'Ice Man' Chester. We waren alle drie geplaatst voor de kwartfinale. Samen met Ben Pridmore verlieten we de wedstrijdzaal en gingen naar de cafetaria van het Con Edison-gebouw, waar we aan dezelfde tafel lunchten in een vriendelijke, zij het voornamelijk zwijgzame sfeer. Eenmaal terug in het auditorium kregen we op het podium gezelschap van Ram; Paul Mellor, de man die in vijftig staten een marathon had gelopen; en de zeventienjarige Erin Luley, die in onze afwezigheid een nieuw Amerikaans record – haar tweede van die dag – op het poëzieonderdeel had gevestigd.

Nu we nog maar met z'n zessen over waren ging de wedstrijd zijn tweede fase in, die speciaal was bedacht om het drama te verhogen voor de kijker thuis. Op een scherm voor in de zaal werden fraaie 3D-beelden geprojecteerd en er stroomde theatraal licht over het podium, waar zes hoge regisseursstoelen voor ons klaarstonden met een reversmicrofoontje erop.

De middag begon met willekeurige woorden. Bij een doorsnee woordendiscipline op een doorsnee nationaal kampioenschap hebben de deelnemers een kwartier om van een lijst met vierhonderd woorden er zo veel mogelijk te memoriseren. Vervolgens krijgen ze na een korte pauze een halfuur om alle woorden die ze zich kunnen herinneren in de juiste volgorde op een blad te noteren. Het is niet echt een opwindende sport om naar te kijken. Voorafgaand aan de Amerikaanse kampioenschappen was besloten dat alles zich op het podium zou afspelen, in de hoop dat het evenement een beetje zou worden opgeleukt met het handengewring, de gepijnigde uitroepen en andere kabukiachtige fratsen die spellingswedstrijden tot zulke boeiende schouwspelen maken. We moesten om de beurt het volgende woord afroepen van de lijst die we hadden gememoriseerd. De eerste twee geheugenatleten die een woord niet wisten lagen uit de wedstrijd.

De lijst bevatte een reeks zelfstandige naamwoorden en werkwoorden als 'reptiel' en 'verdrinken', die zich vrij eenvoudig laten visualiseren, gemengd met wat abstracte woorden als 'medelijden' en 'gratie', die lastiger te verbeelden zijn. Normaliter streef je er bij dit onderdeel naar zo veel mogelijk woorden te onthouden, en ben je misschien zelfs een beetje roekeloos in het volproppen van je geheugenpaleis. Ed en ik hadden bedacht dat het gezien de regels van de Amerikaanse kampioenschappen een slimmere strategie zou zijn minder woorden uit mijn hoofd te leren – ik ging voor niet meer dan honderdtwintig – maar er wel voor te zorgen dat ik die honderd procent goed had. We vermoedden dat de meeste mensen op het podium meer woorden zouden kunnen onthouden dan ik, maar ook dat iemand zou doorslaan en te veel hooi op zijn vork zou nemen. Die deelnemer wilde ik niet zijn.

Na een kwartier memoriseren begonnen we één voor één de woorden van de lijst op te noemen: 'Sarcasme'... 'Icoon'... 'Luifel'... 'Lasso'... 'Kwelling'... Toen we bij het zevenentwintigste woord waren aanbeland zag ik Erin, die nog die ochtend meer poëzie had onthouden dan welke andere Amerikaanse geheugenatleet ooit, aarzelen. Het woord was 'verdoofd' – wij andere vijf wisten het allemaal –, maar om de een of andere reden zag ze het niet. Ze zakte achterover in haar stoel en schudde haar hoofd. Negen woorden later verwarde Paul Mellor 'operatie' met 'opereren' – een klassieke beginnersfout. De meesten van ons – en met name de producer van HDNet, dat de sprankelende gebeurtenissen op de televisie uitzond – waren voorbereid op een slijtageslag na minimaal het honderdste woord. Het was niet te begrijpen hoe het kon dat dit onderdeel nu alweer voorbij was. Zelfs iemand die nog maar net het principe van het geheugenpaleis heeft geleerd, is doorgaans al bij een eerste poging in staat zeker dertig of veertig woorden te memoriseren. Ik vermoedde dat zowel Erin als Paul de rest van het deelnemersveld verkeerd had ingeschat en te hoog had gegrepen. Wat betekende dat Ram, Chester, Maurice en ik de vier overgeblevenen waren door de fouten van anderen. Wat betekende dat ik een theevisite verwijderd was van de finale van de Amerikaanse geheugenkampioenschappen.

Een lange brunette in een zomerjurk liep het podium op en stelde zichzelf voor. 'Hallo, ik ben Diana Marie Anderson. Ik ben op 22 december 1967 geboren in Ithaca in New York, 14850. Mijn werktelefoonnummer, maar bel me daar alsjeblieft niet op, is 929-244-6735, toestel 14. Ik heb een hond, ze heet Karma en het is een blonde labrador. Ik heb een paar hobby's: films kijken, fietsen en breien. Mijn favoriete auto is een Model T Ford uit 1927. Hij is zwart. Ik hou van pizza en jelly beans en pepermuntijs.'

Terwijl ze sprak hielden Ram, Chester, Maurice en ik onze ogen dicht en produceerden verwoed beelden voor ons geheugenpaleis. Diana's geboortedatum, 22-12-67, werd een non (22) die door een gewicht van duizend kilo (12) werd verpletterd terwijl ze een fruitshake (67) dronk, een beeld dat ik in een vrijstaande badkuip op leeuwenpoten in de badkamer van mijn victoriaanse paleis neerzette. Voor haar geboorteplaats en postcode liep ik naar de linnenkast en visualiseerde de rubberband van een monstertruck (14) die over de rand van een van Ithaca's beroemde ravijnen rolde en daar op een stel mannen terechtkwam (850). Na Diana verschenen er nog vier gasten op het podium, die al even uitgebreide beschrijvingen van zichzelf gaven.

De discipline heette 'Three Strikes and You're Out', wat inhield dat de eerste twee deelnemers die drie gegevens niet wisten het veld zouden moeten ruimen. Nadat we een paar minuten hadden gekregen om de vergeetcurve zijn magische werk te laten doen, kwamen de vijf gasten weer het podium op om ons vragen over zichzelf te stellen. De eerste vraag betrof de naam van een jonge vrouw met blonde haren en een honkbalpet op, de vierde van de vijf gasten. Chester, die aan het uiteinde van de rij zat, wist hem: 'Susan Lana Jones.' Daarna moest Maurice haar geboortedatum vertellen, wat hij niet kon, waardoor ik me afvroeg of het geen bluf was geweest toen hij zei dat hij goed geslapen had. Eén slag voor Maurice. Gelukkig had ik haar geboortedatum wel onthouden. Ik haalde hem uit de strakke marmeren gootsteen van mijn modernistische paleis. Het was 10 december 1975. Ram wist haar woonplaats: North Miami Beach, Florida, 33180, maar Chester kon zich haar telefoonnummer niet herinneren. Eén slag voor Chester. En Maurice evenmin. Twee slagen voor Maurice. De camera zoomde in op mij, wachtend tot ik de tien cijfers plus het toestelnummer zou opnoemen. 'Ik heb niet eens een poging gedaan haar telefoonnummer te onthouden,' zei ik met mijn blik in de lens. Mijn strategie was geweest om me op alle andere dingen te richten en te hopen dat die lange getallen het probleem van een ander zouden zijn. Eén slag voor Josh.

De wedstrijd ging zo door tot de beurt weer aan Maurice was, die geen enkele van de drie hobby's van de vrouw wist. Het leek wel alsof hij had zitten dutten toen de gasten over zichzelf vertelden. Het was drieslag voor hem. Hij kon vertrekken.

Wij anderen bleven op het podium en volleyden nog een aantal ronden lang biografische details heen en weer. Op een gegeven moment moest Chester, voor wie het inmiddels al twee slagen was, het werktelefoonnummer, met inbegrip van het netnummer en het driecijferige toestelnummer, van een van de gasten opnoemen.

Chester trok een gezicht en sloeg zijn ogen neer. 'Waarom krijg ik altijd de telefoonnummers? Wat is dit voor grap?'

'Zo is het nu eenmaal gegaan,' zei Tony Dottino, die zich links van ons achter een katheder gedroeg als de presentator van een spelletjesprogramma.

'Kom op, niemand weet de telefoonnummers.'

'Je bent een getallengoeroe, Chester.'

Ik had het in Chesters plaats ook niet geweten. Het was

puur toeval dat Chester in die stoel was beland en niet ik, puur toeval dat hij vóór mij zijn derde slag had geïnd en puur toeval dat ik nu op weg was naar de finale van de Amerikaanse geheugenkampioenschappen.

Er was een onderbreking van tien minuten ingelast vóór het laatste onderdeel, 'Double Deck 'r Bust', waarin Ram en ik vijf minuten kregen om dezelfde twee spellen kaarten te memoriseren. Maurice greep me beet toen ik het podium af liep en legde zijn arm om mijn schouder. 'Je hebt gewonnen,' zei hij in afgemeten Engels. 'Ram kan geen twee spellen kaarten onthouden. Dat is zeker.' Ik bedankte hem kort en baande me een weg door de menigte naar de uitgang van de zaal. Onder aan de trap begroette Ben me met een uitgestrekte hand, wachtend op een low five.

'Kaarten zijn Rams slechtste onderdeel,' zei hij opgetogen. 'Kat in het bakkie!'

'Kom op, man, dat is de goden verzoeken.'

'Je hoeft maar de helft te doen van wat je vanochtend deed.'

'Stil nou. Het brengt ongeluk als je zoiets zegt.'

Hij verontschuldigde zich en liep weg om Ram succes te gaan wensen.

Vanaf de zijlijn vervolgde Kenny Rice zijn commentaar: 'We naderen het beslissende moment hier op de Amerikaanse geheugenkampioenschappen. Ram Kolli is de winnaar van vorig jaar. Gaat het de vijfentwintigjarige man uit Virginia lukken zijn titel te verlengen of wordt het nieuwkomer Joshua Foer, een internetjournalist die afgelopen jaar over het toernooi heeft geschreven? Nu is hij hier in een poging zelf het evenement te winnen. Het laatste onderdeel, 'Double Deck 'r Bust', wordt een strijd van brein tegen brein.'

Ondanks het slechte karma wist ik dat Ben en Maurice gelijk hadden. Ram kon amper één spel kaarten in vijf minuten memoriseren, laat staan twee. Ik moest onder de bloedhete lampen, oog in oog met de lens van een televisiecamera, alleen maar mijn hoofd koel zien te houden en dan zou die zilveren hand met de gouden nagellak van mij zijn.

Mijn eerste actie nadat ik was gaan zitten en mijn oordoppen in had gedaan, was het tweede spel opzij schuiven. Aangezien ik maar één kaart meer dan Ram hoefde te memoriseren, besloot ik het eerste spel zo grondig te leren kennen als ik maar kon. Ik besteedde de vijf minuten aan het steeds weer doorkijken van die tweeënvijftig kaarten, slechts pauzerend om een korte blik op Ram aan de tafel naast me te werpen. Hij hield een kaart omhoog, die hij bestudeerde alsof het een zeldzaam insect was. *O mijn god, die gast is echt kansloos*, flitste door mijn hoofd.

Na afloop van de vijf minuten werd er getost om te bepalen wie de eerste kaart zou opnoemen. Ram zei munt. Het was kop. Het was aan mij om te kiezen of ik wilde beginnen of dat ik de eer aan Ram liet.

'Dit is belangrijk,' fluisterde ik, zo hard dat het werd opgepikt door mijn reversmicrofoontje. Ik deed mijn ogen dicht en liep zo vlug mogelijk door het spel op zoek naar lacunes in mijn geheugenpaleis, plaatsen waar een beeld om de een of andere reden niet was blijven hangen, zoals eerder op de dag was gebeurd. Als dat zo was wilde ik dat die kaarten voor rekening van Ram kwamen, niet voor die van mij. Ten slotte, na een lange stilte, opende ik mijn ogen. 'Ik begin wel.'

Ik dacht nog iets langer na. 'Nee, nee, nee. Wacht. Ram mag beginnen.' Het kan op een laatste stukje psychologische oorlogsvoering hebben geleken, maar ik besefte dat ik me de drieënveertigste kaart van het spel niet kon herinneren. Op deze manier zorgde ik ervoor dat die kaart voor Ram was.

Dottino: 'Oké, Ram, jij mag de eerste kaart noemen.'

Ram speelde even met zijn vingers. 'Ruitentwee.'

Toen ik: 'Hartenkoningin.'

'Klavernegen.'

'Hartenkoning.'

Ram keek naar het plafond en leunde achterover in zijn stoel.

Ik zag dat hij zijn hoofd schudde. *Nee, dit kan niet waar zijn*, dacht ik. Hij keek weer omlaag. 'Ruitenkoning?'

Nu schudde ik mijn hoofd. Het was afgelopen voor hem. Bij de vijfde kaart! Ik keek geschokt naar Ram. Hij had het verknald. Hij had zijn hand overspeeld. Maurice, die op de voorste rij zat, sloeg met zijn hand tegen zijn voorhoofd.

'*Dames en heren, we hebben een nieuwe Amerikaanse geheugenkampioen!*'

Ik stond niet op. Ik weet niet eens zeker of er een lachje bij me afkon. Een minuut eerder was ik alleen maar geconcentreerd geweest op winnen. Maar nu was mijn eerste emotie niet blijheid of opluchting of tevredenheid. Mijn eerste emotie was, zo ontdekte ik tot mijn verbazing, uitputting. Het slaaptekort van de vorige nacht spoelde over me heen en even begroef ik mijn hoofd in mijn handen. De kijkers thuis dachten waarschijnlijk dat ik overmand was door emoties. In werkelijkheid zat ik nog gevangen in mijn geheugenpaleis en zweefde door een wereld van onbestaanbare beelden die gedurende een kort moment realistischer leken dan het podium waarop ik zat. Ik keek op en zag de kitscherige trofee aan de rand van het podium fonkelen. Ram strekte zich uit om mijn hand te schudden en fluisterde in mijn oor: 'De vijfde kaart. Wat was die?'

Ik liet mijn handen vallen, draaide me naar hem toe en fluisterde terug: 'De klavervijf.' Dom Deluise. Die aan het hoelahoepen was. Natuurlijk.

Nawoord

'We feliciteren Joshua Foer. Dit keer heeft hij zéker iets om over te schrijven, hè?' sprak de wedstrijdcommentator Kenny Rice. 'Hij kwam hier eigenlijk alleen maar om te kijken wat het van iemand vraagt om mee te doen en hij gaat als winnaar naar huis.'

'Nou, dat is niet slecht voor een groentje, Joshua,' zei Ron Kruk, de verslaggever van HDNet die met een microfoon in de hand het podium op was gegaan om me te interviewen. 'Je hebt dit evenement eerder bijgewoond als journalist. Hoe bepalend was die ervaring voor je succes vandaag op de Amerikaanse geheugenkampioenschappen?'

'Ik denk dat het belangrijk is geweest, maar de trainingsarbeid die ik er het afgelopen jaar in heb gestoken was waarschijnlijk belangrijker,' antwoordde ik.

'Dat heeft zich vandaag inderdaad uitbetaald. De volgende stap zijn de wereldkampioenschappen.'

Die absurde gedachte was nog niet eens bij me opgekomen.

'Je bent er al eens bij geweest en hebt het toernooi verslagen als journalist. Welk voordeel levert je dat op?'

Ik lachte. 'Als ik heel eerlijk ben: ik maak geen schijn van kans op de wereldkampioenschappen. Die lui kunnen in dertig seconden een spel kaarten memoriseren. Ze zijn gewoon niet van deze wereld.'

'Ik weet zeker dat je de naam van Amerika hoog zult houden. We rekenen allemaal op je. Je weet, als je de Super Bowl wint, hoor je te zeggen: "Ik ga naar Disneyland!" Als je de Amerikaanse geheugenkampioenschappen wint, hoor je te zeggen...'

Hij duwde de microfoon in mijn gezicht. Ik neem aan dat ik had moeten antwoorden dat ik naar Kuala Lumpur ging. Of misschien wel dat ik naar Disneyland ging. Ik was in de war. En heel erg moe. En de camera's draaiden. 'Ehh, ik heb geen idee,' zei ik. Ik stond met mijn mond vol tanden. 'Ik denk dat ik naar huis ga.'

Zodra ik het podium had verlaten, belde ik Ed vanaf de dichtstbijzijnde openbare telefoon. Het was halverwege de ochtend in Australië en hij stond in het buitenveld van een cricketterrein, waar hij zich naar zijn zeggen bezighield met een stukje 'experimentele filosofie'.

'Ed, met Josh.'

'Heb je gewonnen?' De woorden vlogen uit zijn mond alsof hij de hele ochtend op mijn telefoontje had gewacht.

'Ik heb gewonnen, ja.'

Hij uitte een brul. 'Wat een spectaculaire coup! Goed gedaan, man, goed gedaan! Je weet toch wat dat betekent? Je bent nu de onbetwiste eigenaar van de hersenen van Amerika!'

De volgende ochtend ging ik uit nieuwsgierigheid naar het internetbulletinboard van het geheugencircuit om te kijken of de scores van de wedstrijd er al op stonden, en of de Europeanen iets te zeggen hadden over een debutant die in Amerika op de eerste plaats was geëindigd, en zo ja, wat. Ben had al een verslag van veertien pagina's over het kampioenschap online gezet. Het laatste gedeelte bevatte enkele woorden over de nieuwe kampioen: 'Ik was onder de indruk van zijn prestaties, als je bedenkt hoe kort hij nog maar trainde. Hij zou de man kunnen zijn die Amerikaanse geheugenwedstrijden naar nieuwe hoogten gaat tillen,' schreef Ben. 'Hij heeft zijn technieken van Europeanen geleerd, hij heeft hier in Europa kampioenschappen bezocht en hij wordt niet, zoals de anderen, beperkt door de lage maatstaven die voldoende zijn om in Amerika tot de top te horen. Hij heeft een oprechte passie voor de sport en ik denk dat hij het niet alleen tot grootmeester kan brengen, maar misschien ook de eerste Amerikaan zal zijn die door weet te dringen tot in het hoogste echelon van de mondiale geheugensport. En als dat gebeurt, zullen zijn landgenoten zich ongetwijfeld meer gaan inspannen om hem te evenaren. Eén mens kan alle anderen inspireren. Ik zie dan ook een zonnige toekomst voor het geheugen in Amerika!'

De Amerikaanse geheugenkampioen blijkt een klein beetje (oké: een héél klein beetje) roem ten deel te vallen. Plotseling wilde Ellen DeGeneres een gesprek met me, en *Good Morning America* en *Today* belden met het verzoek of ik in de uitzending een spel kaarten wilde memoriseren. ESPN vroeg of ik in een van hun ochtendprogramma's alle wedstrijduitslagen van de basketbalcompetitie voor universiteiten wilde leren. Iedereen wilde de aap zijn kunstjes zien uitvoeren.

De grootste schok die mijn nieuw veroverde sterrenstatus (of loserstatus, afhankelijk van hoe je ertegenaan kijkt) met zich meebracht, was dat ik nū de officiële vertegenwoordiger van alle driehonderd miljoen inwoners van de Verenigde Staten op de wereldkampioenschappen geheugen was. Dat was niet de positie waarin ik ooit verwacht had mezelf terug te vinden. Op geen enkel moment tijdens mijn training is het bij me opgekomen dat ik in de toekomst misschien in het strijdperk zou treden tegen mensen als Ed Cooke, Ben Pridmore en Gunther Karsten, de supersterren over wie ik aanvankelijk begonnen was te schrijven. In al die uren van oefening durfde ik er nauwelijks aan te denken mijn scores met de hunne te vergelijken. Ik was een rechtsvelder in de laagste softbalklasse, zij waren de New York Yankees.

Toen ik eind augustus mijn opwachting in Londen maakte (de kampioenschappen waren te elfder ure van Maleisië naar Engeland verplaatst), was ik gewapend met mijn gehoorbeschermer, die ik beschilderd had met de sterren en strepen van Captain America; veertien spellen kaarten die ik ging proberen te memoriseren bij de kaartenmarathon; en een Team USA-shirt. Mijn voornaamste ambitie was mezelf en mijn land niet af te laten gaan. Ik had mezelf ook twee secundaire doelen gesteld: in de top tien van het uit zevenendertig deelnemers bestaande veld komen en de titel van geheugengrootmeester verwerven.

Beide doelen bleken uiteindelijk te hoog gegrepen. Als officiële vertegenwoordiger van 's werelds grootste supermacht moet ik tot mijn spijt bekennen dat ik de wereld een zeer middelmatige indruk heb gegeven van Amerika's collectieve geheugen. Hoewel ik een respectabel aantal van negenenhalf spellen kaarten in een uur memoriseerde (een half spel te weinig voor de grootmeesterstandaard), was mijn score op de getallenmarathon een vernederende driehonderdtachtig cijfers (zeshonderdtwintig te weinig voor de grootmeesterstandaard). Ik haalde wel een derde plaats bij namen en gezichten, een prestatie die ik toedichtte aan het feit dat het pakket dat we moesten memoriseren een regelrechte Verenigde Naties van etnische namen was. Aangezien ik uit het meest multiculturele land ter wereld kwam, waren er maar weinig namen die ik niet kende. Uiteindelijk eindigde ik op de dertiende plaats in het algemeen klassement, achter zo'n beetje alle Duitsers, Oostenrijkers en Britten, maar, zo kan ik met plezier zeggen, vóór de Fransman en het voltallige Chinese team.

Op de laatste middag van het toernooi nam Ed me apart en zei dat ik die avond, ter erkenning van mijn 'eersteklas geheugen en oprechte karakter', toegelaten zou worden tot de KL7, mits ik slaagde voor het heilige initiatieritueel van het geheime genootschap.

Meer nog dan mijn Amerikaanse wedstrijdtrofee bewees deze geste dat ik echt iets had bereikt in de wereld van het geheugencircuit. Ik wist dat drievoudig wereldkampioen Andi Bell nooit gevraagd was voor de KL7. En dat gold voor het merendeel van de zesendertig geheugengrootmeesters in de wereld. Het enige andere aspirant-lid dat jaar was Joachim Thaler, een sympathieke Oostenrijker van zeventien jaar, en die werd pas bij de club gevraagd nadat hij op twee achtereenvolgende wereldkampioenschappen de derde plaats had weten te behalen. De uitnodiging voor de KL7 maakte de cirkel rond op een manier die ik nooit had kunnen voorzien, toen ik aan mijn onderneming begon als outsider die de bizarre cultuur van geheugensporters wilde vastleggen. Nu zou ik echt, officieel, een van hen worden.

Later die avond, nadat de jonge Duitse rechtenstudent Clemens Mayer de wereldtitel had gewonnen, en na de prijsuitreiking waarbij ik een bronzen medaille omgehangen kreeg voor mijn derde plaats bij namen en gezichten, verzamelde het voltallige geheugencircuit zich voor een feestelijk slotdiner bij Simpson's-in-the-Strand, een chic oud restaurant waar de grootste schakers van het negentiende-eeuwse Londen elkaar plachten te treffen, en waar Adolf Anderssen en Lionel Kieseritzky een van de meest legendarische schaakwedstrijden aller tijden speelden, de 'onsterfelijke partij' uit 1851. Een aantal leden van de KL7 kneep er vóór het nagerecht tussenuit om bijeen te komen in de lobby van Gunther Karstens hotel verderop in de straat.

Ed, die zich door de stad had bewogen met twee zilveren

medailles om zijn nek (voor zijn zestien spellen bij de kaartenmarathon en honderddrieëndertig opeenvolgende cijfers bij de gesproken getallen), ging naast me zitten in een leren stoel, voor een grote gebeeldhouwde stenen open haard. 'Ik zal de spelregels toelichten,' zei hij. 'Om opgenomen te worden in onze gelederen moet je binnen vijf minuten de volgende drie opdrachten volbrengen: je moet twee glazen bier drinken, negenenveertig cijfers memoriseren en drie vrouwen kussen. Begrijp je de taak die voor je ligt?'

'Ja.'

Gunther, lid van het eerste uur, liep achter me heen en weer in een hemd dat strak om zijn lijf spande.

'Dit is prima te doen, Josh,' zei Ed, terwijl hij zijn horloge van zijn pols deed. 'We geven je een minuut bedenktijd om te beslissen of je de biertjes wilt drinken vóór je gaat memoriseren, of tijdens het memoriseren. Maar ik moet je wel waarschuwen dat iemand eens negenenveertig cijfers probeerde te memoriseren en toen vlak voor hij die moest opnoemen de twee glazen bier dronk, en hij is nog altijd geen lid van de KL7.' Hij keek op zijn horloge. 'Hoe dan ook, de tijd gaat in als ik het sein geef.'

Een van de geheugenatleten, die niet bij de KL7 zat, maar ongevraagd was meegegaan naar de toelatingsceremonie, schreef negenenveertig cijfers op de achterkant van een naamkaartje. Nadat Ed '*Go!*' geroepen had, legde ik mijn handen over mijn oren als een geïmproviseerde gehoorbeschermer en begon te memoriseren: 7... 9... 3... 8... 2... 6... Na elk zesde cijfer nam ik een grote slok bier. Net toen ik een beeld van de laatste twee cijfers in mijn geheugen had geëtst, riep Ed: 'De tijd is om!' en hij rukte het kaartje uit mijn hand.

Ik tilde mijn hoofd op uit mijn handen en begon zonder haperen de cijfers op te noemen. Maar toen ik bij de laatste locus van mijn geheugenpaleis aankwam, ontdekte ik dat mijn beeld van de laatste twee cijfers was verdampt. Ik liep alle mogelijke cijfercombinaties van 00 tot 99 af, maar geen daarvan paste. Ik opende mijn ogen en bedelde om een hint. Stilte.

'Ik heb het niet gehaald, hè?'

'Nee, het spijt me, zevenenveertig cijfers is niet voldoende,' verklaarde Ed plechtig tegen de verzamelde leden van de club. Hij draaide zich weer naar me toe. 'Ik vind het heel vervelend voor je.'

'Geen zorgen, ik heb het de eerste keer ook niet gehaald,' zei Gunther, en hij klopte me op de schouder.

'Betekent dat dat ik niet ben toegelaten tot de KL7?'

Ed perste zijn lippen samen en schudde zijn hoofd. Zijn antwoord klonk verbazend streng: 'Nee, Josh. Dat ben je inderdaad niet.'

'Kom op nou, Ed, kun je niet iets doen?' smeekte ik.

'Vriendschap mag geen rol spelen in de aannameprocedure. Als je lid wilt worden van onze club, moet je het overdoen.' Hij wenkte de serveerster. 'Geloof me, hoe later op de avond, hoe indrukwekkender het wordt als je de KL7 binnenkomt.'

Er werden nogmaals negenenveertig cijfers opgeschreven en ik kreeg twee nieuwe glazen bier voorgezet. Dit keer waren mijn beelden, wonderbaarlijk genoeg, even duidelijk zichtbaar als ieder ander beeld dat ik het afgelopen weekend had gecreëerd – en twee keer zo schunnig. En anders dan de eerste keer had ik zelfs genoeg tijd om een extra wandeling door mijn paleis te maken. Toen Ed riep dat ik moest stoppen, sloot ik mijn ogen en dreunde de negenenveertig cijfers zo zelfverzekerd op alsof ik er de hele dag op geoefend had.

Ed kwam overeind, gaf me een high five en omhelsde me. Maar Gunther, die zo onderhand, net als ik, aardig beschonken was, toonde zich nog niet tevreden. Hij wees erop dat ik nog een laatste horde moest nemen voordat ik me officieel lid mocht noemen van de KL7. 'Je moet drie keer de knie van een vreemde vrouw kussen,' zei hij.

'Eén knie? Drie keer? Je verzint de regels gewoon ter plekke,' protesteerde ik.

'Daar heb je het mee te doen,' zei hij.

Hij pakte mijn arm vast en trok me mee naar een aangrenzende ruimte, waar hij de situatie probeerde uit te leggen aan twee Ierse vrouwen van middelbare leeftijd die in alle rust zaten te genieten van een glas wijn. Er staat me vaag bij dat ik tegen een van hen zei dat ze niet bang hoefde te zijn, dat er helemaal niets raars aan de hand was: we waren geheugenkampioenen en welbeschouwd was het een grote eer voor haar knie. Ik meen me ook te herinneren dat die vlieger niet opging, maar dat Gunther een overtuigender babbeltje had. Hoe het ook zij, ik ging op één knie zitten en gaf drie kusjes op de blote knieschijf van het arme mens, waarna Gunther mijn arm in de lucht stak en verklaarde dat ik aan alle uitdagingen had voldaan, voor alle proeven was geslaagd, en het verdiende te worden opgenomen in 's werelds meest gerespecteerde organisatie van geheugenatleten. 'Welkom bij onze prachtige club, de KL7!' riep hij.

Aan de rest van de avond heb ik alleen maar flarden van herinneringen. Ik weet nog dat ik naast Tony Buzan op de bank zat en herhaaldelijk tegen hem zei dat hij *the Man* was, terwijl ik over zijn schouder heen opzichtig naar Ed knipoogde. Ik herinner me Bens schertsende opmerking dat de serveerster wel moest denken dat ze met een stelletje randdebielen van doen had. Ik herinner me dat Ed zijn vriendschap met mij 'episch' noemde.

Als ik mijn aantekeningen van die avond in mijn notitieboekje bekijk, is de geleidelijke verzwakking van mijn geestelijke vermogens goed te zien. Mijn handschrift wordt in de loop van de avond steeds slordiger. Ik kan het nu amper lezen, op één pagina na: 'Tering! Ik ben lid van de KL7! En volgens mij zit ik op het vrouwentoilet!'

Op de pagina ernaast wordt het handschrift opeens weer leesbaar, en schakelt over naar de derde persoon. Ik was te beneveld om nog te kunnen schrijven, en ik had trouwens ook veel te veel lol daarvoor. Ik had mijn notitieboekje in handen gegeven van de dichtstbijzijnde nuchtere persoon die ik kon vinden en gezegd dat ze moest proberen objectief te zijn. Het had geen zin te pretenderen dat ik daar nog in mijn hoedanigheid van journalist was.

Na het grootste gedeelte van een jaar te hebben besteed aan pogingen mijn geheugen te verbeteren, ging ik terug naar de Florida State University om me nogmaals anderhalve dag te laten testen door Anders Ericsson en zijn promovendi Tres en Katy, in dezelfde krappe kamer waar ik bijna een jaar eerder aan een uitgebreid geheugenonderzoek was onderworpen. Wederom met Tres meekijkend over mijn schouder en wederom met een microfoontje voor mijn mond, voerde ik dezelfde serie tests uit als de vorige keer, en daarnaast nog een paar nieuwe.

Was mijn geheugen beter geworden? Naar objectieve maatstaven was het wel ietsjes vooruitgegaan. Mijn cijferspanne, de gouden standaard waaraan het werkgeheugen wordt afgemeten, was verdubbeld van negen naar achttien. Vergeleken met mijn tests van bijna een jaar ervoor onthield ik meer dichtregels, meer namen van mensen, meer willekeurige informatie die op me af werd gevuurd. Maar toch, toen ik een paar avonden na het wereldkampioenschap met een paar vrienden uit eten was geweest en de metro naar huis had genomen, herinnerde ik me pas toen ik over de drempel van mijn ouderlijk huis stapte dat ik met de auto naar het restaurant was gegaan. Ik was niet alleen maar vergeten waar ik mijn auto had geparkeerd, ik was vergeten dat ik hem bij me had.

Dat was de paradox: ondanks alle geheugenstunts die ik nu kon uitvoeren, zat ik nog steeds opgescheept met hetzelfde krakkemikkige geheugen dat vergat waar ik autosleutels en auto's liet. Ook al had ik mijn vermogen aanzienlijk uitgebreid om me het soort gestructureerde informatie te herinneren dat in een geheugenpaleis kan worden gestouwd, de meeste dingen die ik in het dagelijks leven wilde onthouden waren geen feiten, cijfers, gedichten, speelkaarten of binaire getallen. Ja, ik kon op een feestje de namen van tientallen mensen memoriseren, en dat was zeker handig. En als je me de stamboom van de Engelse koningen zou geven, of de ambtstermijnen van de Amerikaanse ministers van Binnenlandse Zaken, of de data van alle grote veldslagen in de Tweede Wereldoorlog, zou ik die informatie relatief snel kunnen leren en zelfs nog een tijdlang vasthouden ook. Op de middelbare school zouden die vaardigheden een godsgeschenk zijn geweest. Maar het leven, hoe het ook lopen mag, lijkt zelden op de middelbare school.

Mijn cijferspanne was dan wel verdubbeld, maar kon je nu echt zeggen dat mijn werkgeheugen twee keer zo goed was als toen ik met mijn training begon? Ik wou dat ik dat inderdaad kon zeggen. Maar de waarheid is dat het niet zo was. Toen me gevraagd werd me de volgorde te herinneren van bijvoorbeeld een reeks inktvlekken of kleurstalen of de hoogte van de kelderdeur bij mijn ouders thuis, scoorde ik niet beter dan gemiddeld. Mijn werkgeheugen werd nog steeds beperkt door het beroemde magische getal zeven. Informatie die ik niet netjes in een beeld kon omzetten en in een geheugenpaleis plaatsen, bleef even lastig te onthouden als altijd. Ik had mijn geheugensoftware geüpgraded, maar mijn hardware leek niet wezenlijk te zijn veranderd.

En toch was ík duidelijk veranderd. Althans, ik was anders over mezelf gaan denken. De belangrijkste les die ik overhield aan mijn jaar in het geheugencircuit was niet het geheim van het memoriseren van poëzie, maar iets wat veel universeler was en wat me, in zekere zin, waarschijnlijk veel meer van pas zou komen in mijn leven. Mijn ervaringen hadden de waarheid bevestigd van het gezegde 'oefening baart kunst', maar alleen als het gaat om de juiste vorm van gerichte, doelbewuste oefening. Ik had aan den lijve ondervonden dat je met concentratie, motivatie en bovenal tijd je geest erop kunt trainen buitengewone prestaties te leveren. Dat was een ontdekking die me een enorm gevoel van kracht gaf. Het maakte dat ik me afvroeg waar ik, als ik het maar goed aanpakte, nog meer toe in staat zou zijn.

Na afloop van de tests vroeg ik Ericsson of hij dacht dat iedereen die er evenveel tijd in investeerde als ik had gedaan, zijn geheugen even sterk zou kunnen verbeteren.

'Aangezien jij het enige geval bent waar we over beschikken, weten we dat niet,' antwoordde hij. 'Het komt niet vaak voor dat iemand zich zo inzet als jij, en ik kan me voorstellen dat de overgave waarmee je de uitdaging bent aangegaan je anders maakt. Je bent duidelijk niet zomaar een willekeurig iemand, maar anderzijds zie ik niet in waarom de manier waarop jij je geheugen hebt verbeterd helemaal buiten het bereik van een gemotiveerde student zou moeten vallen.'

Toen ik ruim een jaar eerder aan mijn avontuur begon, achter in het auditorium van het Con Edison-gebouw met mijn notitieboekje, had ik geen idee waar het me heen zou voeren, hoe sterk het mijn leven zou bepalen en hoe het me uiteindelijk zou veranderen. Maar nadat ik had geleerd poëzie en cijfers, speelkaarten en levensbeschrijvingen te memoriseren, ben ik ervan overtuigd geraakt dat méér kunnen onthouden enkel het meest zichtbare profijt is van de vele maanden die ik aan het oefenen van mijn geheugen heb besteed. Waar ik mijn hersenen werkelijk op had getraind, evenzeer als op het memoriseren zelf, was opmerkzamer te zijn, meer aandacht te schenken aan de wereld om me heen. Je kunt alleen iets onthouden als je er acht op slaat.

Het probleem dat de synestheet S en de fictieve Funes kwelde, was een onvermogen onderscheid te maken tussen details die het wel en die het niet waard zijn om aandacht aan te besteden. Hun onbeheersbare neiging alles te onthouden was overduidelijk pathologisch, maar onwillekeurig stel ik me voor dat hun beleving van de wereld daardoor, pervers genoeg, rijker was. Al zou je niet willen dat je aandacht werd vastgehouden door iedere trivialiteit, toch lijkt er ook veel voor te zeggen om als mens niet slechts op aarde aanwezig te zijn, maar er ook moeite voor te doen hem in je geest te vangen – al was het maar omdat je er dan aan went op de dingen te letten, en ze te waarderen.

Ik moet bekennen dat ik nooit zo goed ben geworden in het spontaan inrichten van geheugenpaleizen dat ik het aandurfde mijn dictafoon en notitieboekje thuis te laten. En aangezien ik iemand ben wiens werk vereist dat hij van veel dingen een beetje af weet, zijn mijn leesgewoonten nu eenmaal te extensief om meer dan een enkele keer het intensief lezen en memoriseren te oefenen dat Ed predikt. Hoewel ik met geheugentechnieken aardig wat gedichten vanbuiten heb geleerd, heb ik me nog niet gezet aan een literair werk dat langer is dan 'The Love Song of J. Alfred Prufrock'. Zelfs toen ik het punt had bereikt waarop ik meer dan dertig cijfers per minuut in een geheugenpaleis kon onderbrengen, gebruikte ik de technieken slechts incidenteel om telefoonnummers van mensen die ik wilde bellen te memoriseren. Ik vond het makkelijker om ze in mijn mobiel op te slaan. Zo nu en dan memoriseerde ik een boodschappenlijstje, een routebeschrijving of een to-do-lijst, maar alleen in de zeldzame omstandigheden dat ik geen pen tot mijn beschikking had. De reden is niet dat de technieken niet werkten. Ik ben het levende bewijs dat ze dat doen. De reden is dat de noodzaak meestal ontbreekt ze toe te passen in de echte wereld, waarin papier, computers, mobiele telefoons en post-its de taak afkunnen iets voor me te onthouden.

Dus waarom zou je in een tijdperk van externe herinneringen in je geheugen investeren? Het beste antwoord dat ik kan geven kreeg ik onbedoeld van EP, wiens geheugen zo beschadigd was dat hij niet wist waar hij zich bevond in de tijd of de ruimte, of ten opzichte van andere mensen. En dat antwoord is: hoe we de wereld waarnemen en hoe we erin handelen, komt voort uit hoe we onthouden en wat we onthouden. Wij mensen zijn niet meer dan een bundel gewoonten, gevormd door onze herinneringen. En voor zover we ons leven kunnen sturen, doen we dat door geleidelijk die gewoonten te veranderen, dat wil zeggen: de netwerken van ons geheugen te veranderen. Nog nooit heeft een externe herinnering een grap, uitvinding, inzicht of kunstwerk met eeuwigheidswaarde voortgebracht. Nog niet, althans. Ons vermogen humor te zien in de wereld, verbanden te leggen tussen ideeën die niet verbonden waren, nieuwe denkbeelden te ontwikkelen, deel te nemen aan een gemeenschappelijke cultuur: al die wezenlijk menselijke handelingen zijn afhankelijk van het geheugen. En juist nu de rol daarvan in onze cultuur sneller erodeert dan ooit tevoren, moeten we ons vermogen te onthouden cultiveren. Onze herinneringen maken ons tot wie we zijn. Ze zijn de bron van onze waarden en de zetel van ons karakter. Met elkaar strijden om te zien wie er meer bladzijden poëzie kan memoriseren mag dan weinig zinvol lijken, maar het gaat erom stelling te nemen tegen vergeetachtigheid en oervermogens te omarmen waarvan te veel mensen vervreemd zijn geraakt. Dat is wat Ed me van het begin af aan heeft proberen mee te geven: dat het bij geheugentraining niet draait om het kunnen uitvoeren van trucs op bruiloften en partijen, maar om het koesteren van iets wat diep en essentieel menselijk is.

Voordat de KL7-festiviteiten waren ontaard in een liederlijke chaos van geblinddoekte potjes schaak en in alcohol gedrenkte voordrachten van het gedicht dat we de vorige dag hadden gememoriseerd, kwam Gunther naast me zitten op de bank en vroeg me of ik doorging met geheugenwedstrijden. Ik antwoordde dat ik daar zeker iets voor voelde. Het was tenslotte niet alleen wonderlijk spannend, op een manier die ik nooit had kunnen vermoeden, maar ook verslavend. Die avond werd ik me bewust van iets waar ik nooit eerder over had nagedacht: de mogelijkheid dat ik me er nog dieper in zou laten zuigen. Ik had natuurlijk een Amerikaanse titel en een record op de kaartensprint om te verdedigen, en ik was ervan overtuigd dat ik onder de minuut zou kunnen komen met een spel kaarten als ik er wat meer tijd in zou investeren. Om maar te zwijgen van historische data: ik zou zo veel beter kunnen scoren op historische data! En dan was er nog de grootmeesterstandaard die ik net niet had gehaald. '"Geheugengrootmeester" zou wel mooi staan op een naamkaartje,' grapte ik tegen Gunther (het staat trouwens op zijn naamkaartje). Ik had een geheugenpaleis kunnen vullen met de beelden die ik voor mijn geestesoog zag: het millenniumsysteem dat ik zou ontwikkelen, de oogkleppen die ik zou kopen, de uren van oefening die ik erin zou steken, de snoepreisjes naar nationale geheugenkampioenschappen over de hele wereld. Maar zelfs toen, op het moment dat me toegang was verleend tot het heilige der heiligen van het geheugencircuit, was ik nog helder genoeg om in te zien dat de tijd gekomen was mijn geheugenbril aan de wilgen te hangen. Mijn experiment was voorbij. De resultaten waren binnen. Ik vertelde Gunther dat ik het zou missen, maar dat ik mezelf volgend jaar niet zag terugkeren.

'Jammer,' zei hij, 'maar ik begrijp het wel. Het zou betekenen dat je veel meer moest oefenen, tijd die je hoogstwaarschijnlijk op een veel betere manier kunt besteden.' Hij had gelijk, vond ik. Ik vroeg me af waarom hij nooit voor zichzelf tot dat besef was gekomen.

Ed kwam overeind van de bank en bracht een dronk uit op mij, zijn sterpupil. 'Laten we een bagel gaan halen,' zei hij, en we liepen de deur uit. Ik heb geen herinnering aan de rest van de avond. De volgende middag werd ik wakker met een grote rode cirkel op mijn wang – de afdruk van mijn bronzen medaille voor namen en gezichten. Ik was vergeten hem af te doen.

Dankbetuiging

Het heeft even geduurd voor dit boek er was. Mijn dank gaat uit naar iedereen die me tijdens het schrijven ervan heeft gesteund als lezer van proefversies, als bron van expertise, als corrector en als vriend of vriendin. Er zijn te veel van jullie om in dit bestek te kunnen opnoemen. Ik ben met name alle geheugenatleten dankbaar die zo veel tijd met me hebben doorgebracht en zo gul hun kennis en leven met me hebben gedeeld.

Twee redacteuren hebben enorm bijgedragen aan dit boek. Vanessa Mobley heeft het door zijn eerste fasen heen geholpen. Eamon Dolan heeft het deskundig naar zijn voltooiing geleid. Ik ben Ann Godoff dankbaar voor haar vertrouwen in me, en alle anderen bij Penguin Press voor hun werk ten behoeve van dit boek. Mijn literair agent, Elyse Cheney, is de beste partner die een mens zich maar kan wensen. Lindsay Crouse was een kei in het checken van moeilijk te achterhalen feiten. Brendan Vaughan heeft me geholpen mijn schrijfstijl scherper te maken.

In het belang van de verhaallijn heb ik soms geschoven met details, gesprekken en situaties, maar die veranderingen hebben het waarheidsgehalte van dit boek niet wezenlijk beïnvloed. Als geheugenrecords en andere tijdgevoelige feiten niet altijd up-to-date zijn, komt dat doordat ik dit verhaal heb proberen te vertellen vanuit mijn toenmalige perspectief. In de drie jaar dat ik erover heb gedaan dit boek te schrijven is er veel veranderd in de wereld. Mijn vriendin werd mijn vrouw. De dertigsecondenbarrière bij de kaartensprint werd doorbroken, en nogmaals doorbroken. Het gedichtenonderdeel is uiteindelijk komen te vervallen bij internationale wedstrijden. En EP en Kim Peek zijn helaas overleden. Ik heb het grote geluk gehad hen te mogen ontmoeten.

Noten

1 DE SLIMSTE MENS IS NIET ZOMAAR TE VINDEN

21-22 in 2008 werd er voor 265 miljoen dollar omgezet: *Sharp Brains Report* (2009)

25 toelatingstest: De schrijver gebruikt hier het woord SAT's (Scholastic Aptitude Tests), testen die moeten worden afgelegd door degenen die in Amerika universitair onderwijs willen volgen. [NOOT VAN DE VERTALER]

2 DE MAN DIE ZICH TE VEEL HERINNERDE

37 tachtig procent van wat ze gezien hadden: Lionel Standing (1973), 'Learning 10,000 Pictures' in *Quarterly Journal of Experimental Psychology* 25, 207-22

37 vijfentwintighonderd afbeeldingen: Timothy F. Brady, Talia Konkle, et al. (2008), 'Visual Long-Term Memory Has a Massive Storage Capacity for Object Details' in *Proceedings of the National Academy of Sciences* 105, no. 38, 14325-29

38 'kunnen die details uiteindelijk naar boven worden gebracht': Elizabeth Loftus en Geoffrey Loftus (1980), 'On the Permanence of Stored Information in the Human Brain' in *American Psychologist* 35, no. 5, 409-20

39-40 Wagenaar raakte van hetzelfde overtuigd: Willem A. Wagenaar

(1986), 'My Memory: A Study of Autobiographical Memory over Six Years' in *Cognitive Psychology* 18, 225-52

41 In de wetenschappelijke literatuur is niet meer dan één geval van een fotografisch geheugen beschreven: Het fotografisch geheugen wordt vaak verward met een ander bizar – maar reëel – perceptueel verschijnsel, dat we het eidetisch geheugen noemen. Het komt bij twee tot vijftien procent van de kinderen voor en maar heel zelden bij volwassenen. Een eidetisch beeld is in wezen een levendig nabeeld dat tot enkele minuten lang voor het geestesoog blijft hangen, waarna het weer vervaagt. Eidetici hebben geenszins een perfect geheugen en ze zijn bijvoorbeeld niet in staat zoiets gedetailleerds te visualiseren als een tekst. Bij deze individuen vervagen de visuele beelden gewoon langzamer.

41 een artikel in het gerenommeerde wetenschappelijke tijdschrift *Nature*: C.F. Stromeyer en J. Psotka (1970), 'The Detailed Texture of Eidetic Images' in *Nature* 225, 346-49

42 slaagden ze er geen van allen in Elizabeths vernuftige truc te herhalen: J.O. Merritt (1979), 'None in a Million: Results of Mass Screening for Eidetic Ability' in *Behavioral and Brain Sciences* 2, 612

42 'nog meer mensen zouden bestaan met een fotografisch geheugen': Als één iemand die nu in leven is een fotografisch geheugen toegeschreven kan worden, is dat de Britse savant Stephen Wiltshire, ook wel de 'menselijke camera' genoemd vanwege zijn gave om een schets te maken van een tafereel na er maar een paar seconden naar te hebben gekeken. Maar ik ontdekte dat zelfs hij niet een echt fotografisch geheugen heeft. Zijn geest werkt niet als een kopieerapparaat. Hij veroorlooft zich vrijheden. En vreemd genoeg beperken zijn camera-achtige talenten zich uitsluitend tot het tekenen van specifieke voorwerpen en taferelen, namelijk architectuur en auto's. Zo kan hij bijvoorbeeld niet naar een pagina van het woordenboek kijken en zich onmiddellijk herinneren wat erop stond. In alle gevallen waarin iemand beweerde een fotografisch geheugen te hebben, behalve dat van Elizabeth, is er altijd een andere verklaring geweest.

43 'heeft geen van hen ooit naam gemaakt in de wereld van geleerden': George M. Stratton (1917), 'The Mnemonic Feat of the "Shass Pollak"' in *Psychological Review* 24, 244-47

45 een patroon van verbindingen tussen die zenuwcellen: Onlangs werd in een artikel in het tijdschrift *Brain and Mind* een poging gedaan de capaciteit van het menselijk brein te schatten met behulp van een model waarin een herinnering wordt benaderd als iets wat niet in de individuele zenuwcellen ligt opgeslagen, maar in de verbindingen tussen de zenuwcellen. De auteurs schatten dat het menselijk brein 10^{8432} stukjes informatie kan opslaan. Ter vergelijking: er wordt gezegd dat het waarneembare heelal iets in de orde van 10^{78} atomen bevat.

51 algemene structuur van hun hersenen fysiek had beïnvloed: E.A. Maguire et al. (2000), 'Navigation-Related Structural Change in the Hippocampi of Taxi Drivers' in *Proceedings of the National Academy of Sciences* 97, 84398-403

52 vonden ze geen enkel structureel verschil: E.A. Maguire et al. (2003), 'Routes to Remembering: The Brains Behind Superior Memory' in *Nature Neuroscience* 6, 90-95

53 Op het eerste gezicht leek dat vreemd: Als de geheugenatleten ook navigatievaardigheden aanwendden, waarom hadden ze dan geen vergrote hippocampus, zoals de taxichauffeurs? Het antwoord is waarschijnlijk dat geheugenatleten hun navigatievermogens lang niet zoveel gebruiken als taxichauffeurs.

58 'Baker/baker-paradox': G. Cohen (1990), 'Why Is It Difficult to Put Names to Faces?' in *British Journal of Psychology* 81, 287-97

60 *pound cake* is een cake die bestaat uit gelijke hoeveelheden meel, boter, eieren en suiker (een *pound* van elk). [NOOT VAN DE VERTALER]

60 de Hamptons zijn een aantal dorpen op het Amerikaanse Long Island waar veel rijke mensen een buitenhuis hebben. [NOOT VAN DE VERTALER]

3 DE EXCELLENTE EXPERT

62 zo hard moeten werken om ons van eten te voorzien: Ik heb het hier over kippen die eieren leggen, niet over kippen die voor hun vlees worden gefokt.

65 'Exceptional Memorizers: Made, Not Born': Anders Ericsson (2003), 'Exceptional Memorizers: Made, Not Born' in *Trends in Cognitive Sciences* 7, no. 6, 233-35

66 achterspelers bij volleybal: Een groot deel van dit onderzoek is terug te vinden in *The Cambridge Handbook of Expertise and Expert Performance*, onder redactie van K. Anders Ericsson, Neil Charness, Paul J. Feltovich en Robert R. Hoffman

68 SWAT-team is een arrestatieteam. [NOOT VAN DE VERTALER]

79 tegen verschillende tegenstanders tegelijk kan spelen zonder de stukken te zien: In de eerste helft van de twintigste eeuw groeide simultaan blindschaken uit tot een vaardigheid waarmee gedweept werd in de schaakwereld. In 1947 vestigde de Argentijnse grootmeester Miguel Najdorf een record door in zijn hoofd vijfenveertig simultane partijen te spelen. Hij deed daar 23,5 uur over en hij eindigde met een record van negenendertig gewonnen partijen, vier verloren partijen en tweemaal remise, en kon daarna drie dagen en drie nachten niet slapen. (De overlevering wil dat simultaan blindschaken ooit in Rusland verboden was vanwege de risico's voor de geestelijke gezondheid van de schaker.)

4 DE MEEST VERGEETACHTIGE MAN OP AARDE

84 laboratoriumtechnicus EP: L. Steffanaci et al. (2000), 'Profound Amnesia After Damage to the Medial Temporal Lobe: A Neuroanatomical and Neuropsychological Profile of Patient E.P.' IN *The Journal of Neuroscience* 20, no. 18, 7024-36

5 HET GEHEUGENPALEIS

112 de *Rhetorica ad Herennium*, een kort retorisch traktaat: Zo genoemd naar Gaius Herennius, de patroon van het boek.

112 'Dat boekje is onze Bijbel': Op de rug van de kleine rode uitgave van Loeb Classical Library Engels/Latijn staat de naam van de Romeinse staatsman en filosoof Cicero – zij het tussen haakjes. Tot minimaal de vijftiende eeuw dachten veel mensen dat het korte traktaat was geschreven door de grote Romeinse redenaar zelf, maar moderne wetenschappers twijfelen daar al tijden aan. Het was niet onlogisch om te denken dat Cicero de auteur was van het boek, aangezien hij niet alleen een beroemde beoefenaar was van de geheugentechnieken – zijn legendarische redevoeringen in de senaat hield hij uit het hoofd – maar ook omdat hij (onbetwist) de auteur was van een ander werk, *De Oratore*, waarin het verhaal van Simonides en de eetzaal voor het eerst voorkwam. Dat het verhaal van Simonides, een Griek uit de vijfde eeuw voor Christus, voor het eerst werd opgetekend in een boek dat vier eeuwen later door een Romein is geschreven, weerspiegelt het feit dat er geen geheugentraktaten uit het Griekenland van de klassieke oudheid bewaard zijn gebleven – hoewel er zeker een aantal geschreven moeten zijn. Aangezien er zo veel tijd zit tussen Cicero's beschrijving van het incident en het moment dat Simonides zich de locatie van de verminkte lichamen zou hebben herinnerd, weet niemand hoeveel van het verhaal verzonnen is. Ik durf te wedden dat een groot deel ervan fictie is, maar in de zeventiende eeuw werd een marmeren tablet uit 264 voor Christus opgegraven – twee eeuwen voor Cicero, maar nog altijd twee eeuwen na dato – waarop Simonides genoemd staat als de 'uitvinder van het systeem van geheugenhulpmiddelen'. Toch is het moeilijk te geloven dat een techniek als de geheugenkunst door één persoon op één moment in de tijd zou zijn uitgevonden, en op zo'n tot de verbeelding sprekende manier. Simonides had net zo goed slechts degene kunnen zijn die de geheugenkunst in een systeem onderbracht, of misschien louter een bijzonder deskundige beoefenaar die aangemerkt werd

als de uitvinder ervan. Hoe dan ook, Simonides heeft echt bestaan en was een echte dichter – schijnbaar de eerste die geld rekende voor zijn gedichten en tevens de eerste die poëzie 'vocale schilderkunst' en schilderkunst 'zwijgende poëzie' noemde. Dat Simonides zich op deze wijze uitdrukte is wel heel opmerkelijk, want de geheugenkunst die hij zou hebben uitgevonden heeft alles te maken met het in gedachten omzetten van woorden in schilderijen.

118 minder je geheugen testen dan je creativiteit: Het gaat erom zo veel mogelijk informatie samen te persen in één goed gevormd beeld. In *Ad Herennium* wordt het voorbeeld gegeven van een advocaat die de basisfeiten van een zaak moet onthouden: 'De aanklager beweert dat de verdachte een man heeft vermoord met gif, voert aan dat het motief voor het delict een erfenis was, en verklaart dat er vele getuigen en medeplichtigen zijn.' Om dit alles te onthouden, 'zullen we ons het slachtoffer voorstellen als iemand die ziek in bed ligt, als we hem hebben gekend. Als we hem niet kenden, zullen we alsnog iemand bedenken om voor onze zieke te spelen, maar niet een man uit de laagste klasse, zodat hij meteen in de herinnering naar boven komt. En we zullen de verdachte aan zijn bed plaatsen met in zijn rechterhand een beker, in zijn linkerhand schrijftabletten en aan zijn ringvinger de testikels van een ram.' Het bizarre beeld zou beslist moeilijk te vergeten zijn, maar het kost enig ontcijferwerk om erachter te komen wat het ook weer precies was dat je moest onthouden. De beker is een ezelsbruggetje om ons aan het gif te herinneren, de tabletten zijn een verwijzing naar het testament en de testikels van de ram hebben een dubbele betekenis: ze herinneren ons aan de getuigen met een woordspeling op testes (testament) en – aangezien Romeinse geldbuidels vaak van het scrotum van een ram waren gemaakt – aan de mogelijkheid om die getuigen om te kopen. Ik verzin dit niet.

119 'het geheugen raakt buitengewoon geprikkeld door beelden van vrouwen': Rossi, *Logic and the Art of Memory*, p. 22

6 HOE JE EEN GEDICHT UIT HET HOOFD LEERT

128 'oordeelsvermogen, burgerschap en vroomheid': Carruthers, *The Book of Memory*, p. 11

128 'is meer als duizend in de kas': Draaisma, *Metaphors of Memory*, p. 38

129 de belangrijkste taal vormden waarin hij schreef: Carruthers, *The Book of Memory*, p. 88

145 'kern van zijn educatieve bagage': Havelock, *Preface to Plato*, p. 27

145 beroepsmnemonisten: Mijn favoriete verhaal over beroepsmnemonisten is geschreven door Seneca de Jongere. Het gaat over de rijke Romeinse edelman Calvisius Sabinus, die zijn pogingen om de grote werken uit het hoofd te leren opgaf en in plaats daarvan een groep slaven inhuurde om dat voor hem te doen:

> Nooit zag ik een man wiens rijkdom een grotere belediging van het fatsoen vormde. Zijn geheugen was zo slecht dat hij zich soms niet meer de naam herinnerde van Odysseus, of Achilles, of Priamus [...] Niettemin verlangde hij ernaar geleerd over te komen. Dus bedacht hij een snellere route naar kennis: hij telde reusachtige bedragen neer voor slaven – eentje die Homerus uit het hoofd moest leren en een ander Hesiodus; hij bestemde ook een speciale slaaf voor ieder van de negen lyrische dichters. Het hoeft je niet te verbazen dat hij hoge prijzen betaalde voor die slaven [...] Nadat hij zijn gevolg had verzameld, begon hij zijn gasten het leven zuur te maken. Hij liet die kerels aan het voeteneinde van zijn bank staan en vroeg hun van tijd tot tijd om dichtregels die hij zou kunnen herhalen, en dan bleef hij regelmatig steken halverwege een woord. Sabinus was van mening dat wat een lid van zijn huishouding wist, hijzelf ook wist.

146 foutloos memoriseren van de Veda's: De *Rig Veda*, de oudste van de Vedische teksten, is meer dan tienduizend verzen lang.

146 werkten dichters vaak samen met een officiële mnemonist: Na de

introductie van de islam werden Arabische mnemonisten bekend als *hoeffaz*, of 'bewaarders' van de Koran en de Hadith.

146 de gesproken wet voor de joodse gemeenschap: Voor meer over Joodse mnemonisten, zie Gandz, 'The Robeh, or the Official Memorizer of the Palestinian Schools'.

146 zich verzamelende legers, heldhaftige menselijke schilden, elkaar uitdagende rivalen: Ong, *Orality and Literacy*, p. 23, en Lord, *The Singer of Tales*, pp. 68-98

147 Verder ging zijn studie echter niet: Dit radicale argument blijkt helemaal niet zo nieuw te zijn. Sterker nog, lang geleden schijnt het een breed geaccepteerd denkbeeld te zijn geweest, dat op de een of andere manier in de vergetelheid raakte. De eerste-eeuwse Joodse geschiedschrijver Josephus noteerde: 'Men zegt dat zelfs Homerus zijn gedichten niet op schrift heeft nagelaten, maar dat ze zijn overgedragen via het geheugen.' En volgens een traditioneel verhaal dat door Cicero is naverteld, gaf in de zesde eeuw voor Christus de Atheense tiran Pisistratus opdracht tot de eerste officiële boekversie van Homerus' werken. Naarmate in de loop der eeuwen de band van de mensen met hun orale cultuur afzwakte, werd het idee van literatuur die níet op schrift stond steeds wezensvreemder, tot het uiteindelijk ondenkbaar werd.

148 'volledig zonder hulp van het schrift samenstelden': Voor meer, zie Ong, *Orality and Literacy*, dat een belangrijke bron is geweest voor dit hoofdstuk.

150 'Woord voor woord, en regel voor regel': Zoals vermeld door Parry's student Albert Lord in *The Singer of Tales*, p. 27

152 voor je hem als een reeks beelden probeert te zien: In een gereviseerde uitgave van *The Book of Memory* stelt Carruthers dat het memoria verborum lange tijd verkeerd begrepen is door psychologen en geleerden. Volgens haar was het geen alternatief voor letterlijke memorisatie, en is het nooit bedoeld geweest om lange lappen tekst uit het hoofd te leren. Het diende eerder, zo voert ze aan, voor het onthouden van afzonderlijke woorden en frasen – misschien zo

lang als een versregel – waarmee het geheugen moeite had.

152 het dilemma van hoe te kunnen zien wat niet zichtbaar is: Volgens Plinius was het Simonides die de geheugenkunst heeft uitgevonden, maar Metrodorus die haar heeft geperfectioneerd. Cicero noemde de man 'bijna goddelijk'.

153 *balistarius*: Bradwardines systeem stond tevens toe dat je een lettergreep kon omkeren door je een beeld ondersteboven voor te stellen, dus 'ba-' kon ook een abt zijn die met zijn hoofd omlaag aan het plafond hing.

153 een abt die wordt neergeschoten met een kruisboog: Of een abt die tegen een andere abt praatte die met zijn hoofd omlaag aan het plafond hing.

153 'Sint-Dominicus toetakelt of streelt': Carruthers, *The Book of Memory*, pp. 136-37

154 ontaarde vleselijke lusten: Yates, *The Art of Memory*, p. 277

7 HET EINDE VAN ONTHOUDEN

159 dat we tegenwoordig alleen van zijn minachting voor het schrift weten: Manguel, *A History of Reading*, p. 60

159 een periode waarin het schrift opkwam in Griekenland: In de tijd van Socrates kon zo'n tien procent van de Griekse wereld lezen en schrijven.

160 'in stoffelijke boeken opgeschreven om het geheugen te ondersteunen': Carruthers, *The Book of Memory*, p. 8

160 sommige waren wel twintig meter: Fischer, *A History of Writing*, p. 128

161 papyrusstengels uit de Nijldelta: Papyrus, de echte bies van het Bijbelse biezen mandje van Mozes, werd ook *byblos* genoemd, naar de Fenicische stad Byblos die de exporthaven was van de stengels – vandaar het woord 'Bijbel'. In de tweede eeuw voor Christus zette de Hellenistische koning van Egypte, Ptolemaeus v Epiphanes, de export van papyrus stop om de groei van een concurrerende

bibliotheek in Pergamon in Klein-Azië in te dammen (het woord 'perkament' – ontleend aan *charta pergamena* – is een eerbetoon aan Pergamon, waar het materiaal op grote schaal werd gebruikt). Vanaf dat moment werd het normaler om boeken te schrijven op perkament of vellum (een laatste stukje boekenetymologie: vellum, een fijn soort perkament dat vaak gemaakt was van kalfshuid, heeft dezelfde wortel als '*veal*'), die beide langer houdbaar waren en makkelijker getransporteerd konden worden dan papyrus.

161 hoelang hij tussen zinnen moest pauzeren: Hij schiep de hoge punt, ˙ , die overeenkwam met de moderne punt; de punt in het midden, · , die overeenkwam met de moderne komma; en de lage punt, . , een rustpauze van tussenliggende duur, die waarschijnlijk het dichtst bij een puntkomma ligt. In de middeleeuwen verdween de punt in het midden. Het vraagteken verscheen pas in 1587 met de publicatie van *Arcadia* van sir Philip Sydney, en het uitroepteken werd in 1553 voor het eerst gebruikt in de catechismus van Edward VI.

161 WERDTOEGEPAST: Small, *Wax Tablets of the Mind*, p. 53. Ik heb haar idee gebruikt om de tekst op deze manier af te drukken zodat je kunt zien hoe moeilijk hij te lezen is.

161 een uitdrukking die regelmatig in middeleeuwse teksten terugkeert: Voor meer over het lezen van *scriptio continua*, zie Manguel, *A History of Reading*, p. 47

163 extreem moeilijk is de tekst zo van papier te lezen: Sterker nog, veel gepubliceerd Hebreeuws uit deze tijd, zoals van het soort dat je in Tel Aviv in de krant kunt vinden, wordt zonder klinkers geschreven. Woorden moeten doorgaans als eenheden worden herkend, in plaats van dat je ze uitspreekt zoals in het Engels. Dat remt Hebreeuwse lezers af. Mensen met Hebreeuws als moedertaal die ook Engels lezen, kunnen een tekst in Engelse vertaling sneller lezen dan diezelfde tekst in hun eigen taal, ook al is er zo'n veertig procent meer woorden nodig om hetzelfde in het Engels te zeggen als in het Hebreeuws.

164 *'The stuff he knows made him lick her'*: Klanken die op verschillende manieren kunnen worden opgesplitst waardoor ze een andere betekenis opleveren heten *oronyms*. De *'stuffy nose'* komt uit Pinker, *The Language Instinct*, p. 160

164 een reusachtige en zeer merkwaardige stap achteruit: Small, *Wax Tablets of the Mind*, p. 114

164 *ánagignósko*: Carruthers, *The Book of Memory*, p. 30

164 tien miljard boeken: Man, *Gutenberg: How One Man Remade the World*, p. 4

164 als een uiterst goed voorziene zou zijn beschouwd: In 1290 bevatte de bibliotheek van de Sorbonne, een van de grootste bibliotheken ter wereld, precies 1017 boeken – minder titels dan veel lezers van dit boek tijdens hun leven verstouwen.

165 nog niet eens uitgevonden: Voor meer over de geschiedenis van de uitstalling van boeken, zie Petrosky, *The Book on the Shelf*, pp. 40-42

165 woog hij nog altijd wel vijf kilo: Illich, *In the Vineyard of the Text*, p. 112

165 rond dezelfde tijd dat we boeken beginnen te zien met een indeling in hoofdstukken: *The Comprehensive Concordance to the Holy Scriptures* (1894), pp. 8-9

165 de tekst helemaal door te moeten lopen: Draaisma, *Metaphors of Memory*, p. 34

167 'pre- en postregistermiddeleeuwen': Illich, *In the Vineyard of the Text*, p. 103

167 labyrintische wereld van het externe geheugen: Een opmerking gemaakt door Draaisma in *Metaphors of Memory*

167 'levende concordantie': Zoals beschreven door Mary Carruthers, *The Craft of Thought*, p. 31

168 of speelkaarten: *The Enchanted Loom: Chapters in the History of Neuroscience*, p. 21

168 'de letter A': Vertaling geciteerd uit Carruthers, *The Book of Memory*, p. 114

169 'intensief' naar 'extensief' lezen: Darnton schrijft dit idee toe aan Rolf Engelsing, die zegt dat de transformatie zich niet eerder dan in de achttiende eeuw voltrok. *The Kiss of Lamourette*, p. 165

171 een van de beroemdste mensen van heel Europa: Yates' vaststelling in *De geheugenkunst*, p. 129

171 rond bouwwerk van zeven verdiepingen: Yates probeerde in *De geheugenkunst*, de blauwdruk voor het theater te reconstrueren.

172 'en alle dingen die in de wereld zijn': Rossi, *Logic and the Art of Memory*, p. 74

172 honderden, misschien wel duizenden, kaarten vervaardigd: *The Enchanted Loom: Chapters in the History of Neuroscience*, p. 23

172 in de loop van een week: Veel van deze informatie is afkomstig van Douglas Radcliff-Ulmstead (1972), 'Giulio Camillo's Emblems of Memory', *Yale French Studies* 47, 47-56

173 de apotheose was van de denkbeelden die een heel tijdperk over het geheugen koesterde: In recentere tijd zijn virtual reality-goeroes het geheugentheater van Camillo gaan beschouwen als de historische voorloper van hun complete terrein – en hebben de invloed ervan helemaal getraceerd tot aan het internet (het ultieme universele geheugenpaleis) en de besturingssystemen van Apple en Windows, waarvan de ruimtelijk geordende folders en iconen niet meer dan een moderne bewerking zijn van Camillo's mnemonische principes. Zie Peter Matussek (2001), 'The Renaissance of the Theater of Memory', *Janus* 8 *Paragrana* 10, 66-70

174 'gezeten op de rug van een zeemonster': Deze vertalingen zijn van Rowland, *Giordano Bruno*, pp. 123-24

174 'een papegaai op zijn hoofd': Eco, *The Search for the Perfect Language*, p. 138

176 negen paar hersenzenuwen: Er zijn nu twaalf paar hersenzenuwen bekend.

176 bijna een half miljoen dollar: Fellows, *Loisette Exposed*, p. 217

176 een geheugencursus van meerdere weken: Walsh en Zlatic (1981), 'Mark Twain and the Art of Memory,' *American Literature* 53, no. 2, 214-31

8 HET OKÉNIVEAU

187 Johann Winkelmann: De Duitse filosoof Gottfried Leibniz schreef in de zeventiende eeuw over een soortgelijk systeem, maar het is zeer waarschijnlijk dat het idee om getallen makkelijker te onthouden te maken door ze in woorden te veranderen al veel eerder werd ontdekt. De Grieken hadden een acrofonisch systeem waarin elk cijfer werd vertegenwoordigd door zijn eerste letter. Zo stond bijvoorbeeld P voor het cijfer vijf – *penta* in het Grieks. In het Hebreeuws correspondeert elke letter van de *aleph bet* met een getal, een kenmerk dat door kabbalisten wordt gebruikt om verborgen betekenissen in de Heilige Schrift te zoeken. Niemand weet of deze systemen ooit werden gebruikt om getallen te memoriseren, maar je kunt je amper voorstellen dat een mediterrane zakenman die financiële transacties moest bijhouden in zijn hoofd niet op zo'n voor de hand liggend idee zou zijn gestuit.

189 een kwantumsprong vooruit betekenen voor de geheugensport: Ed gaf me het volgende voorbeeld van zijn Millennium PAO-systeem: 'Het getal 115 is Psmith, de stijlvolle figuur uit de boeken van P.G. Wodehouse (de P in Psmith wordt trouwens niet uitgesproken). Zijn actie is dat hij een paraplu die niet van hem is weggeeft aan een tengere jongedame die in een regenbui is beland. Het getal 614 is Bill Clinton, die een jointje rookt maar niet inhaleert, en het getal 227 is Kurt Gödel, de obsessieve logicus, die zichzelf per ongeluk had doodgehongerd omdat hij te druk bezig was met formele logica. Ik kan nu die drie getallen combineren tot getallen met negen cijfers die een anekdotische samenhang hebben. 115.614.227 wordt bijvoorbeeld Psmith die zich verwaardigt een trekje te nemen van formele logica – maar niet zo ver gaat die ook echt te inhaleren. Dat is heel begrijpelijk, want logica is tenslotte een activiteit die niet past bij de echte Engelse gentleman. Als je de volgorde van de getallen verandert, krijg je een andere anekdote. Het getal 614.227.115 wordt Bill Clinton die vergeet te eten tot de dood erop volgt, omdat hij te druk bezig is met het stelen van pa-

raplu's voor mooie meisjes. Dat beeld reageert met mijn bestaande kennis van Clintons leven – ik doel op dat hij eerder in moeilijkheden is geraakt wegens het ongepast hanteren van cilindervormige objecten waar het jongedames betreft –, en de toevallige activering van die associatie, samen met het zweempje begeleidende humor, zorgt voor een stabielere herinnering. En zo heeft iedere combinatie haar eigen dynamische gevoel en emotie, en heel vaak, interessant genoeg, is dat het eerste wat in je naar boven komt, nog vóór de andere details langzaam tevoorschijn komen. Ik wil er ook even bij zeggen dat dit als een uitstekende ideeëngenerator werkt en gedegen middagentertainment vormt.'

195 mindere schaatsers vaker aan sprongen werken die ze al onder de knie hebben: J.M. Deakin en S. Cobley (2003), 'A Search for Deliberate Practice: An Examination of the Practice Environments in Figureskating and Volleyball' in *Expert Performance in Sports: Advances in Research on Sport Expertise* (onder redactie van J.L.Starkes en K.A. Ericsson)

196 trachten bij iedere zet de redenering van de expert te doorgronden: K.A. Ericsson et al. (1993), 'The Role of Deliberate Practice in the Acquisition of Expert Performance' in *Psychological Review* 100, 363-406

196 naspelen van oude partijen: N. Charness, R. Krampe en U. Mayer (1996), 'The Role of Practice and Coaching in Entrepreneurial Skill Domains: An International Comparison of Life-Span Chess Skill Acquisition,' in Ericsson, *The Road to Excellence*, pp. 51-80

197 herhaaldelijk woorden tien tot vijftien procent sneller: A. Dvorak, N.L Merrick, W.L. Dealey en G.C. Ford (1936), *Typewriting Behavior*

198 in de loop der jaren vaak minder accuraat: C.A. Beam, E.F. Conant, en E.A. Sickles (2003), 'Association of Volume and Volume-Independent Factors with Accuracy in Screening Mammogram Interpretation' in *Journal of the National Cancer Institute* 95, 282–90

199 in de eerste vijf jaar van de middelbare school: Ericsson, *The Road to Excellence*, p. 31

9 DE TALENTED TENTH

216 het New York State Regents Exam: staatsexamen dat verplicht moet worden afgelegd door middelbare scholieren in de staat New York. [NOOT VAN DE VERTALER]

216 het AP-examen: examen op universitair niveau dat een leerling studiepunten kan opleveren op de universiteit. [NOOT VAN DE VERTALER]

219 'geen gevoeligheden, geen ziel': Ravitch, *Left Back*, p. 21

220 'mentale discipline': Ravitch, *Left Back*, p. 61

232 'inventaris' en 'inventiviteit': Carruthers, *The Craft of Thought*, p. 11

237 een groep honkbalfanaten: G.J. Spillich (1979), 'Text Processing of Domain-Related Information for Individuals with High and Low Domain Knowledge' in *Journal of Verbal Learning and Verbal Behavior* 14, 506-22

238 een heksenproces of een brief was: Frederick M. Hess (2008), *Still at Risk* pp. 1-2

10 DE KLEINE RAIN MAN IN ONS ALLEN

241 George Plimpton: Amerikaanse journalist die het – als volslagen amateur – in de boksring opnam tegen bokslegende Archie Moore om daar een artikel over te schrijven voor *Sports Illustrated*. [NOOT VAN DE VERTALER]

245 met Daniel voor een afspraak: Ik e-mailde Daniel om te informeren of hij bereid was met me af te spreken. Hij schreef terug: 'Ik vraag gewoonlijk een vergoeding voor interviews met de media.' Nadat ik had uitgelegd waarom ik hem die niet kon geven ging hij akkoord met een ontmoeting, op voorwaarde dat ik de website van zijn onlinecursusbedrijfje, optimnem.co.uk, zou noemen.

247 een apart syndroom: Asperger komt bij ongeveer een op de tweehonderd mensen voor en synesthesie vermoedelijk bij een op de tweeduizend, maar dat kan een te lage schatting zijn. Het is niet be-

kend of beide aandoeningen zich ooit bij een en hetzelfde individu hebben voorgedaan, maar als je aanneemt dat ze onafhankelijk van elkaar optreden zou volgens de wetten van de kansberekening een op de veertigduizend mensen zowel synesthesie als asperger moeten hebben. Dat zijn alleen in de Verenigde Staten al zo'n zevenhonderdvijftig mensen.

249 in 2001 officieel laten veranderen: Daniel is volledig open over de reden waarom hij zijn naam heeft veranderd. Hij vertelde me dat hij zijn oude achternaam, Corney, niet prettig vond klinken.

252 de ruim negenduizend boeken die Kim met een snelheid van tien seconden per pagina heeft gelezen: Hier past de opmerking dat deze bewering nooit is onderzocht in een *peer-reviewed* tijdschrift. Ik vermoed dat dit stukje overdrijving de toets van kritisch onderzoek niet zou hebben doorstaan.

259 een vaardigheid die kan worden aangeleerd: Uiteindelijk bracht mijn onderzoek naar hoofdrekenen me bij een opmerkelijk boek, getiteld *The Great Mental Calculators: The Psychology, Methods, and Lives of Calculating Prodigies Past and Present*, geschreven door de psycholoog Steven Smith. Smith verwerpt het idee dat de hersenen van rekenwonders anders dan die van anderen zouden zijn, en beweert dat hun talent puur voortkomt uit een obsessieve interesse. Hij vergelijkt rekenen met jongleren: 'Ieder voldoende ijverig niet-gehandicapt mens kan leren jongleren, maar slechts een klein aantal zeer gemotiveerde individuen maakt zich daadwerkelijk de vaardigheid eigen.' George Packer Bidder, een van de bekendste menselijke rekenmachines aller tijden, uitte zelfs zijn 'sterke overtuiging dat hoofdrekenen even makkelijk, zo niet makkelijker, dan gewoon rekenen kan worden aangeleerd'.

262 dit niet ook had gekund: Ramachandran en zijn promovendi onderwierpen Tammet aan drie andere synesthesietests op de University of California in San Diego. Ze vroegen hem met hobbyklei 3D-modellen van twintig getalvormen te maken. Toen ze hem vierentwintig uur later onverwachts dezelfde test gaven, bleken alle

vormen overeen te komen. Daarna verbonden ze een elektrode met zijn vingers en lieten hem steeds kort de cijfers van pi zien – maar met een paar fouten ertussen. Ze maten ondertussen zijn galvanische huidrespons en ontdekten dat die drastisch omhoog schoot als hij geconfronteerd werd met een cijfer dat er niet tussen hoorde. De onderzoekers van de UCSD onderwierpen hem ook aan de Stroop-test, een andere veelgebruikte methode om synesthesie vast te stellen. Eerst gaven ze Daniel drie minuten om een matrix van honderd getallen te memoriseren. Na vijf minuten was hij in staat achtenzestig daarvan op te noemen en drie dagen later herinnerde hij zich die nog steeds. Toen kreeg hij drie minuten om een matrix van honderd getallen te memoriseren, waarbij de grootte van de getallen op de pagina overeenkwam met de omvang die ze in Daniels gedachten hadden. Negens werden groter afgedrukt dan de andere getallen, en zessen kleiner. Dit keer onthield hij vijftig cijfers, en na drie dagen kende hij die nog allemaal. Ten slotte gaven ze hem een test waarin de getallen waren afgedrukt in groottes die niet klopten met zijn beschrijvingen. Negens werden klein afgedrukt, zessen groot. Ze wilden zien of het Daniel in de war zou brengen. En of het dat deed. Daniel kon zich maar zestien getallen herinneren, en na drie dagen welgeteld nul. Ramachandran en zijn studenten stelden een congresposter over Daniel samen, getiteld 'Draagt synesthesie bij aan de rekenkundige vaardigheden van savants?' In de tekst duiden ze Daniel aan met het pseudoniem Arithmos. Ze maken ook een voorbehoud: 'Net als in alle vergelijkbare gevallen moeten we rekening houden met het feit dat Arithmos zijn "mentale kunststukjes" puur door middel van memorisatie verwezenlijkt.'

263 niet het geval was: D. Bor, J. Bilington en S. Baron-Cohen (2007), 'Savant memory for digits in a case of synaesthesia and Asperger syndrome is related to hyperactivity in the lateral prefrontal cortex' in *Neurocase* 13, 311-319

265 GCSE's (*General Certificate of Secondary Education*): het examen

dat scholieren in Engeland afleggen ter afsluiting van de leerplicht. Het niveau van dit examen ligt iets lager dan het havo-examen. Hierna kunnen scholieren hun middelbare onderwijs vervolgen op *A-level*, dat vergelijkbaar is met vwo. [NOOT VERTALER]

11 DE AMERIKAANSE GEHEUGENKAMPIOENSCHAPPEN

274 *girls dig scars and glory lasts forever*: 'Meisjes vallen op littekens en roem is voor altijd', citaat uit de film *The Replacements* [NOOT VERTALER]

283 Terry Bradshaw: voormalig *American football quarterback* bij de Pittsburgh Steelers, tegenwoordig football-commentator en televisiepresentator [NOOT VERTALER]

Literatuur

Baddeley, A.D. (2006), *Essentials of human memory*. Hove: Psychology Press

Barlow, F. (1952), *Mental prodigies: an enquiry into the faculties of arithmetical, chess and musical prodigies, famous memorizers, precocious children and the like, with numerous examples of 'lightning' calculations and mental magic.* New York: Philosophical Library

Baron-Cohen, S., Bor, D., Wheelwright, S. & C. Ashwin (2007), 'Savant Memory in a Man with Colour Form-Number Synaesthesia and Asperber Syndrome' in *Journal of Consciousness Studies*, 14 (9-10), 237-251

Batchen, G. (2004), *Forget Me Not: Photography & Remembrance.* New York: Princeton Architectural Press

Battles, M. (2003), *Library: an unquiet history.* New York: W.W. Norton

Beam, C.A., Conant, E.F. & E.A. Sickles (2003), 'Association of Volume and Volume-Independent Factors with Accuracy in Screening Mammogram Interpretation' in *Journal of the National Cancer Institute,* 95, 282-290

Bell, C.G. & J. Gemmell (2009), *Total recall: how the E-memory revolution will change everything.* New York: Dutton

Bell, G. & J. Gemmell (maart 2007), 'A Digital Life' in *Scientific American,* 58-65

Biederman, I. & M.M. Shiffrar (1987), 'Sexing day-old chicks: a case study and expert systems analysis of a difficult perceptual-learning task' in

Journal of Experimental Psychology, 13(4), 640-645
Birkerts, S. (1994), *The Gutenberg elegies: the fate of reading in an electronic age.* Boston: Faber and Faber
Bolzoni, L. (2001), *The gallery of memory: literary and iconographic models in the age of the printing press.* Toronto: University of Toronto Press
Bolzoni, L. (2004), *The web of images: vernacular preaching from its origins to Saint Bernardino of Siena.* Aldershot, Hants, Engeland: Ashgate
Bor, D., Billington, J. & S. Baron-Cohen (2007), 'Savant memory for digits in a case of synaesthesia and Asperger syndrome is related to hyperactivity in the lateral prefrontal cortex' in *Neurocase,* 13(5-6), 311-319
Bourtchouladze, R. (2002), *Memories are made of this: how memory works in humans and animals.* New York: Columbia University Press
Brady, T.F., Konkle, T., Alvarez, G.A. & A. Oliva (2008), 'Visual long-term memory has a massive storage capacity for object details' in *PNAS,* 105(38), 14325-14329
Brown, A.S. (2004), *The déjà vu experience.* New York: Psychology Press
Bush, V. (juli 1945), 'As We May Think' in *The Atlantic*
Buzan, T. (1991), *Use your perfect memory: dramatic new techniques for improving your memory, based on the latest discoveries about the human brain.* New York, N.Y., U.S.A.: Penguin. Nederlandse uitgave: *Gebruik je geheugen, alles over de werking, training en verbetering van je geheugen.* Den Haag, Sdu (1995)
Buzan, T. & B. Buzan (1994), *The mind map book: how to use radiant thinking to maximize your brain's untapped potential.* New York: Dutton. Nederlandse uitgave: *Mindmappen voor een beter geheugen en creatiever denken.* Amsterdam, Pearson Education Benelux (2007)
Caplan, H. (1954), *Ad C. Herennium: de ratione dicendi (Rhetorica ad Herennium).* Cambridge, Mass.: Harvard University Press
Carruthers, M. (1998), *The craft of thought: meditation, rhetoric, and the making of images, 400-1200.* New York: Cambridge University Press
Carruthers, M.J. (1990), *The book of memory: a study of memory in medieval culture.* Cambridge, Engeland: Cambridge University Press
Carruthers, M.J. & J.M. Ziolkowski (2002), *The medieval craft of*

memory: an anthology of texts and pictures. Philadelphia, Pa.: University of Pennsylvania Press

Cicero, M.T., May, J.M. & J. Wisse (2001), *Cicero on the ideal orator.* New York: Oxford University Press

Clark, A. (2003), *Natural-born cyborgs: minds, technologies, and the future of human intelligence.* Oxford: Oxford University Press

Cohen, G. (1990), 'Why is it Difficult to Put Names to Faces?' in *British Journal of Psychology,* 81, 287-297

Coleman, J. (1992), *Ancient and medieval memories: studies in the reconstruction of the past. Cambridge,* Engeland: Cambridge University Press

Cooke, E. (2008), *Remember, Remember.* Londen: Viking

Corkin, S. (2002), 'What's new with the amnesic patient H.M.' in *Nature Reviews Neuroscience,* 3, 153-160

Corsi, P. (1991), *The enchanted loom: chapters in the history of neuroscience.* New York: Oxford University Press

Cott, J. (2005), *On the sea of memory: a journey from forgetting to remembering.* New York: Random House

Darnton, R. (1990), 'First Steps Toward a History of Reading' in *The kiss of Lamourette: reflections in cultural history.* New York: Norton

Doidge, N. (2007), *The brain that changes itself: stories of personal triumph from the frontiers of brain science.* New York: Viking

Doyle, B. (maart 2000), The joy of sexing. *The Atlantic Monthly,* 28-31

Draaisma, D. (1995), *De metaforenmachine.* Groningen, Historische Uitgeverij

Draaisma, D. (2001), *Waarom het leven sneller gaat als je ouder wordt.* Groningen, Historische Uitgeverij

Dudai, Y. (1997), *How big is human memory, or on being just useful enough.* Learning & Memory, 3, 341-365

Dudai, Y. (2002), *Memory from A to Z: keywords, concepts, and beyond.* Oxford, UK.: Oxford University Press

Dudai, Y. & M. Carruthers (2005), 'The Janus Face of Mnemosyne' in *Nature,* 434, 567

Dvorak, A. (1936), *Typewriting behavior: psychology applied to teaching and learning typewriting.* New York: American Book Company

Eco, U. (1995), *Europa en de volmaakte taal.* Amsterdam: Agon

Eichenbaum, H. (2002), *The cognitive neuroscience of memory: an introduction.* Oxford: Oxford University Press

Ericsson, K. (2003), 'Exceptional Memorizers: Made, Not Born' in *Trends in Cognitive Science,* 7(6), 233-235

Ericsson, K. (2004), 'Deliberate practice and the acquisition and maintenance of expert performance in medicine and related domains' in *Academic Medicine,* 79(10), 870-881

Ericsson, K. & W.G. Chase (1982), 'Exceptional Memory' in *American Scientist,* 70 (nov.-dec.), 607-615

Ericsson, K. & W. Kintsch (1995). 'Long-Term Working Memory' in *Psychological Review,* 102(2), 211-245

Ericsson, K.A. (1996), *The road to excellence: the acquisition of expert performance in the arts and sciences, sports, and games.* Mahwah, N.J.: Lawrence Erlbaum Associates

Ericsson, K.A. (2006), *The Cambridge handbook of expertise and expert performance.* Cambridge: Cambridge University Press

Ericsson, K., Delaney, P.F., Weaver, G. & R. Mahadevan (2004), 'Uncovering the Structure of a Memorist's Superior "Basic" Memory Capacity' in *Cognitive Psychology,* 49, 191-237

Ericsson, K., Krampe, R.T. & C. Tesch-Romer (1993), 'The Role of Deliberate Practice in the Acquisition of Expert Performance' in *Psychological Review,* 100(3), 363-406

Farrand, P., Hussein, F. & E. Hennessy (2002), 'The Efficacy of the "Mind Map" Study Technique' in *Medical Education,* 36(5), 426-431

Fellows, G.S. & M.D. Larrowe (1888), *'Loisette' exposed (Marcus Dwight Larrowe, alias Silas Holmes, alias Alphonse Loisette).* New York: G.S. Fellows

Fischer, S.R. (2001), *A history of writing.* Londen: Reaktion

Gandz, S. (1935), 'The Robeh or the official memorizer of the Palestinian schools' in *Proceedings of the American Academy for Jewish Research,* 7, 5-12

Havelock, E.A. (1963), *Preface to Plato*. Cambridge: Belknap Press, Harvard University Press

Havelock, E.A. (1986), *The muse learns to write: reflections on orality and literacy from antiquity to the present*. New Haven: Yale University Press

Hermelin, B. (2001), *Bright splinters of the mind: a personal story of research with autistic savants*. London: J. Kingsley

Herrmann, D.J. (1992), *Memory improvement: implications for memory theory*. New York: Springer-Verlag

Hess, F.M. (2008), *Still at Risk: What Students Don't Know, Even Now*. Common Core

Hilts, P.J. (1996), *Memory's ghost: the nature of memory and the strange tale of Mr. M*. New York: Simon & Schuster

Horsey, R. (2002), *The art of chicken sexing*. Cogprints

Howe, M.J. & J. Smith (1988), 'Calendar calculating in 'idiot savants': how do they do it?' in *British Journal of Psychology*, 79, 371-386

Illich, I. (1993), *In the vineyard of the text: a commentary to Hugh's Didascalicon*. Chicago: University of Chicago Press

Jaeggi, S.M., Buschkuehl, M., Jonides, J. & W.J. Perrig (2008), 'Improving fluid intelligence with training on working memory' in *PNAS*, 105(19), 6829-6833

Johnson, G. (1992), *In the palaces of memory: how we build the worlds inside our heads*. New York: Vintage Books

Kandel, E.R. (2006), *In search of memory: the emergence of a new science of mind*. New York: W.W. Norton & Company

Khalfa, J. (1994), *What is intelligence?* Cambridge: Cambridge University Press

Kliebard, H.M. (2002), *Changing course: American curriculum reform in the 20th century*. New York: Teachers College Press

Kondo, Y., Suzuki, M., Mugikura, S., Abe, N., Takahashi, S., Iijima, T. & T. Fujii (2005), 'Changes in brain activation associated with use of a memory strategy: a functional MRI study' in *NeuroImage*, 24, 1154-1163

Kurland, M. & R.A. Lupoff (1999), *The complete idiot's guide to improving your memory*. New York: Alpha Books

LeDoux, J.E. (2002), *Synaptic self: how our brains become who we are.* New York: Viking

Loftus, E.F. & G.R. Loftus (1980), 'On the Permanence of Stored Information in the Human Brain' in *American Psychologist*, 35(5), 409-420

Loisette, A. & M.J. North (1899), *Assimilative memory or how to attend and never forget.* New York: Funk & Wagnalls

Lorayne, H. & J. Lucas (1974), *The memory book.* New York: Stein and Day

Lord, A.B. (1960), *The singer of tales.* Cambridge: Harvard University Press

Luria, A.R. (1990), *Een teveel aan geheugen, een neuropsychologisch geval.* Amsterdam: Bert Bakker

Lyndon, D. & C.W. Moore (1994), *Chambers for a memory palace.* Cambridge, Mass.: MIT Press

Maguire, E.A., Gadian, D.G., Johnsrude, I.S., Good, C.D., Ashburner, J., Frackowiak, R.S. & C.D. Frith (2000), 'Navigation-Related Structural Change in the Hippocampi of Taxi Drivers' in *PNAS*, 97, 84398-84403

Maguire, E.A., Valentine, E.R., Wilding, J.M. & N. Kapur (2003), 'Routes to Remembering: The Brains Behind Superior Memory' in *Nature Neuroscience*, 6(1), 90-95

Man, J. (2002), *Gutenberg: how one man remade the world with words.* New York: John Wiley & Sons

Manguel, A. (1996), *A history of reading.* New York: Viking

Marcus, G.F. (2008), *Kluge: the haphazard construction of the human mind.* Boston: Houghton Mifflin

Martin, R.D. (1994), *The specialist chick sexer.* Melbourne, Australië: Bernal Pub

'Masters of a dying art get together to sex' (2001, February 12) in *Wall Street Journal*

Matussek, P. (2001), 'The Renaissance of the Theater of Memory' in *Janus*, 8, 66-70

McGaugh, J.L. (2003), *Memory and emotion: the making of lasting memories.* New York: Columbia University Press

Merritt, J.O. (1979), 'None in a Million: Results of Mass Screening for Eidetic Ability' in *Behavioral and Brain Sciences,* 2, 612

Miller, G.A. (1956), 'The Magical Number Seven, Plus or Minus Two: Some Limits on our Capacity for Processing Information' in *Psychological Review,* 63, 81-97

Mithen, S.J. (1996), *The prehistory of the mind: a search for the origins of art, religion, and science.* Londen: Thames and Hudson

Neisser, U. & I.E. Hyman (2000), *Memory observed: remembering in natural contexts.* New York: Worth

Noice, H. (1992), 'Elaborative Memory Strategies of Professional Actors' in *Applied Cognitive Psychology,* 6, 417-427

Nyberg, L., Sandblom, J., Jones, S., Neely, A.S., Petersson, K.M., Ingvar, M. & L. Backman (2003), 'Neural correlates of training-related memory improvement in adulthood and aging' in *PNAS,* 100(23), 13728-13733

Obler, L.K. & D. Fein (1988), *The Exceptional brain: neuropsychology of talent and special abilities.* New York: Guilford Press

O'Brien, D. (2000), *Learn to remember: practical techniques and exercises to improve your memory.* San Francisco: Chronicle Books

Ong, W.J. (1982), *Orality and literacy: the technologizing of the word.* Londen: Methuen

Osborne, L. (22 juni 2003), Savant for a day. *New York Times*

Peek, F. & S.W. Anderson (1996), *The real rain man, Kim Peek.* Salt Lake City, Utah: Harkness Pub. Consultants

Petroski, H. (1999), *The book on the bookshelf.* New York: Alfred A. Knopf

Phelps, P. (n.d.), 'Gender Identification of Chicks Prior to Hatch' in *Poultryscience.org e-Digest,* 2(1)

Radcliff-Umstead, D. (1972), 'Giulio Camillo's Emblems of Memory' in *Yale French Studies,* 47, 47-56

Ramachandran, V.S. & E.M. Hubbard (2001), 'Psychophysical investigations into the neural basis of synaesthesia' in *Proc. R. Soc. London,* 268, 979-983

Ramachandran, V.S. & E.M. Hubbard (mei 2003), 'Hearing colors, tasting shapes' in *Scientific American,* 53-59

Ravennas, P. (1545), *The art of memory, that otherwyse is called the Phenix A boke very behouefull and profytable to all professours of scyences. Grammaryens, rethoryciens dialectyke, legystes, phylosophres [and] theologiens*

Ravitch, D. (2001), *Left back: a century of battles over school reform.* New York: Simon & Schuster

Rose, S.P. (1993), *The making of memory: from molecules to mind.* New York: Anchor Books

Rose, S.P. (2005), *The future of the brain: the promise and perils of tomorrow's neuroscience.* Oxford: Oxford University Press

Ross, P.E. (augustus 2006), 'The Expert Mind' in *Scientific American,* 65-71

Rossi, P. (2000), *Logic and the art of memory: the quest for a universal language.* Chicago: University of Chicago Press

Rowland, I.D. (2008), *Giordano Bruno: philosopher/heretic.* New York: Farrar, Straus and Giroux

Rubin, D.C. (1995), *Memory in oral traditions: the cognitive psychology of epic, ballads, and counting-out rhymes.* New York: Oxford University Press

Sacks, O.W. (1995), *An anthropologist on Mars: seven paradoxical tales.* New York: Knopf. Nederlandse uitgave: *Een antropoloog op Mars, zeven paradoxale verhalen.* Amsterdam: Meulenhoff (2010)

Schacter, D.L. (1996), *Searching for memory: the brain, the mind, and the past.* New York, NY: Basic Books

Schacter, D.L. (2001) *The seven sins of memory: how the mind forgets and remembers.* Boston: Houghton Mifflin

Schacter, D.L. & E. Scarry (2000), *Memory, brain, and belief.* Cambridge, Mass.; Londen: Harvard University Press

Shakuntala, D. (1977), *Figuring: the joy of numbers.* New York: Harper & Row

Shenk, D. (2001), *The forgetting: Alzheimer's, portrait of an epidemic.* New York: Doubleday

Small, G.W. (2002), *The memory bible: an innovative strategy for keeping your brain young.* New York: Hyperion

Small, G.W. & G. Vorgan (2006), *The longevity bible: 8 essential strategies for keeping your mind sharp and your body young.* New York: Hyperion

Small, J.P. (2005), *Wax tablets of the mind: cognitive studies of memory and literacy in classical antiquity.* Londen: Routledge

Smith, S.B. (1983), *The great mental calculators: the psychology, methods, and lives of calculating prodigies, past and present.* New York: Columbia University Press

Snowdon, D. (2001), *Aging with grace: what the nun study teaches us about leading longer, healthier, and more meaningful lives.* New York: Bantam

Spence, J.D. (1984), *The memory palace of Matteo Ricci.* New York, N.Y.: Viking Penguin

Spillich, G.J. (1979), 'Text Processing of Domain-Related Information for Individuals with High and Low Domain Knowledge' in *Journal of Verbal Learning and Verbal Behavior,* 14, 506-522

Squire, L.R. (1987), *Memory and brain.* New York: Oxford University Press

Squire, L.R. (1992), *Encyclopedia of learning and memory.* New York: Macmillan

Squire, L.R. & E.R. Kandel (1999), *Memory: from mind to molecules.* New York: Scientific American Library

Standing, L. (1973), 'Learning 10.000 Pictures' in *Quarterly Journal of Experimental Psychology,* 25, 207-222

Starkes, J.L. & K.A. Ericsson (2003), *Expert performance in sports: advances in research on sport expertise.* Champaign, IL: Human Kinetics

Stefanacci, L., Buffalo, E.A., Schmolck, H. & L. Squire (2pp), 'Profound Amnesia After Damage to the Medial Temporal Lobe: A Neuroanatomical and Neuropsychological Profile of Patient E.P.' in *Journal of Neuroscience,* 20(18), 7024-7036

Stratton, G.M. (1917), 'The Mnemonic Feat of the "Shass Pollak"' in *Psychological Review,* 24, 244-247

Stromeyer, C.F. & J. Psotka (1970), 'The Detailed Texture of Eidetic Images' in *Nature,* 225, 346-349

Tammet, D. (2007), *Born on a blue day: inside the extraordinary mind of an autistic savant : a memoir.* New York: Free Press. Nederlandse uitgave: *Op een blauwe dag geboren.* Amsterdam, Nieuwezijds b.v. (2009)

Tammet, D. (2009), *Embracing the wide sky: a tour across the horizons of the mind.* New York: Free Press

Tanaka, S., Michimata, C., Kaminaga, T., Honda, M. & N. Sadato (2002), 'Superior Digit Memory of Abacus Experts' in *NeuroReport,* 13(17), 2187-2191

Thompson, C. (november 2006), 'A Head for Detail' in *Fast Company,* 73-112

Thompson, C.P., Cowan, T.M. & J. Frieman (1993), *Memory search by a memorist.* Hillsdale, N.J.: L. Erlbaum Associates

Treffert, D.A. (1990), *Extraordinary people: understanding savant syndrome.* New York: Ballantine. Nederlandse uitgave: *Een scherf van genialiteit: raadselachtige virtuositeit van 'geleerde idioten'.* Utrecht/ Antwerpen: L.J. Veen b.v. (1989)

Wagenaar, W.A. (1986), 'My memory: a study of autobiographical memory over six years' in *Cognitive Psychology,* 18, 225-252

Walsh, T.A. & T.D. Zlatic (1981), 'Mark Twain and the art of memory' in *American Literature,* 53(2), 214-231

Wearing, D. (2005), *Forever today: a memoir of love and amnesia.* Londen: Doubleday

Wenger, M.J. & D.G. Payne (1995), 'On the Acquistion of a Mnemonic Skill: Application of Skilled Memory Theory' in *Quarterly Journal of Experimental Psychology,* 1(3), 194-215

Wilding, J.M. & E.R. Valentine (1997), *Superior memory.* Hove, East Sussex, UK: Psychology Press

Wood, H.H. (2007), *Memory: an anthology.* Londen: Chatto & Windus

Yates, F.A. (1966), *The Art of Memory.* Chicago: University of Chicago Press. Nederlandse uitgave: *De geheugenkunst.* Amsterdam: Bert Bakker (1990)

Register